中小企业发展战略规划及营销策划

刘锦秀　著

哈尔滨工程大学出版社

Harbin Engineering University Press

内 容 简 介

本书主要对中小企业发展战略及其存在的问题进行概述、分析并提出解决方案,以及为了企业向更好的方向发展,如何给中小企业制定发展战略规划和营销策划、管理架构再造以及渠道网络开发流程。本书通过大量实例,展现了企业所做的发展战略与策划的重要性。

本书可作为企业管理人员、营销策划人员的参考资料,也可作为高等院校管理、策划等相关专业的教师与学生的学习用书。

图书在版编目(CIP)数据

中小企业发展战略规划及营销策划/刘锦秀著. ——
哈尔滨:哈尔滨工程大学出版社,2023.7
ISBN 978-7-5661-4073-9

Ⅰ. ①中… Ⅱ. ①刘… Ⅲ. ①中小企业-经济发展战略-研究-中国②中小企业-企业管理-营销策划-研究-中国 Ⅳ. ①F279.243

中国国家版本馆 CIP 数据核字(2023)第 135219 号

中小企业发展战略规划及营销策划
ZHONG-XIAO QIYE FAZHAN ZHANLÜE GUIHUA JI YINGXIAO CEHUA

选题策划 马佳佳
责任编辑 张 彦 田雨虹
封面设计 李海波

出版发行 哈尔滨工程大学出版社
社　　址 哈尔滨市南岗区南通大街 145 号
邮政编码 150001
发行电话 0451-82519328
传　　真 0451-82519699
经　　销 新华书店
印　　刷 哈尔滨午阳印刷有限公司
开　　本 787 mm×1 092 mm　1/16
印　　张 18.5
字　　数 436 千字
版　　次 2023 年 7 月第 1 版
印　　次 2023 年 7 月第 1 次印刷
定　　价 108.00 元

http://www.hrbeupress.com
E-mail:heupress@hrbeu.edu.cn

序　言

　　战略是企业的灵魂,如果没有战略,企业不可能成为优秀的企业。企业发展战略是企业战略的种类之一,是对企业发展的谋略,是对企业发展中整体性、长期性、基本性问题的计谋。因此,面对当今市场变幻莫测、竞争日益激烈的形势,企业必须制定发展战略,争取赢得持续的竞争优势。中小企业若想在市场竞争中有立足之地,制定企业发展战略十分重要。

　　本书共分三篇。

　　上篇为理论知识,概述了企业发展战略及其规划,以及中小企业发展中存在的主要问题及其解决对策等。

　　中、下篇为实践案例。中篇选取了几个有代表性的行业和企业,展示了中小企业的发展战略及其规划。下篇通过选取有代表性的中小企业的营销策划方案,说明其对企业的重要性。

　　本书的形成得益于几年来我与山东淄博张店辰锋经济咨询工作室的孙德锋先生对众多企业所做的各种战略和策划,在此感谢各企业给我们机会做实质性的工作。本书出版的主要目的是给一些企业的发展经营规划提供一定的参考。

　　因著者水平和时间有限,书中难免存在不足及疏漏之处,敬请业内同人批评指正。

著　者

2023 年 4 月

目　　录

上篇　中小企业发展战略规划

中篇　中小企业发展战略及策划

下篇　中小企业营销策划

上篇
中小企业发展战略规划

　　企业发展战略是企业各种战略的统称，是关于企业如何发展的理论体系。发展战略是一定时期内企业对发展方向、发展速度与质量、发展点及发展能力的重大选择、规划及策略。企业发展战略可以帮助企业指引长远发展方向，明确发展目标，指明发展点，并确定企业需要的发展能力。战略的真正目的是要解决企业的发展问题，实现企业快速、健康、持续发展。

　　"战略"这个概念最初只存在于军事领域。战争讲究谋略。谋略有大有小，从全局进行谋略叫"战略"，为实现某一局部目标的方略叫"战术"。

　　《辞海》中对"战略"的解释为："对战争全局的筹划和指挥。它是依据敌我双方的军事、政治、经济、地理等因素，照顾战争全局的各方面，规定军事力量的准备和运用。"

　　美国陆军军事学院编著的《军事战略》一书中对战略这样描述："战略＝目的（追求的目标）＋途径（行动方案）＋手段（实现目标的方法和工具）。"

　　20世纪30年代，企业界开始引进战略概念。

　　1938年，切斯特·巴纳德在《经理人员的职能》一书中开始运用战略因素这一思想来说明企业组织的决策机制，其对战略对企业诸因素及它们相互之间关系的影响进行了分析。

　　1965年安索夫出版的《公司战略》，系统研究企业战略的制定和实施，大大促进了战略管理在企业中的广泛应用，成为管理科学领域中一门年轻的学科。

　　20世纪80年代，世界掀起了战略管理研究热。

第一章　企业发展战略概述

一、企业战略对企业的作用

　　企业战略虽然有多种，但基本属性是相同的，都是对企业的谋略，即对企业整体性、长期性、基本性问题的计谋。例如，企业竞争战略是对企业竞争的谋略，是对企业竞争整体性、长期性、基本性问题的计谋；企业营销战略是对企业营销的谋略，是对企业营销整体性、长期性、基本性问题的计谋；企业技术开发战略是对企业技术开发的谋略，是对企业技术开发整体性、长期性、基本性问题的计谋；企业人才战略是对企业人才开发的谋略，是对企业人才开发整体性、长期性、基本性问题的计谋；等等。各种企业战略有同也有异，相同的是基本属性，不同的是谋划问题的层次与角度。总之，无论哪个方面的计谋，只要涉及的是企业整体性、长期性、基本性问题，就属于企业战略的范畴。

　　需要指出的是，最初人们所讲的"企业战略"，主要指的是竞争战略。1971年美国的迈克尔·波特出版《竞争战略》之后，更强化了人们的这种认识。在迈克尔·波特的著作中，企业战略被当作竞争战略的同义语来使用，他说的企业战略都是竞争战略。军队从事战争，企业从事竞争。竞争与战争虽然本质不同，但也有一个"争"字。企业竞争也是很残酷的，失败了就要灭亡。既然要参与竞争，那么当然就要讲究竞争战略，不能只是一味地拼人力、拼财力、拼物力。竞争战略虽然非常重要，但毕竟不能代替企业战略。企业为了生存与发展不能只谋划竞争，而应该同时谋划许多方面。但千万不要在竞争战略与企业战略之间画等号，因为竞争战略只是企业战略的一部分。然而把竞争战略等同于企业战略的大有人在，他们的这种认识是片面的，并且将妨碍企业的战略管理。

二、企业发展战略本质

探讨了战略本质与企业战略本质的，企业发展战略本质就容易理解了。企业发展战略是企业战略的种类之一，是对企业发展的谋略，是对企业发展中整体性、长期性、基本性问题的计谋。

企业发展战略的本质特征是发展性，它着眼于企业发展。虽然有些企业战略也是为企业发展服务的，如企业竞争战略与营销战略，但是它们着眼点与发展战略是不同的，竞争战略着眼于竞争，营销战略着眼于营销。

由于企业发展战略是企业各种战略的总战略，所以，企业发展战略的整体性更加突出。也就是说，企业发展战略比其他企业战略针对的问题更加全面。从某种意义上说，企业发展战略是其他企业战略的上位概念，是统筹其他企业战略的总战略。用企业发展战略指导其他企业战略，用其他企业战略落实企业发展战略，这是先进企业的成功之道。

企业发展战略研究是企业主要领导人的责任。如果说企业的各个副职可以在一定程度上主持其他企业战略的研究工作，比如技术总监可以在一定程度上主持技术开发战略的研究工作，营销总监可以在一定程度上主持营销战略的研究工作，那么只有主要领导才能主持企业发展战略的总体研究工作。

企业发展战略是关乎企业发展的谋略。企业发展是成长、壮大的过程，其中既包括量的增加，也包括质的变化。

企业发展战略有四个特征：一是整体性，二是长期性，三是基本性，四是谋略性。整体性是相对于局部性而言的，长期性是相对于短期性而言的，基本性是相对于具体性而言的，谋略性是相对于常规性而言的。企业发展战略必须同时具有这四个特征，缺少一个特征就不是企业发展战略。企业发展战略不是企业发展中长期计划。企业发展战略是企业发展中长期计划的灵魂与纲领。企业发展战略指导企业发展中长期计划，企业发展中长期计划落实企业发展战略。

企业发展战略的意义是由企业发展战略本质特征决定的。因为企业发展战略有四个本质特征，所以它的意义表现在以下四个方面。

（一）谋划企业整体发展

企业是一个由若干相互联系、相互作用的局部构成的整体。局部有局部性的问题，整体有整体性的问题，整体性问题不是局部性问题之和，与局部性问题具有本质的区别。企业发展面临很多整体性问题，如对环境重大变化的反应问题，对资源的开发、利用与整合问题，对生产要素和经营活动的平衡问题，对各种基本关系的理顺问题。谋划好整体性问题是企业发展的重要条件，要时刻把握企业的整体发展。

（二）谋划企业长期发展

企业存在寿命有长有短。投资者、经营者应该树立"长寿企业"意识。为了使企业"长寿"，不但要重视短期发展问题，也要重视长期发展问题。企业长期发展问题不是短期发展问题之和，它与短期发展问题具有本质的区别。希望"长寿"的企业面临的长期性问题很多，如发展目标问题、发展步骤问题、产品与技术创新问题、品牌与信誉问题、人才开发问题、文化建设问题。企业希望"长寿"就要关心未来。对未来问题不但要提前想到，而且要提前动手解决,因为解决任何问题都需要一个过程。要正确处理短期利益与长期利益的关系。预测未来是困难的,但不是不可能的。谁也想象不到未来发生的偶然事件,但总可以把握各类事物的发展趋势。人无远虑,必有近忧。领导者如果不关心企业未来,只知道"火烧眉毛顾眼前",就等于拿企业的寿命开玩笑。应当指出,不关心企业未来的领导者甚多,正是由于这个原因,少则几年、多则十几年就倒闭的企业为数众多。

(三)对企业发展进行整体性、长期性谋划时把握基本性

我们都知道,树叶长在树枝上,树枝长在树权上,树权长在树干上,树干长在树根上。在一个企业里,树叶性的问题有成千上万,树权性的问题有成百上千,树根性的问题可就不多了。这类问题虽然不多,但非常重要。要是树根烂了,任凭你怎么摆弄,树叶也不会再绿。领导人要集中精力谋划企业发展的基本性问题。假如企业发展的基本性问题解决不好,那么即使再发动员工努力奋斗也不会收到成效,甚至越努力奋斗赔钱越多。领导人要增强基本性问题意识。不要只注意把决定的事情办好,也要注意决定本身是否有问题;不要只忙于摆脱困境,也要忙于铲除困难产生的根源。

(四)在研究企业发展时谋略很重要

企业发展战略不是常规思路,而是新奇办法。企业发展战略应该使企业少投入、多产出,少挫折、快发展。谋略是智慧结晶,而不是经验搬家和理论堆砌。智慧之中包含知识,但知识本身并不是智慧。智慧与知识具有本质的区别。许多军事家都知道"空城计",但没有诸葛亮那样的智慧,先知为智。智慧是对知识的灵活运用,也是对信息的机敏反应。谋划企业发展靠智慧,谋划企业整体性、长期性发展靠大智慧。谋划企业发展要借鉴先进理论和先进经验,但如何借鉴还需要靠智慧。

三、企业发展战略制定

(一)企业发展战略的阶段

制定企业发展战略没有固定顺序。一般而言,它要经过战略调查、战略提出、战略咨询、战略决策等四个阶段。

1. 企业发展战略调查

战略调查要有宽阔的视野和长远的目光,要善用直觉并积极思考,要冲破传统观念的束缚,要抓住企业发展的深层问题和主要问题。战略调查需要搞清以下问题:现实市场需求及潜在市场需求,现实竞争对手及潜在竞争对手,现实生产资源及潜在生产资源,现实自身优势及潜在自身优势,现实核心问题及潜在核心问题。战略调查要搞清有关事物的联系,既包括空间联系,也包括时间联系;既包括有形联系,也包括无形联系。

2. 企业发展战略提出

在战略调查基础上要提出企业发展战略草案。企业发展战略草案不需要很具体、很系统、很严谨,但要把核心内容阐述得淋漓尽致。提出企业发展战略草案对相关人员是一次重大考验,要求提出者富有责任心和事业感,富有新思想和大勇气;要求听者虚怀若谷、深思熟虑,不要墨守成规、排新妒异。

3. 企业发展战略咨询

为防止战略失误并提高战略水平,企业在提出发展战略草案之后、确定发展战略之前,

需要就整个战略或其中部分问题征求社会有关方面的意见,特别是业内人士和战略专家的意见。鉴于内部能力有限,有些企业委托咨询机构规划企业发展战略。选择咨询机构的原则是不唯名、不唯大,只唯能。在咨询机构提交研究报告之后,企业除了内部充分讨论之外,也要适当征求外部有关方面的意见。

4. 企业发展战略决策

发展战略决策对企业发展具有里程碑意义。为了企业的整体利益和长远利益,在决策企业发展战略时要充分发扬民主,广泛听取各部门意见,尤其是不同意见。企业发展战略应该由企业领导集体决策。

(二)企业发展战略的分类

企业发展战略可以分为增长型战略、稳定型战略、紧缩型战略和混合型战略四类。

1. 增长型战略(growth strategies)

增长型战略(growth strategies),又称扩张型战略(expansion strategies)、进攻型战略(attack strategy)、发展型战略(growth strategies,或译为成长战略)。从企业发展的角度来看,任何成功的企业都应当经历时间长短不一的增长型战略实施期,因为从本质上说只有增长型战略才能不断地扩大企业规模,使企业从竞争力弱小的小企业发展成为实力雄厚的大企业。

(1)增长型战略的特征

①实施增长型战略的企业不一定比整个经济增长速度快,但往往比其产品所在的市场经济增长得快。市场占有率的增长可以说是衡量经济增长的一个重要指标。增长型战略的体现不仅应当有绝对市场份额的增加,更应有在市场总容量增长的基础上相对份额的增加。

②实施增长型战略的企业往往取得大大超过社会平均利润率的利润水平。由于发展速度较快,这些企业更容易获得较好的规模经济效益,从而降低生产成本,获得较高的利润率。

③采用增长型战略态势的企业倾向于采用非价格的手段同竞争对手抗衡。由于采用了增长型战略的企业不仅仅在开发市场上下功夫,而且在新产品开发、管理模式上都力求具有竞争优势,因而其赖以作为竞争优势的并不会是损伤自己的价格战,而一般是以相对更为创新的产品和劳务以及管理上的高效率作为竞争手段。

④增长型战略鼓励企业的发展立足于创新。这些企业常常开发新产品、新市场、新工艺和旧产品的新用途,以把握更多的发展机会,谋求更大的风险回报。

⑤与简单地适应外部条件不同,采用增长型战略的企业倾向于通过创造本身并不存在的某物或对某物的需求来改变外部环境并使之适合自身。这种去引导或创造合适的环境是由其发展的特性决定的:要真正实现既定的发展目标,势必要有特定的合适的外部环境,被动适应环境显然不一定有帮助。

(2)增长型战略的类型

企业增长型战略可分为一体化扩张和多样化扩张两类。

①一体化扩张

一体化扩张又可分为横向一体化(水平一体化)和纵向一体化(垂直一体化)。实现这些扩张的方法包括内部发展和外部发展(合并和合资等)。内部发展是现有企业(公司)通过新股票发放或自身资金积累,而扩大现有生产规模,或建立新厂、新的部门、新的子公司等;合并是指一企业获取另一企业的资源且无人抗争的过程。如果被合并的企业进行抗争,则称此过程为兼并。

a. 横向一体化

横向一体化指企业现有生产活动的扩展并由此导致现有产品市场份额的扩大。该类增长可以从以下三个方向进行:

　·扩大原有产品的生产和销售;

　·向与原产品有关的功能或技术方向扩展;

　·与上述两个方向有关的向国际市场扩展或向新的客户类别扩展。

横向一体化,可以给企业带来同类生产规模的扩大,实现规模经济。由于该类增长与原有生产活动有关,比起其他类型增长更易于实现,故一般来说,企业早期的增长多以此为主,且实现的方式以内部增长为主。据对美国1895—1972年的公司增长战略分析,1895至20世纪初的公司增长主要以横向一体化为主。我国工业企业的增长在相当长的时期内也以横向一体化为主,20世纪80年代以来,其他形式的扩张才较多出现。

b. 纵向一体化

纵向一体化指企业向原生产活动的上游和下游生产阶段扩展。现实中,多数大型企业均有一定程度的纵向一体化。该类扩张使企业通过内部的组织和交易方式将不同生产阶段联结起来,以实现交易内部化。纵向一体化包括后向一体化(backward integration)和前向一体化(forward integration)。后向一体化指企业介入原供应商的生产活动;前向一体化指企业控制其原属客户公司的生产经营活动。如化学工业企业可向石油冶炼、采油方向扩展,以实现后向一体化;也可向塑料制品、人造纤维等方向扩展,以实现前向一体化。

纵向一体化是企业增长到一定阶段的主要扩张战略。据班诺克的观点,企业通过横向一体化打败竞争对手,达到市场多面垄断地位后,便会进入纵向一体化扩张,以占领其供和市场领域。一旦企业在一生产部门占领重要地位之后,向多种部门扩张便成为其唯一的增长战略。

②多样化扩张

多样化是一个意义广泛的概念,它可以涉及相关产品的活动,也可以涉及不相关产品的活动。由于横向一体化已涉及同类产品的多样化,纵向一体化已涉及相关但不同生产阶段产品的多样化,所以这里的多样化仅指不相关产品的多样化。但是,严格区分相关与否并不容易。因为在实际中,多数企业多样化扩张的部门均大多数与其原有市场营销和技术开发有联系。尤其是研究与开发,多来自现存生产活动的需求,但可用于其他无关部门的生产之中。

第二次世界大战后,多样化扩张战略在发达国家发展迅速。以美国为例,该战略在20世纪60年代以后被快速增长的企业普遍采用。1949年,美国500家大企业中有1/3以上为单产品经营,到1969年,该比例降为6%。与此相反,介入不相关经济活动的大企业的比例从1949年的3%增加到1969年的20%。我国改革开放以来,尤其是20世纪90年代以来,企业的多样化发展十分普遍。许多工业企业涉足房地产、商业等与原生产活动无关联的行业。

多样化扩张是基于对市场风险和环境的不确定因素的防范意识。具有多样化经营的公司,可以减少某种不可预测因素的冲击。此外,一些原生产产品市场需求的下降,也会促使公司寻求多样化机会,以充分利用其生产能力。而当某一产品出现旺盛市场需求时,也会诱发新的公司介入此类生产活动(如前几年许多公司在"房地产热"中介入房地产市场)。

企业增长的各种战略和方法,均可导致企业的多部门、多区位发展。当企业规模增加到一定程度时,这种多部门、多区位的格局,对企业充分利用各地优势、降低生产成本、扩大盈利起着重要作用。

(3)采用增长型战略的原因

①在动态的竞争环境中,增长是一种求生的手段。不断的变革能够不断地创造更高的生产经营效率和效益,从而能在不同的环境中重新适应并生存。

②扩大规模和销售可以使企业利用经验曲线或规模经济效益来降低生产成本。

③寻求发展是企业这种有机组织体的本性。

④企业家强烈的发展欲望是企业发展的第一推动力。

⑤许多企业管理者把增长等同于成功。这种认识上的错误是因为没有意识到简单的总量增长有时可能意味着效率和效益的下降,从而追求增长型战略。

⑥增长快的企业容易掩饰其失误和低效率。

⑦企业增长得越快,企业管理者就越容易得到升迁或奖励,这是由最高管理者或最高管理集体所持有的价值观决定的。

(4)增长型战略的适用条件

从以上采用增长型战略的原因中可以看出,有时使用增长型战略并不是简单地从单一经营上考虑,而往往与经营者自身的利益相关。因此,增长型战略的使用确实存在着一定的误区,因为其使用是有相应条件的。

①企业必须分析战略规划期内宏观经济景气度和产业经济状况。一方面,这是由企业增长型战略的发展决定的,企业要实施增长型战略,就必须从环境中获得更多的资源。如果未来阶段宏观环境和行业微观环境较好的话,企业比较容易获得这些资源,所以就降低了实施该战略的成本。另一方面,从需求的角度看,如果宏观和中观环境的走势都较为乐观的话,消费品的需求者和投资品需求者都会有一种理性的预期,认为未来的收入会有所提高,因而其需求幅度将会有相应的增长,保证了企业增长型发展战略的需求充足。从上面的分析可以看出,在选择增长型战略之前必须对经济走势做一个较为细致的分析,良好的经济形势往往是增长型战略成功的条件之一。

②增长型战略必须受政府管制机构的政策法规和条例等的约束。世界上大多数国家都鼓励高新技术的发展,因而一般来说这类企业可以考虑使用增长型战略。

③企业必须有能力获得充分的资源来满足增长型战略的需求。由于采用增长型战略需要较多的资源投入,因此从企业内部和外部获得资源的能力就显得十分重要。这里的资源是一个广义的概念,既包括通常意义上的资本资源,也包括人力资源、信息资源等。在资源充分性的评价过程中,企业必须问自己一个问题:"如果企业在实行增长战略的过程中由于某种原因暂时受阻,它是否有能力保持自己的竞争地位?"如果回答是肯定的,就表明企

业具有充分的资源来实施增长型战略,反之则不具备。

④判断增长型战略的合适性还要分析企业文化。如果一个企业的文化是以稳定性为其主旋律,那么增长型战略的实施就要克服相应的文化阻力。当然,企业文化也并不是一成不变的事物,事实上,积极和有效的企业文化的培育必须以企业战略作为指导依据。这里要强调的只是企业文化可能会给某种战略的实施带来一定的成本,而并不是认为企业文化决定企业战略。

(5)增长型战略的利弊分析

①增长型战略的优势

a.企业可以通过发展扩大自身价值,这体现了经过扩张后的企业市场份额和绝对财富的增加。这种价值既可以成为企业职工的一种荣誉,又可以成为企业进一步发展的动力。

b.企业能通过不断变革来创造更高的生产经营效率与效益。由于增长型发展,企业可以获得过去不能获得的崭新机会,避免企业组织的老化,使企业总是充满生机和活力。

c.增长型战略能保持企业的竞争实力,实现特定的竞争优势。如果竞争对手都采取增长型战略,而企业还在采取稳定型战略或紧缩型战略,那么就很有可能在未来失去竞争优势。

②增长型战略的劣势

a.在采用增长型战略获得初期的效果后,很可能导致盲目的发展和为了发展而发展,从而破坏企业的资源平衡。要克服这一弊端,要求企业在做每一个战略态势决策之前都必须重新审视和分析企业的内外部环境,判断企业的资源状况和外部机会。

b.过快的发展很可能降低企业的综合素质,使企业的应变能力虽然表面上不错,而实质上却出现内部危机和混乱。这主要是由于企业新增机构、设备、人员太多而未能形成一个有机的相互协调的系统所引起的。针对这一问题,企业可以考虑设立一个战略管理的临时性机构,负责统筹和管理扩张后企业内部各部门、人员之间的协调,将各方面的因素都融合在一起后,再考虑取消这一机构。

c.增长型战略很可能使企业管理者更多地注重投资结构、收益率、市场占有率、企业的组织结构等问题,而忽视产品的服务或质量,重视宏观发展而忽视微观问题,因而不能使企业达到最佳状态。这一弊端的克服,需要企业管理者对增长型战略有一个正确而全面的理解,要意识到企业的战略态势是企业战略体系中的一个部分,在实施过程中必须进行通盘考虑。

2.稳定型战略

稳定型战略是指企业遵循与过去相同的战略目标,保持一贯的成长速度,同时不改变基本的产品或经营范围。它是对产品、市场等方面采取以守为攻,以安全经营为宗旨,不冒较大风险的一种战略。

从企业经营风险的角度来说,稳定型战略的风险是相对较小的,对于那些曾经成功地在一个处于上升趋势的行业和一个不大变化的环境中活动的企业会很有效。稳定型战略从本质上追求的是在过去经营状况基础上的稳定。

(1)稳定型战略的特征

①企业对过去的经营业绩表示满意,决定追求既定的或与过去相似的经营目标。例

如,企业过去的经营目标是在行业竞争中处于市场领先者的地位,稳定型战略意味着在今后的一段时期里依然以这一目标作为企业的经营目标。

②企业战略规划期内所追求的绩效按大体的比例递增。与增长型战略不同,这里的增长是一种常规意义上的增长,而非大规模的和非常迅猛的发展。例如,稳定型增长可以指在市场占有率保持不变的情况下,随着总的市场容量的增长,企业的销售额也随之增长,而这种情况并不属于增长型战略。实行稳定型战略的企业,总是在市场占有率、产销规模或总体利润水平上保持现状或略有增加,从而稳定和巩固企业现有竞争地位。

③企业准备以过去相同的或基本相同的产品或劳务服务于社会,这意味着企业在产品的创新上较少。

从以上特征可以看出,稳定型战略主要依据前期战略。它坚持前期战略对产品和市场领域的选择,它以前期战略所达到的目标作为本期希望达到的目标。因而,实行稳定型战略的前提条件是企业过去的战略是成功的。对于大多数企业来说,稳定型增长战略也许是最有效的战略。

(2)稳定型战略的类型

按偏离战略起点的程度分为无增战略和微增战略;按企业采取的防御态势分为阻击式防守战略和反应式防御战略;按具体实施分为维持利润战略、暂停战略和谨慎实施战略。

①无增战略。无增战略可以理解为一种没有增长的战略。采用它的企业可能基于以下两个原因:一是企业过去的经营相当成功,并且企业内外环境没有发生重大变化;二是企业并不存在重大的经营问题或隐患,因而战略管理者没有必要进行战略调整,或者害怕战略调整会给企业带来利益分配和资源分配的困难。在这两种情况下,企业的管理者和职工可能不希望企业进行重大的战略调整,因为这种调整可能会在一定时期内降低企业的利润总额。采用无增战略的企业除了每年按通货膨胀率调整其目标外,其他暂时保持不变。

②微增战略。企业在稳定的基础上,略有增长与发展的战略。

③阻击式防守战略(以守为攻)。这一战略的指导思想是"最有效的防御是完全防止竞争较量的发生",它的操作方法如下。

a.企业投入相应的资源,以充分显示其已经拥有阻击竞争对手进攻的能力。

b.不断清晰无误地传播自己的防御意图,塑造出顽强的防御者形象,使竞争对手不战而退。

④反应式防御战略。当竞争对手的进攻发生以后,针对这种进攻的性质、特点和方向,企业采用相应的对策,施加压力,以维持原有的竞争地位和经营水平。

⑤维持利润战略。这是一种牺牲企业未来发展来维持利润的战略。维持利润战略注重短期效果而忽略长期利益,其根本意图是渡过暂时性的难关,因而往往在经济形势不景气时被采用,以维持过去的经济状况和效益,实现稳定发展。但如果使用不当的话,维持利润战略可能会使企业的元气受到损害,影响企业长期发展。

⑥暂停战略。在一段较长时间的快速发展后,企业可能会遇到一些问题使得效率下降,这时就可以采用暂停战略,即在一定时期内降低企业的目标和发展速度。暂停战略可以让企业积聚能量,为今后的发展做准备。

⑦谨慎实施战略。如果企业外部环境中某一重要因素难以预测或变化趋势不明显,企

业的某一战略决策就要有意识地降低实施进度,步步为营,这就是所谓的谨慎实施战略。

（3）稳定型战略的利弊分析

①稳定型战略的优势

a. 企业的经营风险相对较小。由于企业基本维持原有的产品和市场领域,从而可以用原有的生产领域、渠道,避免了开发新产品核心市场的巨大资金投入、激烈的竞争抗衡和开发失败的巨大风险。

b. 能避免因改变战略而改变资源分配的问题。由于经营领域与过去大致相同,因而稳定型战略不必考虑原有资源的增量或存量的调整,相对于其他战略态势来说,显然要容易得多。

c. 能防止因发展过快而导致的弊端。在行业迅速发展的时期,采取稳定型战略可有效避免企业因无法看到潜伏的危机而盲目发展,结果造成资源的巨大浪费问题。

d. 能给企业一个较好的休整期,使企业积聚更多的能量,以便为今后的发展做好准备。从这个意义上说,适时的稳定型战略将是增长型战略的一个必要的积蓄阶段。

e. 可保持人员安排上的相对稳定,充分利用已有的各方面人才,发挥他们的积极性和潜力,减少人员调整、安置所造成的招聘、培训的费用,并节省时间。

②稳定型战略的劣势

a. 稳定型战略的执行是以市场需求、竞争格局等内外条件基本稳定为前提的。一旦企业的这一判断没有得到验证,就会打破战略目标、外部环境、企业实力之间的平衡,使企业陷入困境。因此,如果环境预测有问题的话,稳定型战略也会有问题。

b. 特定细分市场的稳定型战略也会有较大的风险。由于企业资源不够,企业会在部分市场上采用竞争战略,这样做实际上是将资源重点配置在这几个细分市场上,因而如果对这几个细分市场把握不准,企业可能会更加被动。

c. 稳定型战略也会使企业的风险意识减弱,甚至形成害怕风险、回避风险的文化,这就会大大降低企业对风险的敏感性、适应性和冒风险的勇气,从而增加了以上风险的危害性和严重性。

稳定型战略的优势和劣势都是相对的,企业在具体的执行过程中必须权衡利弊,准确估计风险和收益,并采取合适的风险防范措施。只有这样,才能保证稳定型战略的优势充分发挥。

（4）稳定型战略的适用条件

采取稳定型战略的企业,一般处在市场需求及行业结构稳定或者较小动荡的外部环境中,因而企业所面临的竞争挑战和发展机会都相对较少。但是,有些企业在市场需求以较大的幅度增长或是外部环境提供了较多的发展机遇的情况下也会采取稳定型战略。这些企业一般来说是由于资源状况不足以使其抓住新的发展机会而不得不采用相对保守的稳定型战略态势。下面将分别讨论企业采用稳定型战略的外部环境和企业自身实力的适用条件。

①外部环境

外部环境的相对稳定性会使企业更趋向于稳定型战略。影响外部环境稳定性的因素有很多,大致包括以下几方面。

　　a.宏观经济状况会影响企业所处的外部环境。如果宏观经济在总体上保持总量不变或总量低速增长,这就势必会影响到该企业所处行业的发展,使其无法以较快的速度增长。宏观经济的慢速增长会导致某一产业的增长速度也降低,这就使得该产业内的企业倾向于采用稳定型战略,以适应外部环境。

　　b.产业的技术创新度。如果企业所在的产业技术相对成熟、技术更新速度较慢的话,企业过去采用的技术和生产的产品无须经过较大的调整就能满足行业竞争及市场需求,这样的企业往往采用稳定型战略。

　　c.消费者需求偏好的变动。这一点其实是决定产品系列稳定度的一个方面。如果消费者的需求变动较为稳定的话,企业可以考虑采用稳定型战略。

　　d.产品生命周期或行业生命周期。对于处于行业或产品的成熟期的企业来说,产品需求、市场规模趋于稳定,产品技术成熟,新产品的开发和以新技术为基础的新产品的开发难以取得成功,因此以产品为对象的技术变动频率低,同时竞争对手的数目和企业的竞争地位都趋于稳定,这时提高企业的市场占有率、改变市场的机会很少,因此较为适合采用稳定型战略。

　　e.竞争格局。如果企业所处的行业的进入壁垒非常高或由于其他原因使得该企业所处的竞争格局相对稳定,竞争对手之间很难有较为悬殊的业绩改变,则企业采用稳定型战略可以获得最大的收益。

　　②企业内部实力

　　如果企业资源不充分,如资金不足、研发力量较差或人力资源有缺陷而不能满足增长型战略的要求时,就无法采用扩大市场占有率的战略。在这种情况下,企业可以采取以局部市场为目标的稳定型战略,以使企业有限的资源能集中在自己有优势的细分市场,维护竞争地位。当外部环境相对稳定时,资源较为充足和资源较为稀缺的企业都应当采取稳定型战略,以适应外部环境,但两者的做法可以不同。前者可以在更为广阔的市场上选择自己的资源分配点,而后者应当在相对狭窄的细分市场上集中自身的资源,以求稳定型战略。

　　当外部环境不利时,如行业处于生命周期的衰退阶段时,则资源丰富的企业可以采用一定的稳定型战略;而对那些资源不够充足的企业,如果它在某个特定的细分市场上有独特的优势,那么也可以考虑采用稳定型战略。

　　3.紧缩型战略

　　紧缩型战略是指企业从目前的战略经营领域和基础水平上收缩甚至撤退,且偏离起点战略较大的一种经营战略。与稳定型战略和增长型战略相比,紧缩型战略是一种消极的发展战略。一般地,企业实施紧缩型战略只是短期的,其根本目的是使企业挨过风暴后转向其他的战略选择。有时,只有采取收缩和撤退的措施,才能抵御竞争对手的进攻,避开环境的威胁和迅速地实行自身资源的最优配置。可以说,紧缩型战略是一种以退为进的战略。

　　(1)紧缩型战略的特征

　　①对企业现有的产品和市场领域实行收缩、调整和撤退战略,如放弃某些市场和某些产品线系列。采用此类战略的企业从规模上来看是在缩小,同时一些效益指标,比如利润率和市场占有率等,都有较为明显的下降。

　　②对企业资源的运用采取较为严格的控制和尽量削减各项费用支出,往往只投入最低

限度的经济管理资源,因而紧缩型战略的实施过程往往会伴随着大量的裁员和大额资产的暂停购买等。

③紧缩型战略具有明显的短期性。与稳定和发展两种战略相比,紧缩型战略具有明显的过渡性,其根本目的并不在于长期节约开支,停止发展,而是为了今后的发展积蓄力量。

(2)紧缩型战略类型及其适用性

①适应性紧缩型战略是企业为了适应外界环境而采取的一种战略。这种外界环境包括经济衰退、产业进入衰退期、对企业的产品或服务的需求减小等。在这些情况下,企业可以采取适应性紧缩型战略来渡过危机,以求发展。因此,适应性紧缩型战略的使用条件就是企业预测到或已经感知到了外界环境对企业经营的不利性,并且企业认为采用稳定型战略尚不足以使企业顺利度过这个不利的外部环境时期。如果企业可以同时采用稳定型战略和紧缩型战略,并且两者都能使企业避开外界威胁、为今后发展创造条件的话,企业应当尽量采用稳定型战略,因为它的冲击力较小,对企业可能造成的伤害与紧缩型战略相比要小得多。

②失败性紧缩战略是指企业由于经营失误造成企业竞争地位虚弱、经营状况恶化,只有采用紧缩型战略才能最大限度地减少损失,保存企业实力。失败性紧缩战略的使用条件是企业出现了重大的问题,如产品滞销、财务状况恶化、投资已无法收回的情况。这里就涉及一个"度"的问题,即究竟在出现何种严重定额经营问题时才考虑实施紧缩型战略? 要回答这一问题,需要对企业的市场、财务、组织机构等方面做一个全面估计,认真比较实施紧缩型战略的机会成本,经过细致的成本-收益分析,最后才能下结论。

③调整性紧缩战略的动机既不是经济衰退,也不是经营的失误,而是为了谋求更好的发展机会,使有限的资源分配得到更有效的使用场合。因而,调整性紧缩战略的适用条件是企业存在一个回报更高的资源配置点。为此,需要比较的是企业目前的业务单位和实施紧缩型战略后的资源投入的业务单位。在存在较为明显的回报差距的情况下,可以考虑采用调整性紧缩战略。

(3)紧缩型战略的利弊分析

①紧缩型战略的优势

a.能帮助企业在恶劣的外部环境下,节约开支和费用,顺利地度过不利的处境时期。

b.能在企业经营不善的情况下最大限度地降低损失。在许多情况下,盲目而且顽固地坚持经营无可挽回的事业,而不是明智地采用紧缩型战略,会给企业带来致命的打击。

c.能帮助企业更好地实行资产的最优组合。如果不采用紧缩型战略,企业在面临一个新的机遇时,只能使用现有的剩余资源进行投资,这样做势必会影响企业在这一领域发展的前景;相反,通过采取适当的紧缩型战略,企业往往可以将运作不良的资源转移部分到有利的发展点上,从而实现企业长远利益的最大化。

②紧缩型战略的劣势

与上述优势相比,紧缩型战略也能为企业带来一些不利之处。

a.实行紧缩型战略的尺度较难以把握,因而如果盲目地使用紧缩型战略,可能会扼杀具有发展前途的业务和市场,使企业的总体利益受到伤害。

b.一般来说,实施紧缩型战略会引起企业内外部人员的不满,从而引起员工情绪低落,因为实施紧缩型战略常常意味着不同程度的裁员和减薪,而且实施紧缩型战略在某些管理人员看来意味着工作的失败和不力。

4.混合型战略

混合型战略是稳定型战略、增长型战略和紧缩型战略的组合,事实上,许多有一定规模的企业实行的并不只是一种战略,而是多种战略的组合。

(1)混合型战略的特征

①从采用情况来看,一般较大型的企业多采用混合型战略,因为大型企业相对来说拥有较多的战略业务单位,这些业务单位很可能分布在完全不同的行业和产业群中,它们所面临的外界环境,所需要的资源条件完全不相同,因而若对所有的战略业务单位都采用统一的战略态势,就有可能导致由于战略与具体的战略业务单位不相一致而导致企业的总体效益受到伤害。所以,可以说混合型战略是大型企业在特定的历史阶段的必然选择。

②从市场占有率等效益指标来看,混合型战略并不具有确定变化的方面,因为采用不同战略态势的不同战略业务单位的市场占有率的变化方向和大小并不一致。所以,企业整体市场占有率、销售额、产品创新率等指标反映出来的状况并没有一个一般的结论,实施混合型战略的企业只有在不同的战略业务单位之间才体现出该战略业务单位所采用的战略态势的特点。

③在某些时候,混合型战略也是战略态势选择中不得不采取的一种方案。例如,企业遇到了较为景气的行业前景和比较旺盛的消费者需求,打算在这一领域采取增长型战略,但如果这时企业的财务资源并不是很充足,可能无法实施单纯的增长型战略。此时,就可以选择部分相对不令人满意的战略业务单位,对他们实施抽资或转向战略,以此来保证另一战略业务单位实施增长型战略所需的充分资源。由此,企业从单纯的增长型战略转变成了混合型的战略态势。

(2)混合型战略分类

根据不同的分类方式,混合型战略可以分为不同的种类。按照各自战略的构成不同,混合型战略可以分为同一类型的战略组合、不同类型的战略组合;按照战略组合的顺序不同,混合型战略可以分为同时性战略组合、顺序性战略组合。

①同一类型的战略组合

同一类型的战略组合是指企业采取稳定型、增长型和紧缩型的一种战略态势作为主要的战略方案,但具体的战略业务单位又是由不同类型的同一种战略态势来指导。因此,从严格意义上来说,同一类型的战略组合并不是"混合战略",因为它不过是在某一战略态势中的不同具体类型的组合。

②不同类型的战略组合

不同类型的战略组合是指企业采用稳定型战略、增长型战略和紧缩型战略中的两种以上的战略态势的组合,因而这是严格意义上的混合型战略。这种战略要求企业的高层管理者能很好地协调和沟通企业内部的各战略业务单位之间的关系。

③同时性战略组合

同时性战略组合是指不同类型的战略被同时在不同战略业务单位执行而组合在一起的混合型战略。战略的不同组合有很多种,最常见的如下。

a. 在撤销某一战略业务单位、产品系列或经营部门的同时增加一些其他战略业务单位、产品系列或经营部门。这其实是对一个部门采取清算的战略,同时对另一个部门实施增长型战略。

b. 在某些领域或产品实施抽资转向战略的同时在其他业务领域或产品实施增长型战略。在这种情况下,企业实施紧缩型战略的业务单位可能还并未到应该放弃或清算的地步,甚至有些可能是仍有潜力的发展部门,但是为了提供其他部门发展所需要的资源,只能实施紧缩型战略。

c. 在某些产品或业务中实施的是稳定型战略而在其他一些产品或部门实施的是增长型型战略,这种战略组合一般适用于资源相对丰富的企业,因为它要求企业在并没有实施收缩而获取资源的前提下以自己的积累来投入需要增长的业务领域。

④顺序性战略组合

顺序性战略组合是指一个企业根据生存与发展的需要,先后采用不同的战略方案,从而形成混合型战略方案,因而这是一种在时间上的战略组合。以下为常见的顺序性战略组合。

a. 在某一特定时期实施增长型战略,然后在另一时期使用稳定型战略。这样做,是为了使企业能够发挥"能量积聚"的作用。

b. 首先使用抽资转向战略,然后在情况好转时再实施增长型战略。采用这种战略的企业主要是利用紧缩型战略来避开外界环境的不利条件。

一般来说,不少企业既采用同时性战略组合,又采用顺序性战略组合。

需要注意的是,企业面临的环境日趋复杂且多变,而战略一般会持续较长的时间,企业经营上的灵活性、能动性和适应性就更加重要,单一的战略往往会面对来自环境的挑战而可能最终不能适应。

（3）混合型战略适用情况

总体上看,混合型战略可能的适用情况如下。

①较大规模的企业或者产品系列较多的企业,可能有较多的战略业务单位,跨行业经营,对有的产品采用增长型战略,同时对有的产品采用紧缩型战略。

②市场区域较为宽泛的企业,在不同的市场上可能面临不同的具体情况,因而根据不同的市场采用不同的战略,有的可能强化增长,有的可能收缩。

③技术进步较快的企业,如技术领导者,相应的产品更新较快,为了推广其强势产品或者与对手拉开更大的距离,往往会对处于生命周期不同的产品实施不同的战略,或者有所抑扬。

④实力有限的企业可能也会采用混合型战略,一边致力于业务和业绩的快速增长,一边可能会做一些战略铺垫,为将来打好基础。

⑤企业处于不同的发展时期,可适当采用不同的战略模式,如从企业初创到壮大的各个阶段,可采用"增长—稳定—增长—稳定—收缩调整—增长—稳定"的顺序战略组合。

（三）企业发展战略创新

企业发展战略创新就是研究制定新的企业发展战略。企业发展战略应该保持相对稳定,但是保持相对稳定并不意味着一成不变。

企业发展战略创新是为了应对外部环境和内部条件的重大变化。任何企业发展战略都是针对一定的外部环境与内部条件制定的。当外部环境或内部条件发生重大变化时,企业就应该与时俱进、调整或重新制定发展战略。我们所处的时代是一个变化速度空前加快的时代,这就使企业发展战略创新显得格外重要。在经营过程中,企业内部条件发生意想不到的重大变化也是常有的事,如果发生了这种变化也要调整或更新原有的发展战略。

企业发展战略创新也是为了提高企业战略水平。企业各项工作都要有水平,发展战略更要有水平。企业发展战略的水平决定企业各项工作的水平。智慧有大小,战略有高低。企业发展战略存在着水平差异,甚至是相当大的水平差异。企业发展战略创新是为了获得更好的企业发展战略。

企业发展战略创新取决于企业领导观念的转变。企业普遍需要发展战略创新,有的需要重新定位,有的需要重新整合资源,有的需要重新制定战略措施。企业发展战略创新也源于企业领导的动力、魄力和毅力。从某种意义上讲,企业发展战略创新是企业再造工程,是一项具有很大风险、困难和阻力的系统工程。

(四)企业发展战略的实施步骤

1. 明确企业的发展状况

在制定战略过程中,可供选择的战略方案越多越好。企业可以从对整体目标的保障、对中下层管理人员积极性的发挥以及各部门战略方案的协调等多个角度考虑,选择自上而下的方法、自下而上的方法或上下结合的方法来制定战略方案。

2. 企业要着眼于未来,优化企业战略选择

企业所处的市场及外部环境永远处于不断变化之中,预测并了解这些变化并把握其本质是企业领先于竞争对手的前提。首先是把握市场需求的变化,要了解市场中各种竞争力的变化,清楚自己与竞争对手在什么地方竞争,在哪些方面竞争,自己的优势与竞争对手的优势的差距。其次要把眼界充分放开,从区域市场到全球市场,从行业背景到整个经济发展战略的大背景。以未来为先导,把企业的战略建立在对未来的预测和把握上。

3. 评估战略备选方案

评估备选方案通常使用两个标准:一是考虑选择的战略是否发挥了企业的优势、克服了劣势,是否利用了机会,将威胁削弱到最低程度;二是考虑选择的战略能否被企业利益相关者所接受。实际上并不存在最佳的选择标准,管理层和利益相关团体的价值观和期望在很大程度上影响着战略的选择。对战略的评估最终还要落实到战略收益、风险和可行性分析的财务指标上。

4. 选择战略

选择战略即最终的战略决策,确定准备实施的战略。

(1)根据企业目标选择战略。企业目标是企业使命的具体体现,因而,应选择对实现企业目标最有利的战略方案,提交上级管理部门审批。

(2)对于中下层机构的战略方案,提交上级管理部门能够使最终选择方案更加符合企业整体战略目标。

企业发展战略的实施,是企业在经济市场中发展的有效保障。

第二章　企业战略规划

企业战略规划是指依据企业外部环境和自身条件的状况及其变化来制定与实施战略，并根据对实施过程与结果的评价和反馈来调整、制定新战略的过程。

一、企业战略规划内容

一个完整的战略规划必须是可执行的，它包括两项基本内容：企业发展方向和企业资源配置策略。随着竞争环境的快速演变，企业战略规划从曾经的五年规划、十年规划，逐渐演变成需要企业高层拥有的一种常态意识，需要随着新技术的进步、新模式的发展随机有针对性地对企业战略进行适时的调整。

二、企业战略规划阶段

制定战略规划分为三个阶段：第一个阶段是确定目标，即企业在未来的发展过程中，要应对各种变化所要达到的目标；第二阶段是要制定这个规划，当目标确定了以后，考虑使用什么手段、什么措施、什么方法来达到这个目标，这就是战略规划；第三个阶段是将战略规划形成文本，以备评估、审批，如果审批未能通过，可能还需要多个迭代的过程，需要考虑怎么修正。

三、企业战略规划特点

战略规划的有效性包括两个方面：一方面是战略正确与否，正确的战略应当做到组织资源和环境的良好匹配；另一方面是战略是否适合于该组织的管理过程，也就是和组织活动是否匹配。

一个有效的战略一般有以下特点。

（一）目标明确

战略规划的目标应当是明确的，其内容应当是使人得到振奋和鼓舞的。目标要先进，但经过努力可以达到，其描述的语言应当是坚定和简练的。

（二）可执行性良好

好的战略说明应当是通俗的、明确的和可执行的，它应当是各级领导的向导，使各级领导能确切地了解它、执行它。

（三）组织人事落实

制定战略的人往往也是执行战略的人。一个好的战略规划有了好的人员执行，它才能实现。因而，战略规划要求一级级落实，直到个人。

高层领导制定的战略一般应以方向和约束的形式传达给下级，下级接受任务，并以同样的方式传达给再下级，这样一级级的细化，做到深入人心，人人皆知，战略规划也就个人化了。

个人化的战略规划明确了每一个人的责任，可以充分调动每一个人的积极性。这样一方面激励了大家动脑筋、想办法，另一方面增加了组织的生命力和创造性。在一个复杂的组织中,只靠高层领导个人是难以识别所有机会的。

(四)灵活性好

一个组织的目标可能不随时间而变,但它的活动范围和组织计划的形式无时无刻不在改变。所制定的战略规划只是一个暂时的文件,应当进行周期性的校核和评审,灵活性强则更容易适应变革的需要。

四、企业战略规划步骤

第一步:确定企业的竞争地位。不同的竞争地位需要不同的竞争战略。

第二步:准确界定竞争对手。战略的目的不是模仿市场领先者,而是要准确定位,建立自己的竞争优势。而定位的前提,就是必须要界定竞争对手。找不到竞争对手就不可能准确定位,没有准确的定位,就不可能有鲜明的、有效的战略。

第三步:根据企业所处的竞争地位,选择战略形式。"定位之父"特劳特给出了四种竞争战略,分别对应于品牌不同的市场地位。所以要根据自己的市场地位、竞争对手,选择竞争战略。

第四步:整合企业资源,形成战略配称。市场追随者与市场领导者的竞争战略是不同的。企业在不同发展时期的竞争战略也是不同的。只有认清了自己的市场地位,才能制定出有效的竞争战略。

第三章　中小企业发展战略

一、中小企业发展战略规划

企业中长期战略规划的制定,对企业而言,是一件关乎未来发展成败的大事,所以不可不谨慎、严肃对待,所有规划都需要有坚实可靠的支持依据。所以,规划人需要有大量的阅历才有制定基础,有大智慧才具备预测未来的能力,有丰富的实践经验才能具备制定能力。以下是张店辰锋经济咨询工作室的孙德锋先生在历经近二十年的专业战略规划制定生涯后,根据自己的经验,归纳出的30字的企业战略策划制定原则:

> 制战略,观业主。
> 大产业,看国策;
> 小产业,看行业。
> 大企业,看施政;
> 小企业,看市场。

总的意思就是要给一个企业制定战略发展规划,首先,要仔细审查这个企业,看这个企业的老板、经理、产品、技术、人才、市场地位、管理水平,评审各个方面的优势及不足,为企业量体裁衣规划做基础性准备,才能做出适合这个企业的规划。其次,要看企业所属行业,企业所属行业如果是国民经济中的支柱产业,那么就要看国家的中长期发展国策,制定符合国家发展政策的战略才是正确的、好的战略。如果企业所属行业不属于支柱产业,那就要看三个相关行业,即企业所依附的行业、本行业以及替代品行业。审查这三个行业的发展前景,就是本行业的最终发展前景,以指导企业发展战略方向的制定。最后,看企业的大小,如果是大企业,就要看各相关地区各级政府的施政规划,制定符合市场发展的战略。如果是中小企业,那么最重要的就是分析市场,占领、扩大市场,获得更多的利润,以便更好地生存,因为生存是第一位的,这样才能有发展。

中小企业要在激烈的市场竞争中站稳脚跟,必须制定、实施符合自身条件和市场经济规律并针对企业周期的经营战略,建立持续的企业发展战略。

由于企业规模不大,中小企业的发展战略一般很少是正式的,有时甚至可能是非明确的。因此,中小企业的发展战略要力争在方向、类型上做出最佳选择。中小企业的发展战略可以采取以下几种方式。

(一)战略联盟

所谓战略联盟是指两个或两个以上的企业为了一定的目的或实现战略目标,抓住和利用迅速变化的市场机遇,通过一定方式组成的优势互补、风险共担的松散型网络组织。战略联盟是自发的,联盟各方保持着原有企业的经营独立性,具有运作高效、机动灵活等特点。对于企业来讲,实质上就是一种借势的策略。在激烈的市场竞争中,面对已经形成资金、技术等优势的大型企业的激烈竞争,中小企业必须站在战略的高度,在保证生存的前提下,不局限于眼前的短期利益,采取灵活多变的形式,发挥每个企业自身的优势,用整体的竞争力面对与大企业在市场中的竞争。

（二）跨国经营

改革开放以来，我国已有相当一部分企业不同程度地走上了跨国经营的道路。中小企业进入国际市场，不仅顺应了国际化市场的时代潮流，还化解了其在国内市场的不利因素，这对于我国中小企业来说，有重要的战略意义。

（三）虚拟经营

虚拟经营实质上是借用、整合外部资源以提高企业竞争力的一种资源配置模式。在这种模式下，虚拟经营注重对资源的利用，而不是控制资源，它追求的是尽量弱化实体组织结构形式，最大限度地利用外部资源，达到全方位借力造势的目的。对于中小企业来说，专业化分工是中小企业虚拟经营组织的主要联系纽带，也是其实施虚拟经营的现实基础。信息技术的发展，使中小企业的虚拟经营战略的成功实施成为可能，信息技术为中小企业创造了一个全新平台，中小企业可凭借这些发展战略得到全新的、有利的经营条件。

二、中小企业发展战略现状

中小企业，是在上有国际跨国企业、国内大型企业，下有多如牛毛的个体工商业者挤压的夹缝中生存和发展的企业群体。中小企业在经济中的独特位置决定了它在夹缝中生存、发展的艰难。

我国经济体制改革不断深化的这四十多年是中小企业发展的黄金时代，但其发展的过程也反映出中小企业是一个缺乏个性的群体。中小企业开办、关停犹如走马灯，当然，由于大势所趋，总体发展势头尚好，此亦是经济势头良好的一大根源。

从中小企业发展的曲折过程剖析制约其发展的因素，大部分经营者均认为是外部环境因素造成的。主要有三个制约因素，一是国家在政策、资金上偏重于大企业，地方政府为解决城乡大量富余劳动力，偏重于发展投资更少、见效更快、就业更广的个体工商业；二是技术标准、环保标准等方面的制约；三是市场疲软，消费需求不足，导致竞争白热化，制约了企业扩大再生产。

倘若我们做进一步考察便会发现，外部环境制约因素只是对企业的发展有一定程度的影响，但不是制约中小企业发展的决定因素。制约中小企业发展的真正因素还是在于企业内部，其中最突出的问题在于竞争发展战略的普遍趋同。两个常见表现是：产品开发不够主动，亦步亦趋钻进市场成熟产品的围城，得过且过，与多样化、个性化的消费市场不相适应；营销策略不够灵活，抱住拉关系、找客户、搞回扣的"老皇历"不放，与现代企业营销信息化、网络化步伐不够合拍。

中小企业的战略趋同造成中小企业群体内部行业布局、产品结构严重失衡，产品重合度较高，造成了市场上绝大部分产品供过于求的态势。

同质化是目前我国中小企业的最大现状，而这却是十分危险的。

第四章 中小企业发展战略存在的问题

一、中小企业面临的主要问题

中小企业,是指在中华人民共和国境内依法设立的,人员规模、经营规模相对较小的企业,包括中型企业、小型企业和微型企业。中型企业、小型企业和微型企业划分标准是由国务院负责中小企业促进工作综合管理部门会同国务院有关部门,根据企业从业人员、营业收入、资产总额等指标,结合行业特点制定,报国务院批准的。此类企业通常可由单个人或少数人提供资金组成,其雇用人数与营业额皆不大,因此在经营上多半是由业主直接管理,受外界干涉较少。中小企业是实施"大众创业,万众创新"的重要载体,在增加就业、促进经济增长、科技创新与社会和谐稳定等方面具有不可替代的作用,对国民经济和社会发展具有重要的战略意义。

我国中小企业与大企业相比,有很多特殊性。中小企业具有生产规模小、数量大、分布范围广且较分散、经营方式灵活、竞争能力弱、企业寿命短、企业技术化水平低、组织制度涣散等特点。由于中小企业在发展初期受到资金、技术等限制,故在发展时生产规模都较小,产品的科技含量低,在市场上与同类大企业的产品相比,不具有优势,进而导致了中小企业发展缓慢,更有甚者,直接导致企业的破产。现阶段,我国中小企业主要集中在劳动密集型产业上,受劳动力、原材料、资金、地价等因素影响较大,而我国人口众多,也促使中小企业可以在各个地方创建、生产,出现了分布范围广泛的特色。

(一)中小企业发展面临的挑战

1. 中小企业发展规模小,影响力不足

中小企业在发展过程中会受到多种因素制约,与大企业相比,中小企业自身规模和实力有限,资金和技术缺乏,尤其是小企业因无法像大企业一样进行大量的流水线式的生产,并且产品单一,不能对其他企业或者消费者构成影响。且无法高薪聘用优秀的人才,导致企业创新能力不足。

2. 金融市场尚不成熟,融资渠道少

现阶段,我国经济正在蓬勃发展,金融市场尚未成熟,因而中小企业的融资渠道不通畅,在金融市场中大企业的银行信贷覆盖率达到了100%,中小企业的信贷率则较低。并且在民间借贷方面,存在高利率风险,有的借贷公司借贷手续不规范,相关法制也不健全,而且政府对民间借贷管控得比较严格,诸多因素使中小企业陷入融资难的困境。中小企业的融资渠道亟待完善。

3. 人才稀缺、人才流失现象严重

中小企业由于自身资金缺乏,导致员工薪资少、待遇差,无法满足高薪招聘优秀人才的要求。薪酬体系不合理,不能很好地将业绩、奖金等与人才相结合。在住房保障方面,所分配的人才公寓基础设施不完善,空间功能单一,缺乏一定的具有互动性的休闲场所。以上都是无法很好地吸引人才、留住人才的原因。由于人才流失严重,因而提高了吸引和留住人才的成本,加重了企业负担。

（二）中小企业发展战略存在的问题

1. 企业战略不清晰

中小企业缺乏系统的管理战略，其在运作中存在盲目性及短期行为。管理结构不清晰会影响中小企业的人才结构、产品研发，以及在同行业之间的竞争力，这严重阻碍了中小企业的发展壮大。此外，有些企业创办者注重战术，轻视战略，形成了靠经验与感觉做判断的思维模式。企业决策中存在个人的主观随意性、盲目性，忽视其他管理人员的建议，容易出现创办者做出的决策可能存在错误的情况。而有些中小企业创办者完全无视企业的发展战略，企业发展规划全凭创办者个人对市场的判断，这些都不利于中小企业的发展。

2. 企业财务管理不规范

原始凭证、会计分录、科目应用、账册设置以及财务收支等方面工作不规范，没有形成严格的制度。会计报表的编制既不能充分反映企业的实际生产经营情况，又没有严格按照国家有关法律法规的要求具体施行，导致会计信息失真；对现金管理不严，形成资金闲置或不足；在财务制度的落实方面，部分中小企业缺乏专业的财会人员，找代账人员做账是常态；没有建立严格的赊销制度，缺乏有力的催收措施，应收账款周转缓慢，资金回收困难；存货控制薄弱，造成资金留滞；重钱不重物，资产流失、浪费严重；财务风险意识淡薄，企业始终在高风险区运行，稍有不慎，就会陷入金融风险。

3. 企业发展战略存在大而空的现象

我国大部分的中小企业是由企业主亲自创办的，他们对企业付出了毕生的心血，所以在企业的发展上，总是想着将企业做大做强，使之在同行业中可以名列前茅。但有的企业主却急功近利，忽视了企业发展的客观规律，亦没有从企业的实际情况出发，而是制定好高骛远的发展战略，这不利于企业的长远发展。企业主应结合企业的实际情况与市场的需要，与其他管理人员共同讨论，或聘请专业团队，制定出一个合理的发展战略，这样企业才能在后期的发展中沿着预定的发展方向前进。

4. 企业对人力资源管理战略重视不足

在我国中小企业中有的企业没有设立人力资源部门，更不要说制定人力资源管理发展战略。企业主往往指定身边熟悉的人去人力资源市场招聘员工，或亲自面试应聘者，在这种形势下，若企业主自身知识水平不高，可能会招聘到一些无用之人。此外，在一些重要的岗位上，企业主会重用与自己有关系的人，即使他们能力有限或无法履职，也不愿意到人才市场中招聘专业人员。在现代市场经济中，企业的发展需要由具有专业知识、懂得经营的人来担任重要岗位，进而可以根据市场变化，制定出适合企业发展的战略规划。缺乏人才且忽视优秀人才的企业，很难开展技术创新和管理创新活动，更不用说提升企业的核心竞争力。

二、中小企业发展战略存在问题的成因

（一）自身规模因素

中小企业自身规模小，多以制造业为主，企业多考虑如何提高生产力、发展客户扩大订单量，经常会直接忽略企业战略的制定，导致企业内部结构混乱，发展战略模糊，有时即使制定了发展战略也不去执行。

（二）自身成本因素

由于我国市场中原材料价格和人工成本上涨，导致中小企业生产成本上涨，制约了企业发展。与此同时，人民币汇率上升，员工的工资福利待遇改善，这些都增加了企业成本，进而导致企业更加倾向走控制成本的发展道路。

（三）不注重品牌发展战略

中小企业过于关注扩大自己的生产规模，希望自己的企业集团化，使企业从一个模式发展到另一个模式。但是企业忽略了真正的发展战略不只是规模扩大那么简单，而是需要企业经过一定的基础积累后完成转型发展，否则会形成盲目转型，导致最终转型失败。有的企业不注重品牌战略，只注重企业各部门自身的发展和壮大，殊不知品牌战略才是企业需要长期发展壮大的战略。

（四）没有独立的发展战略意识

在中小企业的发展过程中，若自身创新能力不足，不能根据企业自身特点研究适合自身的发展战略，一味地去模仿或者完全套用其他企业成功的经验，照搬别人的发展战略，生搬硬套，则有可能弄巧成拙，影响中小企业的健康发展。

三、解决中小企业发展战略中存在的问题的对策

（一）明确企业战略发展方向

首先，企业要明确自身的发展优势，从企业自身的发展经验出发，研究并制定适合本企业的发展战略，研究内在的优劣势、外部的机遇和挑战，建立 SWOT 模型，合理制定企业的发展战略规划。其次，要善于与自己同一级别的企业相对比，查找自己的优势和不足，扬长避短，制定切实可行的发展战略，确定核心业务。再次，制定准确的市场定位，考虑核心产品，主营业务的目标人群、目标市场，分析其发展前景，有目的地进行市场的拓展和推广。市场定位的发展要与企业规模相适应，最终有望发展成为大企业和集团公司。最后，要随时进行动态评价和战略调整，中小企业在发展中要根据企业外部环境和内部资源的不断发展变化，对战略进行调整，从而实现战略实施的最终结果与战略目标相结合。

（二）树立完善的发展战略管理流程和思想

首先，注重人才的培养和培训，企业要吸引人才、留住人才，除了基本的员工福利外，还要对员工进行相应的培训，满足员工更高层次的需求，使员工的技能得到进一步的提高，用事业留住人才。其次，要完善职业生涯发展规划，激励企业的人才培养，明确职业生涯管理是企业帮助员工制定职业发展规划并帮助企业实施一系列的活动，是一个满足企业发展和员工成长的动态过程。对于企业人才而言，能够在企业的帮助和指导下实现自己的理想，他们会对企业心怀感激且努力工作，用业绩的提高来回报企业。最后，要注重企业绩效考核体系的公平性、严谨性和连续性。

（三）强力推进中小企业结构的调整

在市场竞争中，中小企业想谋求长期发展就要注重企业结构调整，注意转变经济增长方式，提高企业产品的科技含量，进而推动企业的可持续发展。这就需要政府加强政策引导，着力培养符合市场的发展规律、使科技创新能力较强的一批企业，在未来可以更好地发展下去。与此同时，政府也要适当地淘汰掉一部分能耗大、资源浪费严重的企业。依法、依

规采取行业准入和市场结合的方式,淘汰一些技术落后、对环境破坏比较严重的企业,帮助一些有发展前景的企业进行产业升级,提升产品质量,提高核心竞争力。

政府可通过出台相关扶持政策,鼓励引导中小企业的健康快速发展,及时解决中小企业的发展问题。在人员密集的城市要积极发展劳动密集型产业,充分发挥当地资源优势,提高当地人民的生活水平。同时,调整产业结构,促进产业升级,助力中小企业发展。

(四)不断地开拓新的融资渠道

中小企业由于在创办之初就受到资金、人才等因素的制约,在发展过程中企业规模难以扩大,在生产后期,由于缺乏足够的资金支持及应对市场多变的能力,导致了很多企业最终破产倒闭。针对中小企业融资难的问题可以开拓以下融资渠道。

(1)政府要发挥积极地引导作用,为企业牵线搭桥,使中小企业可以从商业银行中贷到足够的资金,进而推动企业的后续发展。

(2)成立中小企业发展基金,该基金可通过多种渠道进行募集,如社会募捐、民间投资、政府设立专项基金等形式,用以支持中小企业的发展等。

(3)实行企业员工持股计划,充分吸收企业员工的资金,让员工成为企业的股东,进而可以调动员工工作的积极性,缓解企业资金紧张的状况。如美国为了支持中小企业的发展,专门建立了中小企业信用担保体系与多元的中小企业融资体系,帮助企业缓解资金紧张的局面,进而让企业有足够的资金进行技术创新、扩大生产规模,推动了中小企业的长远发展。这些成功的经验都值得我国政府以及中小企业去借鉴,进而推动中小企业的发展。

中小企业发展战略及策划

中小企业要想稳定发展,其发展战略的制定尤为重要。发展战略引领企业的发展方向,明确发展目标,指明发展点,并确定企业需要的发展能力,其真正目的就是要解决企业的发展问题,实现企业快速、健康、持续发展。

本篇通过介绍几个中小企业(如陶瓷企业、农业产业纵向一体化项目、饲料生产企业以及空调企业)的发展战略,了解各行业的发展现状、企业之间的竞争状况、企业的营销战略及相关策划方案。

淄博博纳科技有限公司发展战略及策划方案

淄博博纳科技有限公司发展战略

21 世纪,是一个网络营销的世纪。所谓网络营销世纪,事实上分为两个板块:一是电子营销网络,二是渠道营销网络。两种营销方式在实际操作中各有所长,能够很好地互补,可以帮助企业进行渠道网络、直销两方面扩张,实现企业更快扩张。无论是电子营销,还是渠道营销,企业都想走,而且许多企业也都在走,但是都只是模仿在走,有形无神。许多企业多年都没有建立起切实有效的渠道营销网络,并且付出了巨大的代价。

目前,淄博的日用骨质瓷行业还没有一家实现大规模渠道连锁经营的企业,也没有一家真正获得了市场销售的绝对优势。可以预言,将来的日用骨质瓷企业,先得连锁者,得日用骨质瓷市场天下。

连锁经营,虽然不是新事物,但是适合自己行业、自己企业的连锁经营却是一道难题。

一、高档日用骨质瓷行业分析

中国的日用骨质瓷生产基地主要有两处:唐山和淄博。其他陶瓷产区,虽然有产量,但规模和名气稍逊。两地比较,唐山历史更悠久,淄博属于后来者居上。

(一)消费群体变化分析

相比而言,世界消费市场尤其中国主要发生了以下变化。

(1)中国经济的快速发展、长期繁荣造就了大量的中产阶层以上并有一定经济能力的消费群体。

(2)高等教育的发展,文化层次的普遍提高,个人素质修养整体的提升,有品位、有档次的消费群体正蓬勃发展。

(3)随着国民整体富裕度的提升,艺术时尚消费观念的确立,带来高档、时尚、显示个人风格修养的消费品销售日趋火爆。

(4)中国居民整体收入水平的提高,使得有艺术格调的高价商品没有成为销售的最重要障碍,相反,低价商品反而销售困难。

(二)顾客分析

日用骨质瓷顾客有三种:潜在顾客、现有顾客和国外顾客。潜在顾客,需要培养,通过宣传、接触、文化熏陶达到由虚到实的转变。现有顾客,文化层次比较高,收入比较高,上进心、上层心比较强,渴望进入高层交际圈。国外顾客,潜在的、现有的文化修养都比较高,聚集、集会集中。他们虽然各有不同,需要区别对待,但是都有以下一些共同特征。

(1)虽然对产品的功能性需求的消费者占有绝对的比例,但是对美、对艺术品的占有欲是人性的本质特点,尤其是富裕之后,所以复合功能产品的消费正以爆炸之势增长。

(2)消费者对个性化、品位化产品消费的倾向正越演越烈。

(3)有象征意义价值的消费正成为消费心理的重要选项。

人们的消费落脚点,不再单纯是产品的原始功能,而是附着在产品上的超实用性价值。因此,品牌消费大行其道。

(三)威胁分析

(1)投资门槛低,外部竞争者容易参与。

(2)日用工艺瓷技术相差不大,竞争激烈。

(3)目前市场正处于恶性价格竞争,很多参与的企业都未得到想要的结果,甚至等于慢性自杀。

(4)有实力的几家企业都处于发展瓶颈,谁先突破瓶颈谁就将成为未来市场的领头羊。

(5)营销方式雷同,并且模仿成风。

(四)机会分析

(1)国际贸易各个限制环节越来越便捷。

(2)市场上还没有出现好的、超大日用工艺骨质瓷生产企业。

(3)现有日用工艺骨质瓷生产企业营销方式大多比较传统,没有掌握现代营销理念精髓。

(4)高档日用瓷缺乏,博纳科技有限公司的功能性特点正好可以提升骨质瓷产品档次,填补此处空白。

二、博纳科技有限公司的分析

(1)品牌:无。

(2)资金:薄弱。

(3)营销网络:无基础。

(4)销售团队:正建立。

(5)行业排位:无。

(6)技术门槛:高。

(7)产品特色:独一无二。

(8)人才:结构有缺陷,独木难支。有实干操作型人才,比如技术、市场,但是缺少谋略谋划型人才。

三、博纳科技有限公司的总体发展战略

奇正结合。

孙子云："凡战者,以正合,以奇胜。故善出奇者,无穷如天地,不竭如江河。"

明暗网络渠道齐头并进,双管齐下——明修栈道,暗度陈仓。核心营销渠道隐藏在大众化渠道建设中,延后竞争者模仿的时间,减少同行模仿竞争。

四、博纳科技有限公司的营销战术

(一)消费者群体战术

通过市场与客户分析,对高档日用陶瓷的营销战略可以总结为七个字"上送、中攻、下热闹"。

所谓"上送",是指企业目前的营销容易实现的重点是高收入群体。他们是社会上的成功人士,不仅自己有能力消费,而且能够引领社会时尚,所以他们应该是营销初期的重点。企业的产品成本不高,送给这样的顾客可以更好地展示产品。

所谓"中攻",是指正走向成功的中收入群体。他们有能力或者接近有能力进行高消费。他们不掉队、不落后时尚的需求,是可以吸引的一个主要消费群体,是下一步营销的重点。

所谓"下热闹",是指低收入群体。他们有奢华的向往,甚至有狂热的梦想,是时尚的重要推波助澜者,是实现时尚潮流的基础。在营销措施中,绝不能忽略他们的参与。

这三个消费群体,前者是初期市场营销主攻点所在,是市场最好的缺口选择;中者是未来市场营销利润所在;后者是市场时尚保持的基础所在,是利润的保证群体。营销人员只有将这三个客户群体都调动起来,即前者接受推出的时尚,中者追赶推出的时尚,后者热衷向往推出的时尚,才能使推出的时尚成为真正的时尚,才能夺得时尚发言权的阵地,做到市场上声音强大,最终实现企业的营销目标,获得利润。

(二)品牌战术

品牌是一个企业在21世纪能否生存发展的关键要素。什么是品牌? 福耀玻璃工业集团股份有限公司董事长曹德旺说得最实在:品牌就是一个公司的产品、品质、人品、品位。诚然,一个公司的产品很重要,但是品质更重要。企业是由人运作的,所以运作企业的人的人品也同样重要,企业所有人的人品又组成了企业的人品,企业的人品形象,就构成了企业的形象。企业各方面形象的综合,就构成了企业的品牌,而品位就是企业品牌留在消费者内心的真实感受评价,这是品牌的最高境界层次。这是一个循序渐进的历程,博纳科技有限公司目前处于此历程的第一阶段,并且是起点,品牌的历程还任重道远。

在品牌建设方面,广东建筑陶瓷行业普遍做得很好,值得博纳科技有限公司借鉴。企业产品若定位了高档路线,而没有高档定位的品牌支撑,是不可能实现的。

(三)网络营销战术

目前国内凡是大型企业、名牌企业,都是电子营销网络和渠道营销网络两条路径兼备,优势互补,同时发展。

电子营销网络,包括电子商务和电子招商。

渠道营销网络,以连锁店为例,这是一种非常成熟的营销模式,同时还具备品牌专营店特色,是建立营销网络的最佳选择。

(四)产品组合营销战术

(1)内部产品组合。

(2)外部产品组合。

(五)借鸡下蛋

(六)自建营销网络

美瓷天下营销策划方案

一、总体发展战略规划

这是一项基于淄博地区发达的陶瓷产业和落后的销售策略,市场竞争日益没落、走入下乘价格苦战之际设计出台的策划。本策划包含两条营销网络之路,一条是常规营销思路,为正;另一条是非常规营销思路,为奇。两条思路互相促进,以求隐奇于正,隐藏重点营销网络建设思路和行动,力求抢得先手,更多时间扩大先手优势,取得先行夺市,占领发言权制高点。隐藏暗线发展核心,组建一个正常的营销团队以发展最好的业务。

第一步,业务人员出击陶瓷市场,展开建立明线市场网络行动(现有一份中国东、中部地区销售网络)。

第二步,高层专人负责建立品牌专卖店——宣传品牌,展示宣传店,作为暗线发展将来主要营销网络。

第三步,在前两步成功的基础上向全国乃至世界发展复制、合作复制暗线网络——连锁加盟销售店。

第四步,入股、控股兼并其他的陶瓷、琉璃工艺品生产企业,扩展商品品种档次。中档日用工艺陶瓷加入销售商品行列,做世界最大的高档日用陶瓷类礼品专业销售商。

第五步,组织礼品级实用陶瓷托拉斯(垄断组织的一种形式)生产、销售组织,联手进入国际市场运营,扩大盈利空间。

前三步只做自己的品牌商品,待生产销售地位巩固后再进行第四步,做综合销售,将公司做成专业陶瓷琉璃销售的商业集团。

以上规划实现的基础在于:以现有优势,先声夺人,真实取得市场发言权,坐实、坐稳健康瓷产品领先地位。

二、暗线战略规划:一总二分十店布局,连锁发展

(1)淄博设后勤供应协调总部,首先在北京、上海设立分公司或者办事处,在北京、上海、台北、天津、香港、大连、青岛、杭州开设 10~15 处分店,建立样板店面,建立自己控制的营销网络,建立自己的长远营销基础。样板店不仅是初期的营销网络基础,同时也是培养后备店面经理和投资者。今天的职员就是明天的分店经理或股东。

(2)日常经营以小件实用日用陶瓷为主要商品,大件、套件设精品、样品展示。

(3)总部、分店内部实行定期网上订货,销售可以直销、电子商务和柜台订货同时运行,就近柜台提货。

(4)通过样板店销售运营,宣传、引导、培养潜在和现有的客户群体,同时扩大影响,建立加盟店,向全国乃至世界发展分店。

(5)携销售优势入股、控股兼并优质产品生产企业,向产、供、销一体化的大型集团企业发展。

(6)人才培养选拔。根据店员个人的情况不同,签订一到两年合同,合同到期达不到担任经理标准或者成不了分店股东的,不续签合同。

三、营销策划

(1)店址选择条件:各种人、各地人汇聚、扩散的地方。

①是有高消费能力的顾客聚集区域。

②是有消费修养和需求的顾客聚集区域。

③是容易形成强烈传播效应的顾客聚集区域。

④是有利于呈几何级扩大分店数量的区域。

⑤是有利于扩大海外影响、扩展海外经营网点的区域。

⑥是无须担忧经营人才因快速发展而后备不足的区域。

⑦是培养消费者的区域。

⑧是好商品鉴定力权威的区域。

(2)开业准备:展览式订货营业。

精品小件陶瓷、琉璃工艺品数量不计,但是各种花色精品陶瓷、琉璃大件各准备两套,配备每个分店开业展销订货之用。

(3)店员招聘策划:管理、营销专业,形象好,英语水平高。

大三、大四学生1:1比例聘用。

海选招聘,大力宣传,力求轰动,做瓷器店经营宣传的第一步。

高薪、定调人数少,招聘时再协商扩大人数,降低工资,适应学生的学习时间要求,同时储备公司下一步快速发展的对高素质人才的需求。

(4)店面设计:要点有三,即统一风格、中国元素、国际化。

(5)专卖店经营:充分发挥店址优势和店员的个人影响,维持正常经营。

前三个月,公司负责工资、费用,三个月后,在公司核准的价格下,30%提成专卖店费用。店员毕业离店,自谋发展,有能力者发展成分店经理或分店股东;无能力者,可解聘或者调至其他新的分店做店员,将经营方式复制到新的分店。

四、资金预算管理

以10家分店为基数,每个店最少投入资金20万元,需求总额为200万。总部统管产品、商品采购、配送。10家之外的分店靠积累和吸引投资发展。

分店预算资金项目如下。

(1)房租:资金支出主项,10万元。

（2）商品柜台、办公用品：2万元。

（3）装潢：门面、室内1.5万元。

（4）开业活动费：0.5万元。

五、发展前景

（1）分店投资回收：10家分店，在第一经营年，销售总额达到1 000万元，并收回所有投资。

（2）分店经营规模：第二年翻一番，第三年翻两番，并将分店设到国外，连锁店贸易走向世界。

（3）资本结构：第三年实现产、供、销一体化构想，拥有自己控制的生产企业，拥有自己知识产权的产品设计。

（4）终极目标：成为产、供、销一体化，综合销售的陶瓷、琉璃工艺品的跨国连锁销售企业。

六、运作

（1）租赁运作：贯彻"上送"原则，引领消费时尚、树立产品品牌，实现好的开端。

（2）店面租赁方式：文化展览式、公益式。

（3）开业策划：以陶瓷工艺为展览主题，以展览营销方式开业，同时根据购买和订货情况，旨在开业期间发给客户不同等级的识别卡，在每个分店终生有效。

（4）专卖店经营：充分发挥店址优势和店员的个人影响，维持正常经营。前3个月，公司负责工资、费用，3个月后，在公司核准的价格下，30%提成专卖店费用。店员毕业离店，自谋发展，有能力者发展成分店经理或分店股东；能力无法胜任者，可解聘或者调至其他新的分店做店员，将经营方式复制到新的分店。

（5）专卖店包装设计：统一风格、装潢材料和人工。

（6）定期制作快讯商品广告（Direct mail，DM）手册：产品、分店地址和电话。

（7）与银行联手：另论。

（8）运作注意事项：

①做好营销发展初期的保密工作。

②早期在淄博周边甚至山东不易实行此商业扩张计划。

③实施建立分店计划时，以办事处名义建立，也可以对竞争对手隐藏部分发展思路。

广东佛山恒岳陶瓷有限公司
发展战略及策划系列

广东佛山恒岳陶瓷有限公司发展战略

广东佛山恒岳陶瓷有限公司的发展战略是改变思路、开发远方市场、远交近攻、布局全国 市场全面开花。

一、目前营销存在的问题

（1）保守：满足现有市场地盘，忽视了全国市场。

（2）人力不足：小区服务不能只依靠片区经理。

（3）顾此失彼：做了小区服务，耽误了开发市场。

（4）目标不明：在房产销售不景气的城市浪费时间精力。

（5）质量问题频发：在新闻中看到黑瓷砖新闻，竟不知是不是自己公司。

在这种情况下，改变公司局面，在产品质量、花色、型号、品种改善提高外，调整营销思路是关键。遥远市场营销策划可以适用。

遥远市场目前是公司销售的软肋，如何开发、开发策略、开发布局等都是事关开发速度、开发成败的关键。以往的营销策划仅仅是根据公司现有的市场布局做了远交近攻的"近攻"部分，而本策划专门对这部分距离较远的省份和与中国接壤的国家的建材市场做重点策划，即"远交"策划。此部分市场初期以微利经营，以广交朋友，走量、扩大市场覆盖率及占有率为主要目的；在陶瓷产地甚至不赚钱经营，主要通过塑造品牌知名度、诚信度、美誉度，在其他陶瓷产地实现市场拦截目的。

二、市场政策

（1）授予大区经营权：设定时间条件。

（2）授予公司办事处地位。

（3）自己建立营销中心（投入比较大，短期难见成效，次要选择）。

三、市场策略

（1）借鸡下蛋，借力打力。

（2）发展分销商，扶持、协助分销商壮大，让分销商发展销售网络。

（3）先靠经销商薄利多销，先上量，占市场，树品牌，后求利润。

(4)品牌综合经营,不单一经营,在这些边远省份,放弃名牌产品策略,塑造名牌企业。

(5)可以提供有监督检查下的广告返点支持。

四、经销商选择

(1)信用好,有个人影响力。

(2)经销商身份资金雄厚。

(3)具有一定规模的销售网络。

(4)具备大仓库存储、有基本营销团队。

(5)年销售可以达到 300 万元以上。

五、产品投放

鉴于消费者对不同花色的产品各有喜好,为满足更多的消费者需求,只要经销商、消费者需要,公司的各个品牌产品实行全品牌、全方位供应。

六、产品包装

对现有的产品包装进行整合,实行独特包装供应这类市场,这样做还可以预防窜货扰乱市场。目前公司的各个品牌产品都是采用各自独立的区别包装,建议对于这部分市场供应改成统一外包装,只在外包装上做鲜明的品牌标示区分。

这样的改变,有利于展示企业实力形象,彰显公司实力,利于经销商将不同规格的产品品种供应市场,满足各种类型消费者的消费需求。

七、供货价格

原则是从薄利开始。价格策略可以采取与公司周边市场同样价格、同样享受周边市场与价格有关的政策,以维持市场同价,但是可以提供一定比例的广告经费返点,在宣传上市场单列照顾,单列期以一年为一个阶段,扶持两年,第三年根据发展情况再定,以显示支持经销商市场开发工作。

初期可以按照一定的点值确定对方的广告投放力度,报销等同金额的广告宣传费。

中期广告费报销比例减半,对方不得减少广告投放。

后期与其他经销商价格一致。

八、广告宣传

利用多个名牌产品,凸显企业名字,塑造企业形象,打造名牌企业,在消费者心理实现占位,从而达到带动各个品牌产品的销售,为产品销售和企业异地进一步扩张规模铺路。

九、营销服务

公司可以安排两名精兵强将,由专人负责此项业务,两人轮换扶持经销商一年。工作内容除了对经销商内外部工作人员进行产品培训、营销培训、公司理念培训外,同时熟悉并掌握该经销商营销网络渠道布点,与该分销商营销网络内的直销商沟通感情,建立与公司的直接沟通联系渠道,建立实现市场快速反应能力。

十、国内市场布点开发策略

市场布点首先可以考虑省会城市或直辖市,如武汉、长沙、南宁、重庆、成都、昆明、兰州、(西宁)、乌鲁木齐、贵阳、拉萨。拉萨预计市场规模不大,可以考察竞争厂家的多寡再做决定。其次可以考虑地市级城市。

另外,受金融危机影响和国家政策的变化,形成了瓷砖市场的一个显著特点:中部省份受金融危机影响小,国家宏观调控力度大,市场受影响小。挺进中部省份,决战中部省份和直辖市市场是公司突破困境的关键点,这些省份和直辖市包括河南、安徽、湖北、湖南、广西、贵州、陕西、重庆。

十一、国内与外贸结合型布点

随着我国市场国际化进程的加快,公司在此处可以同时考虑边疆贸易口岸的布局,有一定规模的边贸口岸有:新疆伊宁,喀什,黑龙江同江、黑河,云南磨憨、河口,广西凭祥—南宁,内蒙古满洲里—呼伦贝尔、二连浩特—苏尼特右旗。其中,广西凭祥—南宁,内蒙古满洲里—呼伦贝尔、二连浩特—苏尼特右旗,外贸功能设点考察时可以根据情况做二选一。

另外,国家新开放的五个人民币外贸结算城市:上海、广州、深圳、珠海、东莞,由于可以回避国际市场汇率波动损失,所以也可以考虑设点经营。

上海比较好,可是容易发生串货混乱,市场控制难度较大。

广州有需要,也有基础,只是竞争难度大,但是由于存在价格错位竞争优势,比较容易操作。

深圳、珠海、东莞考察时可以根据情况再定,外贸功能设点比较差。

十二、开发管理安排

(1)一个专业经理专门负责外贸和这些边远省份市场的管理。

(2)属于片区经理的地域,片区经理负责初步市场考察。

地砖新产品上市策划

一、新产品内部发布会

(1)市里领导剪彩、董事长讲话、总经理讲话。

(2)展现公司新形象,烘托新产品,一流的企业,一流的产品,一流的服务,塑造大公司品牌。

二、网站宣传

新产品发布会进行网站同步直播,并在网站突出新产品宣传。

三、公司展厅突出位置展示

制造众星捧月效果(展厅设计一处能够产生如此效果的位置)。

四、报纸

(1)软广告:技术、花色、设计理念甚至设计过程进行美化包装宣传。

(2)硬广告:产品不明,暂空。

五、卖场焦点广告(Point of Purchase,POP)

略。

六、定价

(1)实行新产品步步高升定价策略,比 2008 年的最好产品的最高价格提高 30%。

(2)社会观念:高价高档;高价高质量;高价高品位;高价企业可靠。

七. 包装

设计新的包装,向消费者宣传:新产品、新潮流、新时尚。

八、渠道营销启动流程

(1)通知所有经销商:地砖新产品××月××日成功生产上线,××月××日召开新产品发布会和订货会。

(2)新产品营销政策:四步走。

第一步:10 日内提货 9 折,另外可以报销 2 折广告费。

第二步:10~20 日提货 9 折,另外可以报销 1 折广告费。

第三步:20~50 天提货 9 折。

第四步:50 天后,正常牌价提货。

(3)欢迎届时观礼、订货。

(4)提货按照汇款顺序执行,根据实际提货时间所属折扣计算价格、报销广告费。不论缺货还是其他原因,由于耽搁提货造成的损失由提货方承担。

九、公关

(1)邀请艺术文化名流赋诗、作画,制造高品位影响。

(2)举办民间征诗比赛,启动各地经销商热情宣传,一等奖 1 名,奖品是赠送装潢瓷砖,包括内墙砖;二等奖 2 名,奖品是地砖或者是内墙砖任选其一;三等奖 3 名,奖品是价值 5 000 元的墙地砖一套。奖品不计现金价值,只提供产品,不可变成现金,可转让;买过恒岳陶瓷的可以退回以套为单位的现金。获奖作者保留署名权,作品使用权归广东佛山恒岳陶瓷有限公司所有。

(3)邀请市里领导参加剪彩,寻求下一步政府政在政策、市场、投资方面的支持。

内墙砖新产品上市策划

经过三个月的观察发现,公司的内墙砖新花色产品上市过程没有经过精细包装、无有意识的上市程序规划、定价未经过严格的调研等,总之,其上市过程过于普通,没有将新产品上市上升到战略层面考量。

新产品代表一个公司的产品改变和形象,如果公司自己不重视,不认真对待,那么就无法得到消费者的重视,也很难赢得经销商在公司的新产品上投入更大的热情对其进行推广,而现代营销需要的对产品特点扩大化宣传、广而告之宣传、制造热点话题宣传等更加难以达到。目前,上档次重品牌的企业,在新产品上市时,都要进行精心美化包装、档次包装、迎合顾客对象包装,而现阶段的新产品上市并未进行包装,不研究改变,仅有传统的人员推销、电话介绍。反观广东新砖的上市,其包装手法套用酒、服装等时尚类新产品上市的套路,可见本公司与其差距之悬殊。

目前做法后果如下

(1)有新产品,但是没有档次。

(2)有新花色,没有好的价格和收益。

(3)为用户着想,没有好的反响和回馈。

总之,浪费了开发,挥霍了新产品资源,而且没有对品牌塑造及提升产生直接正面影响。

为改善以上情况,本策划案提出以下建议。

一、包装新产品开发过程

针对新产品的设计理念,设计师或者设计组织在陶瓷行业重点媒体进行适度规模的包装宣传。对设计理念赞美性软硬广告必不可少。好的设计会带动市场消费潮流,而著名设计师、著名设计组织可以提升产品档次。公司要提高品牌形象,必须进行设计团队包装、设计理念包装,向业界、消费者展示一个全新的恒岳。

二、上市策略包装

(一)供应限量

每个经销商处供应5~10套,其后缺货供应,并表示再生产1 000套后将停止生产,显示供不应求和产品供应有限。

缺货销售手段在新产品的销售上,是很好的销售、提高产品档次的手段。

限量生产更可以将产品档次提升到极致。

(二)包装"新产品",鲜明突出

新产品外包装采用新包装,并采用鲜明特色,突出与众不同,突出"新"。

好的产品包装会说话、会宣传、会产生广告效应,能够刺激消费者购买欲望。

(三)提高定价

提高新产品定价,可以突出产品档次,凸显用户消费档次,抬高顾客身份。

新产品不提价,在市场上就会被消费者看不起,被认定为普通产品,被打上大众货色标签。在企业内部,如果没有产品升级换代概念,就会造成企业永远在档次、品牌上原地踏步。

(四)新产品上市宣传促销

前几套产品××折,折后价格比普通产品、老款式略高,凸显新产品身份,突出"抢购",制造紧张气氛,向消费者传达购买的机会难得的信息。

后几套产品实行牌价销售,突出档次身份,并且数量有限,不易获得。

存货销售结束后,实行缺货销售、订货购买,并限量生产,突出产品畅销,一货难求。

(五)新产品在三个品牌间周期重复

为节省产品开发费用,提高产品效益,可以在一或两个月后,稍加改动,另外两个品牌接着推出同类风格花色产品。

三、上市流程

(1)消息发布:新产品发布会是轰动、提高新产品档次身份的好做法。网站直播可以节省经费。

(2)新产品展示:发布会现场、展厅、经销商卖场。

(3)销售政策传达:私下传达,不直播。

(4)广告:软硬广告会前、会中、会后宣传必不可少。

(5)POP广告宣传:所有卖场内部的各种宣传画报、张贴画、悬挂图片可以制造庆贺、促销气氛。

(6)部分经销商现场参与,现场订货,通过与经销商的互动凸显产品热销。

四、推广

这种上市方式,在地砖新产品上市时也可以借鉴。新产品提升价格,老产品降价促销占领市场。

五、活动效果

这样运作可以显示大公司风范,同时品牌、销售将得到同步提高。

六、时间安排

这种活动,时间最好安排在销售旺季到来前的某个展销会或者在淄博举行,可以获得较好的效果。旺季过去后,再安排促销、小区活动,这样可以顺势而为,保持旺盛的销售势头。

通过对公司前两年的销售情况的研究,每年的2月、5月、7月、9月是明显的相对销售低谷,1月、12月的销售情况比较平淡,其他月份都是相对的销售高峰月份。

仿古砖项目策划

仿古砖项目策划,即走高档路线、树高档品牌、提升恒岳整体品牌形象。只有用心、专心、恒心,才能稳定发展如岳。

一、项目运作工作流程

招聘项目经理—生产技术、设计人才招聘储备—项目规划—产品确定—价格确定—仿古砖相关工作人员培训—知名度宣传塑造—建立营销网络渠道—打造诚信度—服务赢取美誉度—品牌确立—继续知名度、诚信度、美誉度塑造—品牌循环提升—驰名商标品牌。

二、仿古砖市场现状

(1)通过市场考察发现,仿古砖产品市场正被所有经销商接受,并得到认同,主要表现如下。

①公司的三个省的经销商都看好仿古砖,并且在交流中发现几乎都有仿古砖经营规划。

②各个大城市经销商店里几乎都有仿古砖,南京还设有仿古砖专区市场,安徽省、河南省几乎所有经销商店里都有几款仿古砖样品在销售。

③经销商在介绍仿古砖时,都充满溢美之词,如美观、品位、特色等。

④多数大品牌企业经销商店装潢风格多数使用仿古格调,表达仿古风韵,突出仿古潮流特色,尤其是广东企业。

(2)尽管仿古砖市场热情如此之高,但是与市场匹配方面不和谐之音亦有之。

①大品牌主导市场,具有发言权且主导设计风格方向,小品牌只能无力盲从、跟进、游击战获利。

②质量参差不齐:质量、厚度、材质等差别较大。

③出厂价格、市场直销价格高低差距大:以600毫米×600毫米规格的产品为例,出厂价格小品牌约10元,大品牌约18元;而市场直销价格小品牌约18元,淄博统一的牌价为58元,打折促销为22元。大品牌如马可波罗价格120~200元,即使4折、5折、6折、6.5折等促销后,价差依然很大,经销商利润仍然巨大,对经销商有巨大的吸引力。

④销量细小,当前广东佛山恒岳陶瓷有限公司有经营仿古砖的经销商的销量只达到抛光砖的20%,河南郑州冠珠陶瓷商行接近30%。

⑤仿古砖加工配套脱节,小企业依靠大企业加工服务生存。加工费1元/刀,装修越复杂,加工费越高,而且此项费用都没做提前告知。

⑥除了大品牌经销商外,各家企业、各个经销商展厅展示简单化,只做了简单的样品陈列,凸显不出仿古砖的品位、格调优点。

⑦仿古砖经销商、员工销售素质普遍偏低,只有有限的大品牌企业经销商的店面做得好些。

⑧通过对郑州冠珠陶瓷商行的考察,目前的销售方向主要集中在工程领域。

（3）仿古砖市场品牌尚未确定

目前市场只有马可波罗、冠珠两个品牌初步胜出，其他厂家都没有进入仿古砖品牌运作或者运作尚不成功，这是一个难得的取得品牌位阶领先优势的机会，此优势机会不仅仅只是仿古砖的品牌机会，也是广东佛山恒岳陶瓷有限公司的品牌提升机会。

新产品仿古砖项目策划

一、生产企业

新产品仿古砖仍然在广东佛山恒岳陶瓷有限公司旗下，只是启用新的产品品牌。商标名字可以选择如下。

（一）帕兰朵（图兰朵）

帕兰朵是一个公主的名字，也有称为图兰朵的，注册时可以同时选用。

《帕兰朵》亦是世界著名的歌剧。《今夜无人入睡》即改编自该歌剧，被世界各国著名歌唱家演唱，更被世界级别的歌唱家所青睐，在世界各地巡演。唱过此歌曲的著名歌唱家很多，如果选用此名字做仿古砖品牌名称，会有很多宣传点选择，有更多、更好的塑造品牌的资源。

另外，帕兰朵现在也是我国的一个内衣品牌，有众多的大牌女明星代言，陶瓷也已经注册。

（二）罗马王者（ROMAKING）

ROMAKING 是一个有气魄的名称，它可以与艺术、雕塑、时尚等挂钩，令消费者产生美好联想。

（三）罗马玫瑰（ROMAROSE）

ROMAROSE 是一个好名字，它可以继承罗马的联想，同时附加浪漫色彩。

（四）塞维鲁

取自意大利塞维鲁凯旋门的名字，取其凯旋的意思。塞维鲁凯旋门是塞维努斯王朝第一代皇帝米乌斯·塞维鲁，为纪念对帕提亚人和阿尔比努斯作战的胜利而建造的（公元203—205 年）。它有 3 个拱门，体量大，高 23 米，宽 25 米，最中间的拱门高几米，左右两个高 7.8 米。墙面布满颂扬塞维鲁战绩的浮雕，顶上有皇帝和二子驾车的青铜像。整体形象十分壮丽。

（五）璧丽屋

璧丽屋取自英语"相信"believe 一词的谐音。

二、消费者定位

按照仿古砖的表达内涵和仿古砖市场发展阶段，其受众主体为高收入群体购房者和有修养的年轻人，该消费群体人数不多，大约只占 20%。"只选择贵的，不选择对的"是这部分人群消费的口头禅。当然，如果既是对的又是贵的，吸引他们的消费是轻而易举的事情，马可波罗就是如此。

三、品牌定位

品牌定位为高档仿古砖生产商。仿古砖市场销量比较细,不是一个可以走量的产品系列,消费者都是素质及修养高的人,并且有消费实力,按照人群 2∶8 划分规律,这类消费者仅占约 20%。这部分消费者只认品牌,而且是高档品牌。

四、产品定位

产品高质量、服务高享受,产品、服务打包销售。通过市场调研可以发现仿皮的、仿木的、仿壁纸的、仿书法、仿字画的产品比较畅销,而且符合仿古砖消费者品位,只需要质量再上档次,则该品牌产品很容易跻身一流仿古砖市场。

五、仿古砖定价策略

定价只需低于生产仿古砖大品牌马可波罗、冠珠和东鹏即可,以此作为正面产品价格竞争定价策略,同时不排除某种产品实施仿古砖最高价定价策略,甚至是轰动的天价促动市场的辅助定价策略。根据仿古砖消费人群的特点,低价不会吸引这部分消费人群,反而会失去他们。

同时,鱼和熊掌不能兼得,走了高档、高价路线,就不可以再走低价销售渠道,否则必会发生内部竞争、内耗,最终失去高档市场。

六、仿古砖展示

设计师进行效果设计、实际效果样板展示,是仿古砖销售的关键点。仿古砖装潢只有搭配合理才会出效果,聘请设计师、画家等专业团队进行效果设计后再进行装潢,可以得到非常令人满意的效果,这一点在目前的仿古砖销售市场上也可以得到验证。通过调研发现,目前的仿古砖用户占比最大的是工程类用户,只有少部分是个人。

七、营销策略

(一)经销商选择

资金实力、销售影响、销售配套实力、销售实力是一方面,展厅面积是另一方面。能够拥有 1 000 平方米以上的展厅面积是第一条件,而多年的行业经营经验是第二条件。

(二)经销商、店员素质

应对仿古砖的销售人员的素质有较高要求,公司需要聘请专业仿古砖销售精英对公司、经销商的所有营销人员、服务人员等各个面向消费者岗位的员工,建立流程式的、系统的、有针对性的培训、考核、上岗等的培训机制。

(三)专业设计师设计服务销售

壮大设计力量、加大设计配套服务力度。首先从省会城市做起,最好的做法是公司垂直管理,公司各处经销商共享设计资源,或者与某家家装公司建立战略合作关系,与家装公司互利、共同发展。

（4）网络渠道布局

首先在各个省份的省会城市独立或者合作设立大展厅,做好全省的形象标杆,影响全省的高消费阶层,同期征询地级市经销商销售意向,自上而下推广,然后再在地级市销售网络渠道布局,各地市可以自己配备设计师,也可以由省级家装设计师进行配套服务。

（五）销售店铺配套

仿古砖销售店铺面积需要足够大,这是一个只有依靠效果展示才可以打动消费者的产品,没有大的店面、服务和营销人员,是不可能做好展示、做好市场、树立品牌的。

（六）品牌营销

由于消费者群体的特殊性,品牌营销是仿古砖经营的绝对要点,这一点与抛光砖完全不同。塑造品牌是仿古砖营销的重点,加强服务营销是形式,形成品牌美誉度、口碑是营销工作的目的,成为消费群体的选项是品牌营销的终极目的。塑造品牌就是塑造企业的知名度、诚信度、美誉度,是一个从宣传到产品质量、销售、服务等行动的全方位工作。

（七）其他支持

一个高端品牌的树立,离不开生产厂家的支持。这个支持的项目需要合理设置,科学组合配置,实行量化标准,销量与广告支持力度、店铺装修费用、促销活动支持力度等挂钩,不可剥离独立实施,否则经销商在执行中会大打折扣,影响各个支持项目效果,有损公司利益和发展。

八、品牌传播策略

（一）媒体选择

在有影响力、权威性高的电视台投放形象广告、招商广告,塑造大品牌、高档形象,经销商、消费者一网打尽,一举两得。

（二）招商媒体

陶瓷建材专业媒体。

（三）消费者诱导媒体

发动经销商力量,在地方党政机关、精英人士都阅读的报纸、杂志和观看的电视栏目,进行栏目赞助、硬广告投放。

（四）广告设计

（1）品牌形象广告语:境界有多高　瓷砖有多深;×××仿古砖　恒岳集团荣誉出品。

（2）产品硬性广告语:×××仿古砖　给您一个品位之家。

（3）招商广告语:×××仿古砖。

（4）新闻性广告:扩大知名度,塑造形象。

（5）软性广告:投稿式的广告宣传,注重公司理念、形象内容。

（五）制造新闻事件传播

产品创新、价格特异、设计风格方面都可以成为新闻出发点,制造群众感兴趣的话题,成为品牌宣传的力量。

（六）广告投放方式

（1）硬性电视广告。

（2）角标广告：电视节目右下角商标、公司简称。

（3）电视栏目广告、栏目冠名广告，最好的投放广告形式。

（七）品牌代言

我们的产品参加了众多体育馆的项目，体育名人代言是比较好的选择。

九、人才招聘

人才基础要求大专以上学历，再高的学历可以选用，但是不必强求。

（一）素质高

有修养、有技巧、上进。

（二）熟手

有经验、有基础。

（三）招聘类别

营销、策划、设计人员，都需要分别壮大力量，建立综合人才竞争力优势。

（四）培训

服务人员、导购人员接受标准培训，打造正规公司形象，树立可靠、可信企业品牌。培训内容包含以下方面。

（1）公司介绍。

（2）产品特点介绍。

（3）仿古砖质量介绍话术。

（4）装潢效果介绍话术。

（5）礼仪培训。

（6）配套售前、售中、售后服务培训。

十、管理：关键几项基础工作

（一）人力资源正规管理

培训计划、个人成长规划、绩效考核措施等，打造高素质、积极向上的营销团队。

（二）生产质量标准化管理

质量是企业的生命基础，遵循 ISO 质量管理流程，从原料采购到最后的成品分拣装箱包装、储存、装卸等工作，都要以质量为中心，塑造高质量品牌形象，支持市场开发。

（三）产品设计人才、家装设计人才储备，需要提前启动

（四）内部组织、管理职能架构与现代企业管理体制接轨

现代企业管理体制跟上了管理职能划分的现代管理制度，可以简单总结为一句话：一切以市场为转移，一切工作围着营销转，服务于营销！

（1）理顺生产与市场的关系：为市场生产需要的产品，不能不顾销售只为生产而生产。

（2）理顺后勤与营销的关系：企业是为了销售赚取利润而存在，服务部门不以销售为中心，岂不是要让市场开发人员的心血付之东流，与成立企业的目的大相径庭，工作南辕

北辙。

（3）理顺服务人员与客户的关系，端正工作态度：客户的需要就是服务人员的工作，除了客户一些不合理要求外，服务人员的任务就是满足客户需求，这也是他们存在的原因，否则就没有任何意义。

（4）理顺工作流程：市场是公司一切工作的源头，而销售部门是源头的经营管理者，公司的一切工作安排、计划制订等都从销售部门开始才是科学的选择。

秦韵古陶产品文化策划

秦韵古陶产品的定位是差异化展示，差异化营销，塑造第一仿古砖文化品牌。

品牌是什么？简单地说就是一个与众不同的特殊的好的名声。这里分为两种情况：一种是别人没有的好名声；另一种是别人也有，但是我有特殊之处且做得更好的好名声。

秦韵古陶要做其他公司没做过的品牌文化表现形式，将其他公司做了的产品整合，做成特色表达形式的产品。

一、秦韵古陶内涵

秦朝是中国封建社会的起源，是中国第一个中央集权制国家，也是世界最早进入封建社会的国家。秦朝统一货币、统一度量衡、统一文字、打通全国交通，是人类历史上第一个实行标准化的王朝，车、马、兵器等部件制作实行标准化生产工艺。由于实现了中华民族第一次各民族的真正大融合，各方面技术得到了空前的交流提升。陶瓷生产也不例外，原始瓷开始向现代瓷过渡，开创了中国封建社会两千多年的全面繁盛历史。

秦朝的文化：官方文字小篆、常用文字隶书。

秦朝的艺术：青铜、陶艺、瓷艺启蒙——原始瓷。

秦朝的建材：标准化生产、秦砖。

早在战国时期，建筑制陶不仅独具特色，而且也很发达，这是城市出现后随之产生的新兴制陶业。常见的建筑构件有瓦当、板瓦、筒瓦、铺地砖、下水管道、建筑用砖等。淄博市临淄艾齐文化博物馆在发掘齐景公殉马坑下西周墓时，出土了两件青釉瓷豆，这是淄博地区目前发现最早的原始瓷器，说明淄博地区早在西周时期已发明并使用了原始瓷器。秦始皇发起的大规模造陵、造宫殿工程，淄博的建材生产技术功不可没，对中国的制陶技术、陶瓷生产技术的发展丰功至伟。秦始皇五次出巡，有历史记载两次到过淄博，一次沿着山东海岸而过，制陶、陶瓷生产的吸引不容置疑，以秦朝宫殿建筑用材为证。发达的建材、制陶产业，即使到了汉代以后，虽然齐国已经被秦所灭多年，但是淄博地区以临淄区为中心的广大地区的经济文化和工商业之繁荣，仍然是当时全国的五大都市之一，而且是仅次于汉朝首都长安（今陕西省西安市）的大都市。

（一）秦韵古陶文化主题内涵

秦国历来是春秋战国时期的强国，虽然存在时间不久却充满了杀伐军功观念，艺术表现内容阳刚至极。秦朝的特色成为秦韵古陶的精神内涵源头，成为产品的一种系列类别存在，不可能成为全部产品设计的中心主题，尤其秦朝尚黑，产品的色彩表达受到许多约束。

所以,虽然名字是秦韵古陶,但是不能被其局限,要借助秦朝的气势,通过陶瓷做到一览中国各个朝代鼎盛文化、精神一脉传承的文化再现,这就是秦韵古陶品牌主题策划的表现重点所在。秦韵古陶就是要借现代高超的设备、材料、生产技术,再现华夏文化、文治武功的辉煌。

（二）秦韵古陶历史渊源:青釉瓷豆联想

在青铜、陶器主导天下器皿市场的情况下,淄博青釉的瑰丽色彩吸引了秦朝的建设设计者和秦始皇。秦朝统一天下后,秦始皇在位十一年间,出巡五次,其中多次为他的宫殿、陵墓建设经过淄博,巡查淄博的建陶生产、釉陶、青釉瓷(原始瓷)生产技术。青釉瓷豆虽然在西周就已经出现,但是偶然性强,烧制技术很不成熟。秦朝统一后,淄博由于烧制品生产技术的先进性,成为中国的制陶中心。

二、基础产品规划

（一）产品色彩

五行:金、木、水、火、土。

五色:红、黄、青、白、黑。除了黑色可以使用黑亮之外,其他色调可以淡化处理。

天地万物有阴阳五行之分,人有五行所属,目有五色感观,心有五行、五色喜好,组织、个人有崇尚、幸运五行色彩,五色秉承五行是自然色彩中最基本的色调存在。

（二）工艺规划

仿古、半抛仿古系列。

（三）产品规格

以小于等于600毫米×600毫米的尺寸为主。

（四）产品规划

五色为基础色调,以下纹理可以做仿真选择。

仿大理石:地、墙砖皆可。

仿皮革:地、墙砖皆可。

仿木材:仿木地板、仿木墙裙。

仿壁纸:墙用花卉系列、书法系列。

仿金属:地、墙砖皆可。

仿丝织品:墙用。

亚光砖系列:地、墙砖皆可。

三、产品花片系列之品牌展示策划

这是用于产品展厅展示的产品组合系列,顺应历史次序展示,如同在读一首史诗。这是一种大文化内涵的展示表达形式,是树立品牌亮点的产品组合策划。

（1）展示主题:龙文化、龙图腾,配合刘邦的《大风歌》。

（2）副主题表达:万流归宗、山河永存,配合《沁园春·雪》。

（3）生产规格:大于等于300毫米×450毫米,甚至可以选用更大的陶瓷薄板山水、书法花片。

（4）主题产品系列：见表 1。

表 1　主题产品系列

序号	系列目录	主题内涵	设计特点	设计内容	目标市场
1	龙行九州	天下一统	英雄之气 阳刚至极	军旅文化、历史文化为主	展览及工程备用设计
2	盛世千秋	大汉雄风	文治武功 雄才伟略	修心养性文化、明志文化、军旅文化、历史文化等设计素材	展览工程备用设计
3	万国来朝	隋唐风流	民族融合 文艺繁盛	可以融合本花片系列其他四系设计特点	主打销售产品
4	才子佳人	宋文盛世	华夏文化 宋词鼎盛	包含广泛，各种文化齐备	主打销售产品
5	文化交流	一代天骄 缘定欧亚	东西方文化 兼容并蓄	中国各民族、阿拉伯、欧洲艺术风格产品，成功主题文化	主打销售产品
6	华夏盛世	明清鼎盛	技艺制造 唯我独尊	修心养性文化、明志文化、茶文化、酒文化、历史文化	展览及次主打销售产品、工程备用设计
7	盛世再现	国富民强	航天科技 体育盛事	和谐、儒商文化、成功主题文化	主打销售产品

其中，1，2，6 系列作为建立秦韵古陶品牌而设计展览，这些设计不做产品储备性生产，只做储备性生产能力设计，以销定产，定价要几倍于储备产品；3，4，5，7 系列为主打销售产品，其中的一些主体产品可以做储备式生产，可以按照公司定位定价。

这是一种适合做品牌的展览展示的产品系列，可以制造新闻热点，制造行业舆论焦点。

四、花片产品系列文化策划

鉴于秦朝的英雄、军功、雄才伟略特征，秦韵古陶定位成功者的文化、励志文化比较贴切。两个文化特点也恰好符合所有成功者的装潢选择要求，符合仿古砖的主要消费群体特点。

（1）秦韵古陶品牌成功主题文化表达："秦风歌一曲，韵味唱千年"。

（2）秦韵古陶产品广告表达：道不尽的韵味，说不尽的内涵，欲说还休，眼见为证！

（3）生产规格：大于等于 300 毫米×450 毫米，甚至可以选用更大的陶瓷薄板山水、书法花片。

（4）文化产品系列。

①修心养性文化：《论语》《荀子》《易经》，以及佛家名言、至理名句与书法相结合；松、竹、梅、兰等有品德修养象征意义的字画；修心养性警句：淡泊明志、宁静致远、重剑无锋等；

忍、静、道、佛、禅等字。

②明志励志文化:名人画像,如曹操、孙权、刘备、司马迁等;历史故事画,如岳母刺字、头悬梁锥刺股等;名言警句,如宝剑锋自磨砺出,梅花香自苦寒来等。此类中部分图像订制销售。

③道家文化:《老子》《庄子》、名言警句、修身养性哲学、书法。

④儒商文化:仁、义、道、德、礼、仪、廉、耻、忠、智、诚、信等字;中国经商名言名句。

⑤茶文化:神农氏、茶经、茶具、诗词典故、茶生产、饮茶生活、诗、词、画、书法等都可以。此类订制销售。

⑥酒文化:曹操、陶渊明、欧阳修等饮酒名人,与酒有关的名言名句,酒的生产、生活图片,酒的诗词、书法。此类订制销售。

⑦山水文化:仁者乐山,智者乐水。山水文化也属于修心养性文化,但是由于题材太多,所以单独成一个系列。

⑧军旅文化:《孙子兵法》《孙膑兵法》《战争论》《三十六计》等书的兵法理论精要;为将五要诀,即智、仁、信、勇、严等字;军魂警句等。此类订制销售。

⑨文体艺术:文学、艺术、体育专业楼堂馆舍图片,立志警句。此类订制销售。

⑩历史文化:针对各个朝代、时期的博物馆、古迹修复或者重建设计。此类订制销售。

⑪艺术真品:具有装饰、保值、增值价值的真实陶瓷刻瓷艺术品,如山水、花鸟、鱼虫、人物肖像等。此类需要高价、长时间加工定做才可以供应销售。

每一种文化系列产品设计都是仿古砖销售的大市场,尤其是工程市场。可以说,每一个系列都可以成就一个仿古砖市场的的切割品牌!

这是对公司历史系列的所有产品,从各类消费者的需求立场出发,针对消费者、工程的需求点做重新组合设计的产品分类系列,是公司历史系列仿古砖营销的精髓,是将历史背景下的大文化内涵产品设计系列整合重组,转变成具有精致销售文化内涵的分类产品系列。

可以说,品牌展示策划系列是做品牌、做新闻、做文章,是为塑造品牌、营销制造声势服务的,而此处的文化系列才是做实用营销工作之用的,可谓"千年来龙,结穴于此",产品系列策划是为达到不同目的而设计的同样产品。

五、产品系列设计目的

(1)工程市场:工程施工采购是仿古砖的主要销售对象,两种产品设计风格可以供应历史古建筑修建修复和风格酒店、茶楼、文化场所的工程装潢所需。

(2)个人品位消费市场:才子佳人,政场、商场翘楚的个人居室、书房、办公室的喜好需求。此类人群有高档艺术品消费倾向,可以根据身份适当推荐定做具有增值价值的人工刻瓷艺术品。

六、主题策划优点

(一)市场独有

目前市场仿古砖品牌都存在主题模糊的缺点,没有品牌文化亮点,一些产品虽然有系列,但是缺少系统整合亮点,营销卖点缺乏。秦韵古陶有两条市场宣传脉络,品牌展示历史脉络,营销有产品品位亮点。不仅品牌文化成系统、有亮点,而且产品卖点也成系统、有规模。

（二）具有新闻价值

民族的才是世界的,能够展示中华民族文化历史的仿古砖在国内和国际都具有巨大的新闻价值亮点。

（三）一鸣惊人

独特的仿古砖展示,像一首秦汉以来的中华历史史诗,必然会在行业、社会消费群体内形成舆论焦点,一鸣惊人。

（四）大文化内涵做到极致

通过陶瓷产品将中国两千多年的文化发展历史再现,是一件行业内无出其右的壮举。现在没有,将来本行业内也只会出现此文化策划模仿,很难出现更好的文化表达策划。

（五）品位消费文化从精致到极致

通过对各种花片进行文化类型整合归类,通过量产、订制、送样定做,将每一种文化销售品位做精、做细、做全,满足每一个个人消费者、工程消费客户的个案要求,将品位销售推向行业极致。

七、生产要求

必须自己独立生产,不可委托他人生产,否则本策划失效,而且会增加众多拥有同样文化产品、营销策略的游击企业,甚至是便宜了比本公司更有实力的竞争对手。

八、新名字选择

（1）鉴于秦韵古陶已经被注册,建议新名字仍然保持此种特点,以使此策划仍然适用。如秦风古陶、秦风龙陶、秦兴古陶、秦兴龙陶等。

（2）增加青铜文化历史内容,可以演绎整个中国历史,名字选项如龙韵古陶、龙古陶、龙陶、九州史陶、华夏史陶、华夏文明陶、华龙古陶、龙华古陶等。

塑造经销商品牌策划

此次考察的江、浙、皖三个省份,虽然江浙不同于安徽,很富裕,但是安徽却与江浙两省有一个共同的特点:文化气息浓郁,市民消费品位层次高,并且在国家的政策扶持之下,不难成为这一轮经济增长的新贵,潜力巨大。

鉴于三个省份都有如此共同特点,我们可以结合陶瓷相关的主题,举办活动,帮助经销商聚拢人气、提升光顾的消费者档次、扩大经销商店面知名度,从而带动广东佛山恒岳陶瓷有限公司的知名度进一步提升。这种活动,不仅能够促销、塑造品牌,尤其有利于下一步的仿古砖上市。仿古砖的消费者更多的是喜欢这种凸显文化修养的活动,并且他们是时尚的引领者,可以带动整个城市市民的购买行动。

一、刻瓷精品展

淄博已经举行过数届刻瓷作品大赛,有个人和公司进行过大规模收藏,举行刻瓷获奖作品展览,费用少,时间长,影响大,有利于提高经销商品牌档次,同时也可以扩大恒岳品牌的影响和知名度,并且可以借以提升恒岳品牌文化、品位美誉度。

公司可以与淄博刻瓷收藏个人或者公司合作,租用或者介绍他们的藏品在经销商店面与样板间进行展览,同时进行刻瓷艺术家介绍,为以后的刻瓷艺术家个人巡展、表演铺路。

观众投票选出得票最多的三件作品,设立一、二、三等奖抽奖,奖品可以选择精美日用瓷器。

二、刻瓷艺术表演

（一）刻瓷艺术家个人精品展

邀请淄博各类风格的著名刻瓷艺术家进行他们的个人精品展览。花鸟、鱼虫、仕女、山水、人物等领域淄博都有艺术领军艺术家,可以聘请、合作、引荐,与经销商共同实施。

（二）现场刻瓷表演

与艺术家精品作品展同步,刻瓷艺术家现场表演,增加市民对刻瓷艺术的认识,提高展览的可视性,满足市民对刻瓷艺术的好奇心。

（三）投票

每一位参观者拥有一次投票权,投给自己最喜欢的一件刻瓷作品。

（四）拍卖

投票最多的一件作品进行现场拍卖。

（五）抽奖

对得票最多的一件作品的投票进行抽奖,奖品是一件免费肖像刻瓷。

市场品牌整合及控制

鉴于目前公司经销商中存在多品牌经营,相对单一品牌经营的销售额没有实现倍数销量的目的,浪费了公司的品牌和市场资源,并时常引起网络营销渠道拥堵和冲突,公司决定重整网络营销渠道,理顺品牌授权经营,减少多品牌经销商经营数量,扩大单一品牌网络经销商数量,促使各个品牌经销商在竞争中提高各个品牌销量。公司决定对公司三个品牌市场做以下整合及控制。

原有的分销商像山东临沂、江苏南京等大型批发商可同时操作几个品牌,但是为了加强渠道经销商的服务及维护和节约市场占用,需要各地的分销商对自己的分销网络渠道经销商进行申报,确定市场范围,以便片区管理人员进行必要的市场服务和管理。同时公司要对每月各个品牌销量进行考核对比,凡是品牌平均销售额连续三个月低于公司本品牌平均销售额20%的,取消本品牌的分销权,网络渠道交予公司维护经营,该分销商转型为公司该品牌网络渠道管理职能,只保留管理功绩报酬（报酬方法可以另议）。

空白市场的省会、地级市经销商可以凭借自己的渠道网络实力,向公司申请多品牌分销商资格和市场范围。公司立项考察分销商实力后,确定市场范围,签订分销合同。只是公司的管理考核方法稍有变化,给予六个月的起步销售过渡期,过渡期后的管理办法参照老分销商的管理办法执行。原则上,空白市场地区的县市级经销商不发展分销。

原有的地市级、县市级经销商将执行一个品牌一个经销商原则,增加公司品牌进入当地瓷砖市场的数量,扩大网络渠道覆盖密度,实行东方不亮西方亮的品牌经营策略,在各个经销商间进行不同品牌、区别产品销售,促使同地经销商在竞争中提高各个品牌的销量,扩大公司产品的市场总占有量,实现公司销售的整体提升。

有前途的乡镇市场只要不存在品牌重叠的情况,可以仿照县市级经销商的模式,发展网络渠道经销商。

整合资源 营销渠道再造

一、营销方式落后,营销理念没有做到与时俱进

公司的营销模式仍然处于 20 世纪 90 年代那种广种薄收的市场销售模式状态,在各个目标市场发展分销商,依靠分销商建立二级批发商网络,公司派出维护人员,定期做市场巡视,甚至半年不见厂家的人影。即使讲品牌、讲精细运作的营销理念也仅仅是一个雏形,营销人力资源准备没有完成基础储备,要嫁接目前对营销人力资源要求更高的服务营销模式进入公司,以完成公司的品牌建设,难度更大。然而,实施服务营销模式,最符合目前公司塑造品牌形象的需要,是达到公司目的的最佳选择。

所谓的服务营销,举个例子,"帮助用户成功就是企业的成功""海尔卖的不是产品,而是为用户提供某个方面服务的全面解决方案",这就是最朴素的服务营销观念。现代营销中把产品概念定义为三个基本层次:核心产品、形式产品、附加产品。在这里,服务作为附加产品的重要内容,成为企业产品的一部分。服务是一种无形的产品,是维系品牌与顾客关系的纽带,随着产品同质化程度的不断加剧,缔造优质的品牌服务体系,为顾客提供满意的服务越来越成为企业差异化品牌战略的重要武器。

事实表明,新的竞争优势的确立,不仅仅是要生产出形式产品,还在于它的附加服务。良好的服务是下一次销售前最好的促销,是提升消费者满意度和忠诚度的主要方式,是树立企业口碑和传播企业形象的重要途径。这就是公司目前要接轨服务营销的根本原因。

二、营销战略不明

通过聆听公司管理层、顾问、销售人员的叙说,发现公司还没有清晰的全局市场营销战略思路,没有做市场细分。简单地按照地域远近划分的本地市场、本省市场、周边省份市场、遥远省份市场、"鸡肋"市场、无利市场六种市场,没有区别研究,没有不同的、与市场相对应的差异化营销战术区别对待。简单的六种市场划分如下。

(一)本地市场

淄博市张店区、淄川区周边要道,自建多处专卖店,店外形象做大、做足。

（二）本省市场

发展县市级销售处,各处以发展专卖店为主要发展方式,以建立形象店为次要发展方式。

（三）周边省份市场

周边省份市场主要指邻省市场,作为市场主攻方向对待,加大人力投入,协助经销商进行深层市场服务营销,河北作为市场重点运作对象。

（四）遥远省份市场

遥远省份市场主要指第三层省份市场,维持以往的营销渠道,在尽量改造成为公司专卖店的基础上,放手发动经销商的积极性,建立在其控制下的连锁店,在设计规模条件下,给予公司级别待遇。

（五）"鸡肋"市场

"鸡肋"市场主要指靠近其他瓷砖产地和太过遥远的省份,按照前期模式,发展经销商、分销商。

（六）无利市场

无利市场主要指其他瓷砖产地省份,低价倾销,搅乱对方市场,减少周边市场压力。

三、公司四个品牌不分轻重,重点不明

四个品牌产品无差别品牌设计,不仅分散了公司各方面有限的营销力量,造成营销和服务各个方面都力量薄弱,而且容易造成内部竞争厮杀、品牌倾轧,不利于整体市场运作。建议公司进行四个品牌在形象、产品、质量、价格等多方面的差异化切割,这是保证公司长远发展所需要的比较明智的选择。

四、目标客户不清

从公司到业务员,不仅没有进行对客户的分类工作,而且在简单的批发商、经销商两个分类间也摇摆选择,没有明确的工作思路,工作方向随意性、不确定性很强。在形象店与专卖店选择上,也同样如此,甚至将形象店作为 2009 年品牌形象的重点,与 2008 年的市场销售模式几乎没有区别,产品在店内地位没有丝毫改变,只是多了广告效应,没有解决根本问题,塑造品牌形象不是做做广告就行了。

在一个公司,管理层尤其要有明确的思路,才可能指导、带领业务人员不走弯路、少走弯路,才能切实有效地实现公司规划、销售目标。上层清醒、清楚,一线的市场工作人员才可能明确工作重点、工作方向,少做、不做无用功。

五、业务人员工作方向不明,目标不清

不同市场,不同开发策略;不同市场,不同的客户目标。不同市场业务人员,不同的实务营销培训。帮助业务人员建立本市场的大局观,明确工作方向,确立正确的客户目标。

六、营销力量严重不足,营销架构需要重建

公司认识不足,营销人员缺乏市场开发意识,并且对自己也估计不足。公司至少需要

招聘100名地市级片区服务经理,招聘人员实施市场本土化战略,不仅增加了销售力量,而且扩大了人才引进,尤其是引进熟悉本地市场的人才,可以选拔更好的市场经理,更好地实现公司的销售、服务双目标,实现品牌塑造的目的。

公司营销总监:市场部职责。

成立专职的客服中心单位:市场部统管。公司成立统一的面向全国各个片区的客服中心,各个片区成立面向用户的客服专员,完成除了开发市场以外的所有销售后勤服务工作。

片区服务经理:营销人员对外身份,强调服务理念。

地市级片区经理:就地招聘、引进、经销商转化。

七、营销渠道与公司关系松散,公司没有坚实可控的营销渠道基础

(1)营销渠道架构扁平化发展:有能力控制的地区,直接发展终端经销商,以往的批发售价价差向终端转移,加大终端刺激力度,激发终端营销、服务的积极性,调动经销商与公司一起做品牌。

(2)一二级经销商去功能(批发、分销)化:给一二级经销商权利、时间、空间以发展自己区域的连锁专营店(或形象店),自身转化成公司片区经理,以经销商为片区市场管理者的方式,管理公司与其个人所建立的连锁店,代替以往的松散的批发分销方式,按照销售总额取得相应的报酬的市场架构形式。

(3)向片区市场经销商尽量推行连锁专营店营销模式:以往的双方合作关系是一种松散的对经销商无约束的合作关系。经销商是公司市场环节的自由电子商务,哪边利益大、吸引力强向哪边靠拢。这种不确定性时时考验着业务人员的能力,每年到期续约也考验公司的能力,给公司的营销工作带来极大的被动影响,时时牵动公司走向市场的脚步。

(4)制作经销商调查问卷:制作形象店、专卖店公司待遇政策,调查经销商在形象店、专卖店转型经营意向,引导经销商成为市场片区经理

八、管理型、全局型营销人才贫乏,需要充实

解决管理型、全局型营销人才贫乏问题,有以下三条路径:

一是对现有人员培训培养;

二是适当招聘空降引进;

三是将经销商转化为片区市场管理者。

第三条路经是相对较好方式。

九、建立详细、可靠的经销商档案

公司对所有经销商建立详细、可靠的档案尤其重要,对每一个经销商都充分了解。公司可建立各种经销商的分类对待政策,业务人员在处理突发情况时就会游刃有余,更好地实现市场开发目标。

十、目前可以做的工作

(1)目前在公司营销力量、营销人才薄弱的情况下,集中有限的精兵强将,对重点地区

市场进行扫荡式考察兼开发,留下普通营销人员进行市场巩固、维护、扩大、深入开发市场和后续跟踪服务工作,是公司当前营销力量下最切实可行的营销方案。

(2)本年度的工作重心是改造松散的渠道营销模式,建立连锁专营店的渠道营销模式。

为此,公司需要做以下几项工作。

(1)制定针对建立形象店、专营店的经销商市场开发政策。

(2)对公司所有经销商进行评估、分类。

(3)制作针对经销商的调查问卷,问卷针对维持现状、建立形象店、成立专卖店意向进行调查。

(4)组织调查。

(5)对调查结果进行汇总、分类。

(6)与经销商分别商谈、签约。

(7)落实公司经营规划。

这是一项长远工作,也是公司的一项基础性工作。

(3)建立客户档案

无论公司下一步选择哪个方向市场,开拓这一方向市场都是一个为将来考虑而都必须做的工作。

对每一个经销商进行信息登记,同时制作经销商评估问卷,由所有密切接触过的业务人员对其进行信用等级、资金等级、销售能力等级等项目进行详细评估,评估结束后,对所有经销商进行分类归档,并对每个类别的经销商进行研究分析,分类制定相应对策,支持其更好地扩大市场,提高销量。

(4)建立快速信息传递、反馈网

利用公司网站,建立各个经销商、专营店网上联系、信息传递网络平台,通过赠送必要的设备器材、平台使用培训,搭建网上交流平台、录像声音信息收集平台、库存数据更新平台、工作计划交流平台、订货发货收货追查平台、往来账户资金对账平台等。

建议公司无论是在营销渠道还是营销策略方面,都需要进一步研究、分析;公司的产品体系、价格体系也有待于更好地研究确定;塑造品牌、服务营销,更是工作量巨大,任重道远。

在房地产行业售不景气之际,为迎接下一轮的市场繁荣准备、夯实营销网络基础工作,是现实而迫切的。成功的天平总是偏向有准备的企业和个人,所以加强营销队伍建设、完善营销网络是明智的选择。目前销售正处于低谷,各地经销商正是思考、寻觅新的出路之时,这正是成长型企业进行市场布局发展的良机。

渠道经销商策略

一、现有经销商

(一)筛选

优先选择成绩优秀的经销商:能力强、信誉好。

首先选择省会城市:市场大、影响广;其次选择地市所在地经销商:市场和影响可以辐射本地区的高消费群体。

没有合适的可选经销商,可以另外招商,宁缺毋滥。

(二)品牌选择

首先授予经销商所经营的品牌仿古砖销售权,不可错开品牌授权经营,以壮大仿古砖品牌实力;其次选择本地区影响最好的品牌授权经营,以期仿古砖销售能得到更好更大的借力。一个城市只授权一个仿古砖经销商。

(三)经销商待遇

(1)广告返点:三年内实施返点递减策略,建立广告返点往来账,返点内广告支出以提定支,即时实报实销。

(2)免费卖场设计,样品无偿提供。

(3)宣传画册:成本价计入广告返点往来账,充足供应。

(4)装修费:三年内实施提货额返点递减返还策略,多销多得,三年到期,返本行动截止。

(四)选择条件

(1)可以保证仿古砖年销售额。

(2)计划投入仿古砖项目的资金。

(3)企业在本地的市场地位:销量所占市场份额、个人影响。

(4)本地或者本公司仿古砖切割加工配套情况。

(5)仿古砖项目配置:卖场面积、人员计划、设计人员配备。

(6)本地市场仿古砖品牌做到第几排位。

二、空白市场经销商

(一)主要发展省会城市

按照筛选现有经销商的同样方法、条件选择经销商。

(二)额外待遇

由于公司精力所限,可以给予经销商们半年的自由建立销售渠道的保护期,他们发展的网络由公司直接维护,以期获得长治久安的市场。

这种待遇同样也可以适用于人手不足的现有市场的渠道网络建设。

渠道网络开发流程

一、首先确定仿古砖销售政策

(一)定价

600毫米×600毫米内墙地砖;800毫米×800毫米内墙地砖。

(二)广告

免费提供。

(三)营销返点政策

返点不是为了降价,而是为了达到不同返点项目所要达到的目的。

1. 初次提货返点优惠政策

为做好仿古砖上市的宣传工作,特出台此项优惠政策。

初次提货如果低于 10 万元,可以凭广告实据当即给予 8% 的优惠;10 万~20 万元给予 10% 的优惠;20 万元以上给予 15% 的优惠。

此优惠不计算在其他优惠项目内,可以获得重复返点优惠。

2. 前三个月每月提货返点政策

第一月:提货达到 30 万元,广告费返点 10%,总额返点 5%;30 万~50 万元,广告费返点 12%,总额返点 6%;50 万元以上,广告费返点 15%,总额返点 8%。

第二月:提货达到 30 万元,广告费返点 8%,总额返点 5%;30 万~50 万元,广告费返点 10%,总额返点 6%;50 万元以上,广告费返点 13%,总额返点 8%。

第三月:提货达到 30 万元,广告费返点 6%,总额返点 5%;30 万~50 万元,广告费返点 8%,总额返点 6%;50 万元以上,广告费返点 11%,总额返点 8%。

3. 三个月后提货返点政策

提货达到 30 万元,广告费返点 5%,总额返点 5%;30 万~50 万元,广告费返点 6%,总额返点 6%;50 万元以上,广告费返点 10%,总额返点 8%。

4. 装修费用返点返还政策

装修费用在 50 万元以上的给予 18 个月的返本回收期,提货额的 5%,半年一次结算;低于 50 万元,10 个月的返本回收期。

5. 广告支持

支持方案前文已经有规划,但是出于物尽其用且充分利用返点的原则,所有的支持返点都必须凭借广告合同和广告实据在返点内实报实销,每季度报销一次,具体程序由片区经理初审,没有问题后将全部材料提交公司审查报销。(为了加大品牌塑造力度,广告返点需要在 20% 以上)

二、筛选经销商

(一)初选经销商

在现有的经销商中进行初次筛选,选出符合公司建立销售网络的经销商,初选经销商资格如下。

1. 省会、地级市

为保证市场容量,第一阶段经销商身份必须是地级市驻地以上级别城市经销商,有市场潜力的县级市经销商可以作为公司仿古砖销售网络的第二阶段发展目标。

2. 经销商能力

以往销售能力、信用、资金实力。

3. 展厅面积

省会城市为仿古砖设立的卖场必须大于 2 000 平方米,地级市的卖场必须大于 1 000 平方米。

4. 承诺销量

承诺前三个月的销量,省会城市必须达到 200 万元以上,以后每月不得低于 70 万元;地级城市必须达到 120 万元以上,以后每月不得低于 40 万元。

5. 设计师力量

地市级城市必须有至少一名家装设计师专为仿古砖销售服务,省会、直辖市城市最少两名。

6. 目标品牌排位

地市级城市要有前五位的信心,省会以上城市要有前十位的信心。

以上六个考察方面以城市类别、经销商能力、展厅面积、设计师力量为主要考察项目,其他两项为辅助考察项目。考察方式以重点考察项为主,其他为辅。

(二)二次筛选经销商

(1)产品生产出来并在网站展示后,向内部筛选选中的经销商发送意向调查函,调查每个目标经销商对公司的仿古砖项目的认知和销售计划。

(2)根据调查反馈对经销商分三类进行二次筛选,确定仿古砖经销商名单。

①符合条件:全部符合或者主要项目符合公司要求的经销商。

②接近符合条件:主要项目和辅助项目都有一项不符合条件的经销商。

③不符合条件,想经营的经销商:主要项目有两项不符合的经销商。

三、参观、洽谈、签约

待产品生产出来,各种图片上传到公司网站后,在展厅布展完成时,邀请选定的经销商和不完全符合要求但有意向的经销商集中时间参观公司产品和展厅,进行洽谈、签约。由于签约经销商的市场区域比较大,公司如果没有足够人员开发有潜力的县级市市场,可以给予经销商半年时间在本区域内发展仿古砖分销渠道网络,但是半年结束后需要向公司进行渠道网络经销商备案。

四、协助经销商

(1)对经销商卖场装潢设计、工作人员礼仪、仿古砖知识和话术技巧进行培训。

(2)提供仿古砖卖场开业活动策划方案。

五、成立空白市场开发项目团队,针对省会城市考察招商

此团队由精英片区经理和副总经理组成,专门进行此项工作。

六、建立仿古砖渠道经销商档案

不管市场管理人员如何变动,接手时都会立即得到各个经销商的第一手资料,使其更好、更快地进入管理角色。

七、提供各种方案和服费

(1)提供各个经销商需要的各时期、事件活动策划方案,如建军节、国庆节、中秋节等全

国性的节日和地方重要活动日策划方案。

(2)提供家装设计、平面广告设计服务。

最后进入品牌经营良性循环。

跟单员片区管理制度

鉴于目前后勤业务工作职责划分不清,工作量负担不平衡,并且也不利于培养后勤工作多面手的员工,故应建立跟单员片区管理制度。跟单员片区管理制度的中心内容是后勤接受订货人员定员、定岗、定量、定职、定责等。制度具体内容如下。

一、定员定岗

确定后勤负责接受订货人员人数,实行定岗、定员,专人专门负责某个片区的经销商订货。

二、定量

按照片区经销商数量进行工作量平均划分,实行后勤接电话订货工作人员与一定的工作量匹配。

三、定职

跟单员负责一个单位工作量的片区市场经销商,每人固定服务此片区的经销商、业务人员、消费者到访。

四、定责

跟单员负责其主管片区的所有与经销商有关事务,如下。

(1)所主管片区经销商来公司的接待工作。

(2)所主管片区订单开票落实工作。

(3)片区提货引导工作。

(4)片区提货资金验证落实工作。

(5)提货车辆联系安排工作。

(6)送行、安全抵达回访电话管理工作。

(7)当月片区质量反馈资料收集保管工作。

(8)负责建立所主管片区提货日记工作。

(9)负责所主管片区经销商样品的发送和记录工作。

(10)负责所主管片区经销商广告、物资的发送和记录。

(11)负责公司信息传达给所主管片区的每个片区经销商工作。

五、绩效考核

指标与工资、奖金挂钩,考核指标如下。

（一）差错率

每月出错次数与提货次数的百分数,可以分为发货差错率、样品物资发放差错率、信息通知差错率。

（二）投诉率

每月客户不满意投诉次数与服务客户数的百分数。

六、片区经销商的一切业务都与负责本片区的跟单员直接联系

固定每名跟单员的片区服务联系专线电话,并通知所主管片区的所有经销商,这样可以在服务过程中流动办公,不至于发生信息沟通不畅,从而造成业务损失和使得本项制度执行失败。

管理架构再造建议

充分利用现有人员、设备、技术对公司现状进行改造,使得员工在公司安心完成本职工作,尽心尽力完成分内工作。在外的工作人员,专注市场开发、管理,没有后顾之忧,放下包袱,充分发挥潜能,更好地实现个人、公司目标。目前,公司可以在现有的人力、设备基础上在以下三大方面做出调整。

一、岗位规划

目前公司首先应该着手对职务工作划分、工作方法方式等进行重新规划,向现代正规商业、技术开发公司靠拢,否则,管理的禁锢将使公司永远无法突破发展瓶颈,无法做大做强。

（一）后勤经理

后勤经理相当于常务副总经理,负责统管除了市场开发、管理外的所有日常公司事务,使得总经理跳出杂务缠身局面,专心市场管理、开发工作。

（二）销售助理

销售助理属于正式职位,同时培养一名后备助理。其负责统筹订货、发货、统计、对可以公告的营销信息网站更新管理、经销商宣传物资发放、信息通知等。

后备助理协助销售助理工作,以及休班、事假顶替岗位工作,使工作不中断,保持公司正常的连续性经营。

二、后勤管理实务

鉴于公司后勤数字、档案管理烦琐、滞后、费时费力,没有充分利用现有办公设备技术,目前公司首先实现简易实用的办公自动化改造。如下几个表格建议公司推广使用。

（1）业务人员使用的片区销售统计台账:三个品牌,三个表格。

（2）公司统计、销售档案使用的各个品牌的综合登记统计表格:三个品牌,三个表格。

（3）即时库存、即时货品销售数量当日及累计统计表格:一个表格,三个品牌,六个系列。

（4）上一年度市场档案保存,含各种产品设计成果。

以上表格,应每笔业务登记无误,每笔业务及时登记。任何工作人员、管理者打开要查询的项目,就可以查到最新的公司业务状况。

三、人力资源

面对公司工作人员人心不稳,尤其是新进公司或岗位的员工,公司应该在劳动合同、薪金发放方面进行以下改革。

（1）补签劳动合同。

（2）通过合同、工资文件确定员工明确工资。

（3）薪金及时发放。

（4）奖罚手续规范化。

（5）改进休班方式,如轮班、固定时间休班。

四、组织职能改造

岗位职责划分(图1)实际是两大块:销售和后勤。内部职能划分清晰,不仅能提升公司形象,还能实现公司长治久安。鉴于公司现实状况,技术和会计本该单列,会计合并到营销助理岗位,技术暂时一人多职,网站维护可以安排合适人员兼职。各级经理对总经理负责,总经理负责公司宏观管理,抽查监督公司安排给各级经理的工作任务实施完成情况。

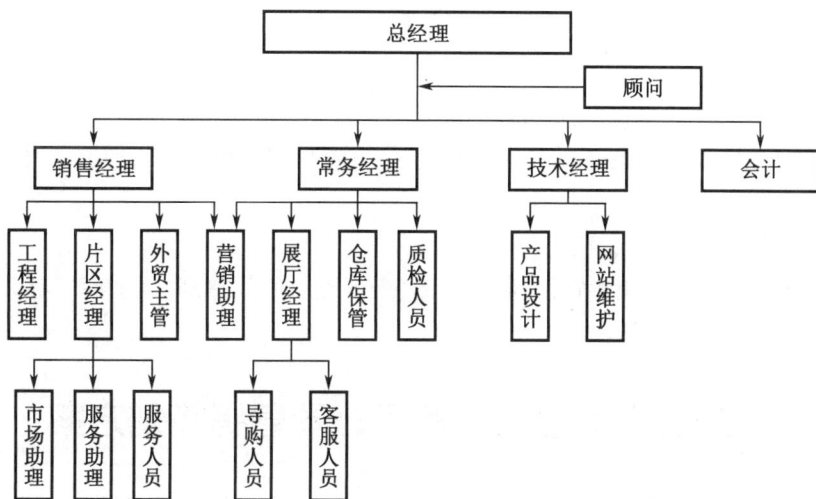

图1　岗位职责划分

（一）销售经理职责

销售经理负责市场开发、管理;销售服务管理;生产计划安排;销售人员管理监督;工程投标、市场信息收集、整理、分析;巡查各个片区市场,检查工作实施情况。

（二）常务经理职责

常务经理负责后勤管理;后勤人事管理;生产计划管理落实;经销商接待;质量问题接

手、处理、落实。

（三）技术经理职责

技术经理负责产品设计开发；网站产品、新闻更新维护；市场产品更新信息收集、分析。

（四）后勤人员职责

（1）基本要求：各司其职做好本职工作，服从领导安排。

（2）总原则：综合工作，分工不分家。除了质检、技术人员外，其他岗位都同时兼顾接待经销商、接受订货、引导服务提货、发货工作。

（3）展厅经理：负责分管展厅的接待、导购、杂务、人员调动安排。

（4）会计、统计合并到营销助理职责：负责现金会计、销售统计、经销商档案管理、物流安排、电话营销。

（5）导购人员：负责客户接待、产品讲解、价格咨询解答、协助开单、协助提货、样品架整理。

（6）客服人员：负责订货、发货、公司政策传达、物流安排、客户订货信息管理统计，兼任仓库保管。

（五）片区经理职责

片区经理对销售经理、总经理负责，统管所负责片区的一切事务。

片区经理的具体工作：负责片区总体市场开发、经销商管理、服务处行政管理、片区人事管理并主持片区日常工作，完成公司临时布置的工作任务。

1. 市场助理职责

市场助理对片区经理负责，协助片区经理工作，具体负责市场开发、管理，片区经理不在时主持服处理日常工作。

2. 服务助理职责

服务助理对片区经理负责，制订服务计划，负责服务人员管理、带队工作、汇总市场资料。

3. 服务人员职责

服务人员执行具体的销售宣传、服务行动、市场资料收集整理、经销商库存和提货信息收集。

广东佛山恒岳陶瓷有限公司营销策划方案

广东佛山恒岳陶瓷有限公司的营销重点是实施服务营销，树立品牌形象，发展销售终端，优化营销渠道，建立稳定的营销网络。

对中国的企业而言，21 世纪是品牌的世纪，是网络的世纪，是科技创新的世纪，是服务营销的世纪。

目前广东佛山恒岳陶瓷有限公司在电子营销方面是一大缺陷，渠道营销也只是略具雏形，并且没有建立实施最佳的渠道营销模式。

所谓科技世纪，是指以消费者导向为出发点，不断研发，进行科技创新，生陶瓷有限公司产出更多、更好的产品，更好地满足消费者各项需要，更好地服务于消费者。这一点是广东佛山恒岳的弱项。

一、行业分析

多年以来,广东的瓷砖一直都是行业内的风向标,口碑也是以绝对的优势占据第一,并成就了广东佛山地名品牌。广东瓷砖的质量无论是优还是劣,都因地名品牌而变得好销。尽管山东淄博生产瓷器历史悠久,但是由于品牌经营起步晚,方式落后,并且管理粗放,市场经营缺乏精耕细作,造成质量、信誉、品牌处于三流地位局面。

(一)市场分析

作为陶瓷企业,生产经营与房地产行业息息相关。中国的房地产销售一直分为两部分:一部分购买目的是居住,另一部分购买目的是投机、投资。前一部分人群是一个稳定不变的需求,不会因为房产价格的变动而不买房,在允许的情况下,大多是延迟购买;后者的主要目的为盈利,他们买房子是为了卖房子,而不是为了居住。我们的产品是供室内装潢使用,前一部分顾客是我们的目标客户。所以,在目前整体市场危机的情况下,我们的主流顾客没有太大变化,只有小部分不急居住的顾客延迟购买而已,市场影响不会很大。

(二)优势分析

(1)质量:现有四个品牌产品,可以与广东同档次产品媲美。

(2)品牌:有四个具有一定市场影响力的瓷砖品牌。

(3)营销渠道:营销渠道虽然不是很健全、发达,但是已经具有一定的规模,可操作性强。

(4)有经验的营销骨干:拥有一批在瓷砖市场经营多年的营销人员,有经验、专业技能熟练、熟悉多省市市场。

(5)力求上进的管理层:通过致力于对员工的职业培训,公司的管理层具有了现代企业经营理念,具有了建立现代公司的理想、大公司的设想、改造公司的魄力。

二、广东佛山恒岳陶瓷有限公司的营销劣势

(1)人力营销方式落后,公司的营销模式仍然处于20世纪90年代那种广种薄收的市场销售模式状态,在各个目标市场发展分销商,依靠分销商建立二级批发商网络,公司派出维护人员,定期、不定期做市场巡视。

(2)电子营销没有很好地开展利用。电子营销以其时效性、节俭性、更新快速的特点著称,公司四个品牌瓷砖都拥挤在一种营销渠道上运作,营销人力有限,相对于巨大的国际、国内市场,其力量和力度都显得过于单薄,客服人员开拓一片电子营销市场是完全有可能的。

(3)花色品种少,都是市场上的"大路产品",而没有技术创新产品。

(4)品牌多,四个品牌主次轻重模糊,经营品牌力量分散,没有形成一个知名品牌。

(5)服务不到位,问题处理周期长,经销商怨言多。

(6)由于是山东企业,受山东陶瓷企业信誉差影响,导致市场开发畏首畏尾。

(7)营销渠道与公司关系松散,公司没有建立拥有可控的营销渠道网络,没有实施更好的营销模式。借鉴连锁店成熟的营销模式,同时还具备品牌专营店特色,是建立广东佛山

恒岳陶瓷有限公司营销网络的最佳选择。

三、广东佛山恒岳陶瓷有限公司营销战略

通过总结公司管理层、顾问、销售人员的叙述,以及对公司营销网络渠道的分析研究,广东佛山恒岳陶瓷有限公司本年度的市场营销战略设计为:落实服务营销理念,实施以服务促销售,在各处市场建立与市场规模对称的服务处,以客户为导向,坚持为经销商服务、为消费者服务的理念,参与一线的销售工作,促进销售,扩大影响,塑造品牌。国际、国内的市场很大,市场状况也变化多样,所以不能一概而论地开发市场,而是需要差异化对待。

差异化经营战略:相机而动,相境而动,因时、因地、因人、因情、因境差异化计划,差异化行动。

(一)战略分解

(1)发展销售终端:这是不需多做说明的营销工作的市场终极目标。

(2)优化营销渠道:将营销渠道分类,建立不同的目标政策。

(3)建立稳定的营销网络:重要市场的经销商去代理功能(批发、分销)化,改造成公司的航母专营店,自身转化成公司片区经理,给经销商权利、时间、空间,发展自己本区域、周边地级市、县市的连锁专营店(或形象店),年薪工资外加业绩返点提成,化一级经销商为公司片区市场管理者的方式,代替以往自由经销商的批发、分销方式。

(二)战术设计

仅就中国市场而言,差异化经营战略的战术设计如下:

大市场远粗近细,远放近抓。

小市场空粗实精,控放结合。

客户导向练内功,营销导向炼组织。

(1)"大市场远粗近细,远放近抓"就是开发布局距离山东遥远的省份,沿袭前期经营思路。不同的是以建立专营店形式发展中间商,进行分销以扩大销量,扩大市场占有率。放手发动分销商的能量,建立营销网络渠道,进行市场扩展。对山东周边省份市场,推行服务营销,精耕细作。紧抓现有营销渠道网络,以客户为导向,以点带面,巩固老市场,带动新市场。不参加价格战,以活动、优质、细心服务赢得消费者的倾心。

(2)"小市场空粗实精,控放结合"就是省级市场对现有的经销商改造成公司的专营店(或形象店),加强服务精耕细作。一方面达到塑造品牌的目的,另一方面建立本省市场运作样板,增强现有的经销商、待开发地区经销商对公司的信心。本省空白市场按照远方大市场模式,沿袭前期经营思路,不同的是以建立专营店形式发展中间商,建立在保护中间商利益下的专营连锁店,让中间商进行前期性网络维护。公司实施先服务、后接管网络的开发发展模式。

(3)"客户导向练内功"就是在坚持以公司利益为原则的基础上,以客户利益、客户便利为导向,从客户订货、开单、收款、运输联系、提货、仓库发货、装车、出厂、客户收货回访、礼仪、接待等方面,让客户感觉不在家里,胜似在家;至于营销服务人员到客户处整理展架、擦亮展品、协助宣传、小区推广、接待顾客、处理问题等,让客户感觉我们是一家人。总之,以客户为中心,进行流程环节再造、流程程序化建设,建立"客户顺心服务工程"。

(4)"营销导向炼组织"就是公司的各个组织部门,包括领导,一切工作都为营销服务,做好营销的后勤工作,让市场营销人员放心工作,没有任何后顾之忧,全身心投入市场开发。

四、差异化市场战略实施

(一)地理差异化经营策略

按照地域远近划分全国市场,可以分为本地市场、本省市场、周边省份市场、遥远省份市场、"鸡肋"市场、无利市场六种市场,以不同的差异化营销战术区别对待。六种市场战术操作如下。

1.本地市场

滨博高速张店路口、淄川路口,自建两处专卖店,店外形象做大、做足,高大的喷绘广告牌必不可少。一方面做了广告,另一方面展示公司形象,最重要的是能够做到外地客户来淄博进行拦截。

2.本省市场

沿着经过山东省的国道向南、西、北发展县市级销售处,各县市以发展专卖店为主,建立形象店为辅,多种合作形式并存的方式广布网点,开拓市场,做实山东第一品牌。各处合作对象最好选择国道路旁,又能兼顾本地市场销售的店面经销商。这样,无论专营店还是形象店的广告效果都可以一举数得,使得走国道的所有旅客,经常看到公司的广告,制造到处都有公司的印象,并一路强化,深入内心,实现塑造品牌的目的,实现布点、销售、广告宣传、品牌形象全面提升。

3.周边省份市场

主要指邻省市场,作为市场主攻方向对待,加大人力投入,在重点、经销商密集地区设立公司服务处,对直销商进行深层服务,对市场进行深层营销,对消费者进行近距离服务。河北省、河南省、安徽省、江苏省作为市场重点运作对象。

(1)河北省

目前河北省及附近城市的现有经销商主要分为两大板块,邯郸—石家庄—保定板块,现有 24 个经销商;廊坊—唐山—秦皇岛—承德,现有 16 个经销商,并可以辐射天津。河北省总共 51 个经销商,两地占了 40 个,按照客户导向、服务营销原则,设立石家庄、唐山两处服务处是经济合理、实用有效的选择。忙时服务,空闲出击空白市场,针对周边地区实施就近服务、布网营销。以深化服务、深层营销为主要工作,开发新的市场是随机、随地、随时的工作。

(2)河南省

目前河南省的现状是没有形成集中的经销商板块,服务处可以缓建,工作重点还是设点布网,广开营销渠道。市场开发有两条路径:一条是借力开发,可以协助设点返点、本地区设点达到 8 个以上设服务处为诱饵的方式,促使现有的经销商帮助布点和经销商管理。另一条是自己动手开发,开发方式也有两条:一是以郑州为中心,以中间开花方式开展工作;另一个是以山东省、河南省连接的国道为路线,开发沿途城市市场,按照本省市场选择经销商的方式,选择国道路旁,又能兼顾本地市场销售的店面经销商为发展对象,实现布点、销售、广告宣传、品牌形象全面提升。两条路可选其一,也可都用,交叉覆盖,唯符合实际、快速为要。

具体实施方法还需要业务人员根据河南省现有经销商的情况,灵活把握。如果一定要立即建立服务处,应按照交通优先原则,选择省会城市郑州。

(3)安徽省

目前安徽省的营销网络布局与河南省一样,没有形成集中的板块,工作重点、开发思路、开发方式都与河南省一样。唯一与河南省有区别的是安徽省潜力更大,可以考虑的是芜湖、巢湖、马鞍山、滁州的沿江城市群市场布局。

(4)江苏省

目前江苏省形成了一个以苏州为最多经销商的超强板块。江苏省现有经销商38个,其中苏州有8个,再加上周边达到20多个。按照客户导向、服务营销原则,在苏州设立服务处是经济合理、实用有效的选择。忙时服务,空闲出击空白市场,针对周围地区实施就近服务、布网营销。以深化服务、深层营销为主要工作,开发新的市场是随机、随地、随时的工作。

徐州城市群可以作为第二服务处选项,另外南京沿江城市群也可以考虑。

4.遥远省份市场

遥远省份市场主要指第三层省份市场,维持以往的营销渠道,在尽量改造成为公司专卖店的基础上,放手发动经销商的积极性,建立初期在其管理下的连锁店,在达到一定的规模条件时,给予公司片区经理级别待遇。只要目前有地级市形成经销商聚集板块,就可以设立服务处,实施服务营销,精耕细作,否则就粗放经营。

(1)内蒙古:现状不明,以网点、城市群、国道交通三个选择条件相结合,营建网络营销渠道、服务处。

(2)山西:同上。

(3)陕西:中西部发展三大战略高地城市群之一——西安城市群(关中—天水)。

(4)辽宁:关注沈阳西至营口南至大连区域城市群。

5.“鸡肋”市场

“鸡肋”市场主要指靠近其他瓷砖产地和太过遥远的省份,按照前期模式,发展经销商、分销商。可以结合无利市场设立火车货运中转仓库和营销服务处。此类市场有两大特别值得关注地区,即中西部发展三大战略高地城市群的另外两处——成渝地区、环北部湾(广西)地区。此类市场虽然市场容量很大,但是因其距离遥远,尤其距离陶瓷产业带很远,公司天时、地利、人和都不具优势,所以,以保本、上量、树恒形象为主要目的。

6.无利市场

无利市场主要指在其他瓷砖产地省份设仓库、专营店,在对手的市场上比质量、比价格,以树形象、收集情报为主要目的,同时也到对手市场实施终端拦截。同等价格标价,低价倾销,搅乱对方市场,走出去反击竞争对手,减少周边市场压力。

(二)市场经营程度差异化策略

本公司已经经营多年,有一定的市场基础,亦有一定规模的营销渠道,可以按照市场网络渠道密集程度分为成熟市场、成长市场和空白市场三种情况。

1. 成熟市场

成熟市场是指经销商分布密度大、销量大的市场。这种市场经济底蕴深厚。公司有一定知名度,是容易上量的市场,适宜精耕细作,符合服务营销条件,又能最大限度发挥营销资源力量,节约营销费用,适宜建立服务处,进行深层营销。

2. 成长市场

成长市场是指有经销商分布,但是密度不大的市场。这种市场也属于经济底蕴深厚。公司在个别区县市场有一定知名度,是有发展潜力的市场,适宜精耕细作,符合服务营销条件,适宜建立服务处,但是又不能最大限度发挥营销资源力量,营销能效比低。这种市场,一方面营销人员需要加大营销频度,另一方面开发经销商能量和发挥经销商的当地人脉优势,扩大营销渠道布点。这是一个不仅可以扩大营销渠道,而且是更容易上量、完成公司任务的市场,可以先发展当地营销人员,缓建服务处,边布点边服务。

3. 空白市场

空白市场是指目前没有经销商分布,但是有一定的经济底蕴的县市。这需要营销人员进行考察、分析、定期回访的市场,需要营销人员耐心、诚心、认真对待,短期内不容易上量的市场,也是一个可以与经销商以多种合作形式开发的市场。

(三)经销商差异化策略

虽然公司已经有了相当数量的经销商,但是营销渠道结构仍然不合理,对经销商的利用还不够充分。目前公司的经销商有实际意义上的一级经销商、二级经销商和终端经销商,营销渠道架构需要扁平化、可控化发展。有能力控制的地区,直接发展终端经销商,以往的批发售价价差向终端转移,加大终端刺激力度,激发终端营销、服务的积极性,调动经销商与公司一起做品牌、做专营店、做连锁专营店。

1. 一级经销商

经销商去功能(批发、分销)化,改造成恒岳的航母专营店,自身转化成公司片区经理,给经销商权利、时间、空间,发展自己本区域、周边地级市、县市的恒岳连锁专营店(或形象店),年薪工资外加业绩返点提成,化一级经销商为片区市场管理者的方式,管理公司与其个人所建立的连锁店,代替以往的松散的批发分销方式,按照各个连锁店销售总额取得相应报酬的市场架构形式。

2. 二级经销商

同一级经销商。

3. 终端经销商

推行连锁专营店营销模式。公司以往发展经销商合作是一种建立在松散合约基础上的对经销商无约束的合作关系。经销商是公司市场营销环节的自由分子,哪边利益大、吸引力强向哪边靠拢。

(四)品牌差异化经营策略

公司四个品牌不分轻重,重点不明。四个品牌产品无差别品牌设计,不仅分散了公司有限的各方面营销力量,造成营销和服务各个方面都力量薄弱,而且容易造成内部竞争厮杀,品牌倾轧,不利于整体市场运作。建议公司对四个品牌从形象、产品、质量、价格等多方面进行差异化切割,这是保证公司长远发展的明智选择。

1.品牌宣传

重点品牌聘请形象代言人,可以选择体育明星、演艺明星。

2.品牌宣传切割

山东淄博、广东佛山地域品牌切割。两地代表两种信誉含义,利用得当,有利于山东品牌的真正亮相。

3.目前各个品牌切割方法

(1)恒岳:在目前开发过的大部分市场,已经形成一定的可靠产品品牌,是目前恒岳陶瓷塑造带有自己标记的重点品牌的最佳选择。恒岳可以塑造东岳的高档、新产品专用品牌。

(2)恒科:恒岳附庸品牌,没有突出特点,维持现有状态。

(3)斯格米:东岳已经建立起广东省高档瓷砖品牌,树立恒岳是其北方的战略合作伙伴,辅助恒岳品牌在产品质量、可信度方面的形象建立,同样是东岳高档、新产品专用品牌。

(4)广翰:恒岳附庸品牌,没有突出特点,可以改造成中低档瓷砖、花色较寻常的瓷砖产品专用品牌。

4.营销方式品牌切割

在现有的市场上,选择目前市场营销渠道最少、公司销售占有量最少的品牌,由公司客服人员进行电子商务操作,实现有效利用现代营销方式的市场运作,积累经验,为恒岳新的发展创造机遇,从开拓市场方式上实现恒岳两条腿走路的转变,在销售方式上创造恒岳新的销售增长点。恒科或者广翰目前的市场状态是比较适合的选择。

(五)经销商差异化经营策略

对一、二级分销商控制的市场、分销网络渠道进行研究,在尽量少触动经销商利益并能以合同保证的情况下,以及经销商能够接受的合理规划下,进行改造开发,逐渐转化成为公司自己可控制的销售网络渠道。

在加大营销力度的情况下,分销商的不确定立场、尾大难掉、渠道网络管理粗放、串货始终是公司营销工作的难点,时时威胁着公司的营销网络。公司可以考虑在分销商驻地或者网络密集的中心地区,派驻专门的服务处,对分销商的网络实施专门服务。这样,既贯彻了公司政策,又给了分销商面子,而且达到公司目的,一举数得,同时将经销商的抵触、防范心理降到最低。

(六)空白市场开发

成熟市场固然是公司完成本年度任务的重要市场,但是,公司想要实现销售增长,在市场上获得重大突破,空白市场的开发无疑是在稳定原有市场情况下的最好选择。虽然本年度建立品牌形象是工作重点,但是市场占有率更重要。公司营销人员如果能够携着成熟、熟练的市场营销模式,高起点开发空白市场,会更容易建立公司品牌形象。所以怎样开发空白市场,怎样更快、更好地开发空白市场,建立规范、实效的空白市场开发模式尤为重要。空白市场开发大致经历市场考察、经销商分类、初次恳谈、方案汇报公司、回访客户(或邀请客户访问公司)、合作谈判、谈判成功或者公司介入谈判、失败另觅客户进入再循环、成功签约、客服中心建档、营销跟踪介入扶持服务等环节。

五、改造后勤,建立规范的客服中心

(一)建立客服中心优势

(1)客户可以随时通过电话与公司进行沟通,并提供多种沟通方式,如电话、传真、电子邮件、手机短消息、固网短信等。电话服务中,用户可以选择自动语音服务和人工服务。

(2)客服中心电脑提供用户(电话号码、手机号码、地方、名字)识别功能。用户来电话,输入用户身份识别号(ID号),系统座席界面弹出相关客户资料(如上月销售数据、去年同期销售数据、本月已经销售数据等),不仅识别出客户是谁,而且可以查询详细销售情况。

(3)可以随时提供营销人员、领导需要的详细客户信息查询服务。

(4)优化公司的服务流程。公司客服中心的建立,可以使各个部门、人员的职责划分更加明确,不必要、不合理的岗位可以精简,人员的工作量通过各种统计数字得到量化,并随时提供监督、告警功能。

(5)提高公司的服务质量,塑造公司的客户导向形象。

(6)提升公司的信息化水平。客户信息化往往是一个长期的、循序渐进的过程。而客服中心的建立可以大大加快这一进程,将公司的综合实力提升到一个新的高度。

(二)客服中心职责

(1)树立"以客户为中心"的服务理念,积极、主动、热情地为客户提供人性化、个性化、优质化的高品质服务。

(2)客服中心的所有客户服务人员都要统一着职业装、佩戴胸卡和淡妆上岗,做到仪表端庄,整洁大方,以饱满的精神接待每一位客户和消费者。

(3)使用文明礼貌用语,做到客人来时有迎声问候、问有答声、走有送声祝福。

(4)认真接听各种来电,以清晰、明朗、抖擞的精神应对客户和消费者的咨询。

(5)自觉遵守公司规范、劳动纪律,认真完成、执行公司的各项业务工作。

(6)熟练记忆公司的产品、价格、地区营销政策、地区业务人员名单、联系方式,做好营销人员的后勤服务工作。

(7)积极主动、礼貌、微笑接待所有到公司的客人。执行首问全程负责制,耐心解答、主动关心客人需要,让客人有宾至如归的感受。

(三)客服中心职责范围

(1)接待、导引服务、解说、咨询。

(2)开单、收款。

(3)联系物流运输车辆。

(4)接打电话、传真和记录工作。

(5)经销商档案管理、统计。

(6)电子商务管理。

(7)展厅形象维护、卫生。

(8)电话回访、信息传达。

(9)营销物资管理、发放。

(10)市场信息汇总、报告。

六、传播策略

(一)形象广告语设计

信誉重如泰山 恒岳(恒科、斯格米、广翰)陶瓷

各个品牌同样的形象广告设计,只是名字不一样,刻意形成雷同风格。这个广告语既可以暗示恒岳公司,又可以同时强化记忆,引起消费者回想、好奇、思考。

(二)促销广告语

质量更好,性价比更高,恒岳瓷砖,满意的瓷砖。

质量更好,性价比更高,恒科瓷砖,舒心的瓷砖。

质量更好,性价比更高,斯格米瓷砖,缔造理想家居的瓷砖。

质量更好,性价比更高,广翰瓷砖,老百姓的放心瓷砖。

(三)广告制作

由于产品是面向全国消费者,电视是最佳广告载体,所以广告制作就以电视广告制作为主,选择演艺明星、体育明星、名人代言可以为品牌形象加分,同时增加广告记忆效果。电视广告形式分为:5秒电视广告;15秒电视广告;30秒电视广告。

(四)媒体

中央电视台:最适合的、最好的广告载体。

山东卫视以及各个重点省级市场的省核心电视频道,也是可以选择的媒体。

(五)广告形式

硬性电视广告。

角标广告。

电视栏目广告、栏目冠名广告等。

七、业务员管理、监管

(一)营销架构重建

营销总监:对全国市场负责,负责巡查市场、考察市场、处理问题事件。

区域市场总监:负责管理三个左右省级市场。营销人员本地化完成后,在现有的营销人员中选拔产生。

市场经理:销售部职责

客服中心主管:归市场部统管。面向全国各个片区的客服中心,负责管理除了开发市场以外的所有销售后勤服务工作,使得公司经理、副经理从杂事中解脱出来,专心管理市场。

省区服务经理:省区主管营销人员对外身份,用以强调服务营销理念。

地市级片区服务经理:此职位就地招聘、引进、经销商转化,积极推进人才本土化策略。

(二)营销人力资源整合

服务营销,从行动上讲是人海营销战术。就是用多人为一个客户服务来感化客户、强化客户对恒岳的认识,让客户感受到公司对自己的尊重,让客户有成就感,从而使客户愿意与恒岳合作,愿意更用心地开发市场。虽说"人海"这个词在这里有点儿夸张,但从加强服

务这一层面讲,恒岳的营销力量确实严重不足。按照开发销售渠道和对经销商进行跟踪服务两项工作在省级地域范围运作,想要两方面都要抓、两项工作都要硬,公司至少要在实施市场服务人员本土化战略基础上,至少在各地人才市场就地招聘 100 名负责地市级片区的服务人员,利用本土优势,节约开支,就近工作、服务。

通过接触观察,公司业务人员队伍中,管理型、全局型营销人才贫乏,需要充实、加强。通过基础营销人员本土化经营,公司不仅从质和量上增加本土销售力量,还扩大了人才引进,尤其是熟悉本地市场的人才引进,有利于选拔更好的市场经理,更好地实现公司的销售、服务双目标,实现品牌塑造目的。

(三)营销人员监管

建立快速信息传递、反馈网。利用公司网站,建立各个经销商、专营店网上联系、信息传递网络平台,通过赠送(电脑)上网费、必要的设备器材、平台使用培训,利用经销商的电脑和公司自己的网站,搭建网上交流平台、录像声音信息收集平台、库存数据更新平台、工作计划交流平台、订货发货收货追查平台、往来账户资金对账平台、信息发布平台等,使得公司的信息能够及时传达,经销商、市场信息第一时间掌握,同时营销人员的行踪也可以通过它跟踪。

八、客服中心工作机构、流程再造

后勤服务工作是公司的脸面工程,是令客户满意与否的重要环节。对现有的后勤服务相关部门,按照服务营销和客户导向原则,对客户考察、洽谈、提货等进行部门流程重组再造是十分必要的。效仿政府的行政审批中心模式,集中经销商办理业务的所有功能性服务项目于一处,简化客户的办事程序,减少客户的麻烦,是在客户心中建立公司形象的重要组成部分。

(1)展厅:四个品牌集中展示。

(2)客服助理:负责经销商档案管理、销售统计、物流调配管理、营销人员活动管理。

(3)开单收款专员:负责营销物资管理、发放,一站式办理经销商提货单据。

(4)商务助理:负责电子商务管理、网站消息发布、网上产品展示。

(5)导购员:负责卫生、来人接待、解说、引导、解答、引领办理全套业务程序。

九、营销战术策划工作项目

(一)建立客户档案,因人因地营销

无论公司下一步市场工作选择哪个方向,这项工作都是一个为未来规划的企业都必须要做的工作。

对每一个经销商进行信息登记,同时制作经销商评估问卷,由所有密切接触过的业务人员对其进行信用等级、资金等级、销售能力等级等项目的详细评估,评估结束后,对所有经销商进行分类、归档,并对每个类别达到一定销售规模档次的经销商进行分析,分别制定相应的市场营销对策,更好地支持扩大市场,提高销量。

(二)节日促销

各个重要传统节日实行短时间促销方案,不可时间过长,以防形成不促不销的市场痼疾。

（三）特殊日子促销

统计各地区全年的地方性特殊日子、个人特殊日子，以制定合适的营销活动，例如，各民族地区的独特节日、经销商生日、喜事等。

（四）互动营销

制定全年性的与经销商、消费者互动的惊喜活动营销。例如，有奖销售、个人生日消费优惠等。

（五）事件营销

对一些地方的轰动事件，进行公益性参与，提高知名度，提升品牌形象。

（六）小区营销

对即将向购房者交钥匙的小区，安排专人、设备、宣传品、样品等，甚至布置样板房进行展览销售。

（七）公关营销

对地方有重大影响的、有长期效应的标志工程、活动进行公关营销。

十、当前要务

（1）在目前公司营销力量、营销人才薄弱的情况下，在当前市场平淡低迷之时，可以集中有限的精兵强将，对边远重点地区、空白地区市场进行扫荡式考察兼开发，增加新的营销渠道，并邀请潜在客户参加公司年会，在年会气氛下，让经销商的反映表现带动这部分客户选择与公司合作。

（2）公司需要尽快完成的工作如下。

①制定针对建立形象店、专营店的经销商，公司所提供的协助市场开发政策。

②对公司所有经销商进行评估、分类，建立客户档案。

③制作针对经销商的调查问卷，问卷针对维持现状、建立形象店、成立专卖店意向进行调查。

④组织问卷调查。

⑤对调查结果进行汇总、分类。

⑥与经销商分类商谈、签约。

⑦实施公司经营规划。

"3.15"活动策划

"3.15"活动策划主题为扬质量、树形象、塑造恒岳品牌。

一、策划目的

促销、塑造恒岳品牌。通过做活动，在当地引起消费者注意，使其知晓恒岳，喜欢上恒岳的产品，购买恒岳的产品，体会恒岳的服务，加深对恒岳的认识，塑造恒岳的口碑，提高恒岳的知名度、美誉度，提升恒岳良好的品牌形象。

二、活动特点

与消费者互动,通过互动认识、抽奖,加深交流程度,加深消费者的认识、认知。

三、活动方式

(一)恒岳陶瓷企业展示

荣誉展示:证书、牌匾、青岛奥林匹克运动会组织委员会帆船委员会(简称"青岛奥帆委")指定产品。

质量展示:数据、质量、污迹试验、米尺。

性价比展示:价格比较。

服务展示:铺贴工人工程成果展示、装潢标准样板、合作装潢公司介绍、优质合理收费价格。

全国标志工程展示:公司参加的全国标志性建筑物。

(二)质量介绍

向消费者介绍关于陶瓷质量鉴别知识。塑造品牌质量形象,赢取社会美誉度。

(三)征集质量建议

印刷带编号、有客户联的意见征集表格,针对老客户和新客户进行征集。一式两份:一份活动使用,另一份保留存档。客户部分剪下带走,作为领奖凭证。

(四)打折促销

3月13—17日,凡是购买恒岳瓷砖的客户,享受××折价格优惠。

(五)抢购

(1)3月15日当天8:30,×款指定恒岳瓷砖限定××人购买,××折或者××元/片优惠酬宾,售完为止。

(2)13、14、16、17日4天,每天8:00,前2名消费者享受平价优惠。

(六)抽奖

1. A奖

活动期间所有购买恒岳产品的用户,均可参与抽奖。

奖品设三档。

10:3比例设置获奖人数。

奖品为日用品,具体另议。

2. B奖

活动期间提供建议者,凭建议编号抽奖兑奖。

奖品不分档次,可以任意挑选。

得奖比例2:1

奖品:本年有效的打折优惠凭证,可以转让。

3. 小区活动:

可以同时宣传促销(方式此处略)。

以上活动可以任意组合。

四、活动流程

3 月 10 日广告、意见征集表格准备、小区宣传促销。

3 月 11 日广告、小区宣传促销。

3 月 12 日广告、卖场布置、导购人员活动培训、小区宣传促销。

3 月 13—17 日咨询、意见征集、活动促销、抢购、小区宣传促销。

五、广告

(1)广告语:

突出质量 强调服务 树立恒岳亲民形象

信誉重如泰山　恒岳(恒科、斯格米、广翰)陶瓷

赛质量　亮服务　恒岳陶瓷青岛奥帆委指定产品

质量更好　性价比更高　恒岳瓷砖　满意的瓷砖

(2)卖场广告:恒岳与您心贴心

完美家居在恒岳

恒岳陶瓷 青岛奥帆委指定产品

(3)平面广告:选择合适的报纸。

(4)电视广告:可以考虑。

(5)直接邮寄广告(DM):自己印发或者选择 DM 媒体。

六、公关

支持"3·15"政府部门活动。

现场宣传、提供咨询、引导顾客到店面参观选购。

七、物资准备

(1)设计印刷室内、室外 POP 广告。

(2)设计、印刷恒岳宣传资料和陶瓷质量鉴别宣传资料。

(3)设计、定制便携式支架 POP 广告。

(4)确定奖品:实用、低价、有档次,公司可以统一选择采购。

八、当务之急

(1)征集愿意做活动经销商的名单。

(2)选择公司平面广告设计使用的图片。

(3)提供平面广告制作所需的公司视觉形象识别系统(VI)设计资料。

备注:3 月 8 日妇女节,可以参考本策划,下午可做半天促销、抢购活动,可同步进行意见征集。

同时,公司可以考虑活动支持订货办法。附加商品销售。

4月活动营销策划

（1）主题：恒岳之春花样年华新品上市。

（2）产品特色：青春飞扬　浪漫永恒

百花齐放　爱意盈室

（3）目标顾客：春、夏结婚的年轻人。

（4）花样特点：花色艳丽绚烂，意境浪漫。

（5）途径：淄博开设主会场，经销商处通过网络设立分会场（网站直播）。

（6）传播策略：

①淄博：调动新闻力量，取得新闻支持。

②经销商：卖场装点一新，样板现场展示、电视（电脑）现场直播；POP 广告、彩旗、气球轰染气氛。

③广告：各地经销商充分发挥自己的传媒资源，新闻、软硬广告投放。

主题广告语：浪漫新居　恒岳主张

产品广告语：花样年华内墙砖，我们爱的见证

（7）活动流程参考新产品上市策划案策划案。

5月活动营销策划

鉴于目前经销商销售疲软局面出现，以及按照往年5月的提货数据显示，相对月份是提货下滑月份，公司可以考虑将内外两方面销售力量结合，加强5月营销工作力度。

一、公司内部

（1）建立服务处，招聘服务人员，壮大营销服务力量。

（2）服务处或者经销商建立纵向业务合作伙伴网，与铺贴和家装公司建立共同市场开发关系，合作共赢。

（3）启动准备已久的小区活动促销。确定重点城市，由经销商提供目标小区市场，业务、服务人员进驻，进行小区宣传促销。

（4）由公司特供或者经销商提货产品与城市房产销售商合作。合作方式：房产商负担一部分价格，经销商让一部分利润，合力互利促销。例如，"可以买房产，再加××元，就可以到××店选择自己喜欢的墙地砖"。

（5）在小区组织团购，价格特供。与房产商没有合作的小区，可以提供优惠价格或者优惠铺贴费用，组织5人以上还没有装修的业主团购。

（6）加大工程投标信息收集。

二、公司外部

针对有要求、办法的经销商开始进行活动营销合作，公司提供方案，他们执行。目的一

是促销,二是做品牌。

(1)经销商广告宣传:产品广告或者活动广告宣传必不可少。

(2)活动营销如下。

①黄金周有奖促销:抽奖。

7天(可以适当延长)内所有购买恒岳产品的用户均可参与抽奖。

奖品设上、中、下三档。

10:3比例设置获奖人数。

奖品为公司设计的几款大规格陶瓷花片、日用品、陶瓷琉璃装饰品或者居家必需的小器物,具体奖品可以与经销商另议。

②黄金周订货有奖:设计实用小奖品,消费者即定即送。

③5月销售抽奖销售:可以仿照黄金周抽奖方式,将5月的所有消费者集中进行抽奖。

④随机选定时间、制定产品抢购:5月1日当天8:30或者随机确定时间,××款指定恒岳瓷砖限定××人购买,××折或者××元/片优惠酬宾,售完为止。

⑤黄金周其他时间,每天8:00或者随机确定时间,设定当前2单平价优惠抢购,为显示机会难得可以考虑总经理或者公司片区经理签售。

(3)公关促销如下。

①抓住有巨大影响力的人,最好是恒岳产品消费者,根据其个人特点或者需要,有针对性地满足其购物需求,调动其为公司及产品宣传、销售服务。

②采购瓷砖到当地高档装潢的某一额度,发给恒岳记名贵宾卡,每成功推荐一个客户,返还其个人采购金额的$x\%$,引领当地的瓷砖消费倾向,树立公司品牌。此记名卡应设置门槛,不宜多发放,以免造成不良影响。

立体传播策划

立体传播分为两个部分,第一部分是自己的营销人员、服务人员通过言、行、服务、培训、POP、DM、网站宣传传播;第二部分是借用外部资源、力量向公众宣传公司。第一部分工作公司已经准备了很多,也有很多正在执行,第二部分却是公司经营以来的重大缺陷。虽然有产地注册地冲突敏感、资金、人才等原因,但是不可回避的事实是公司经营方面与现代经营管理脱节很严重。"好酒也怕巷子深"的道理在经营界已经得到公认十几年了,可是公司仍然没有接入这种宣传理念对公司的销售、品牌进行运作。

此处所谓立体传播,在传播渠道方面可以分为自有渠道传播和社会渠道传播;在市场活动主体上可以分为营销人员传播和经销商传播;在表现形式上可以分为自身表现宣传传播和包装传播。

(1)自有渠道传播:销售网点POP广告、DM、网站、市场网络、展厅、交通工具。

(2)社会渠道传播:电视、报纸、电台、公交车体、路牌、墙体广告。

(3)营销人员传播:自身形象、服务、小区活动。

(4)经销商传播:公司、产品介绍、当地广告投放、与消费者互动活动促销。

(5)自身表现宣传传播:产品质量、产品包装、营销人员整体形象、展厅包装、公司社会形象。

(6)包装传播:有目的、有策略地利用新闻、制造新闻,聘请名人代言包装效果更显著。

综合以上分类,目前适用公司实施的立体传播主要有以下形式和途径。

一、营销人员的形象:公司 VI

服装:统一、职位级别标志区分。

服装颜色选择:明快、活力,区别流行色。

服装标志设计:公司标志、公司文化广告语(服务人员)。

营销人员用品、工具等设计。

二、营销人员的语言

真诚、微笑,面部表情自然、亲切。

规范见面语。

规范告别语。

产品介绍开场白。

陶瓷技术知识培训。

标准的营销人员市场服务流程。

三、市场人员的行为

举止:大方得体。

殷勤服务:上样品、样品卫生。

真心为客户、经销商考虑、服务。

四、市场人员的小区服务

售前服务:尺寸丈量、花色选择、铺贴要点传授、铺贴工培训。

售中服务:订货、装货、卸货。

售后服务:铺贴过程监督指导。

五、市场人员回访经销商、消费者

态度:真诚。

提问:经销商、消费者关心的事情。

征询意见建议:真心寻求消费者意见。

六、刺激经销商的广告投入

公司实施与经销商的互动活动,刺激经销商在当地电视、报纸、车体、墙体投放广告、实施本地促销活动,达到经销商和公司在塑造品牌、销售两方面一举两得的目的。

企业在市场竞争中,一味降价是"自杀",是自贬身价、降低品牌形象,不利于塑造品牌。促成公司与经销商的互动活动、经销商与消费者的互动活动,在必要的时候进行降价销售,制造各方共赢的结果,最终实现公司的目的才是上上之策。

七、利用新闻力量

安排专人写稿投稿、提供新闻线索给媒体,通过各种渠道争取每一个免费的宣传传播机会。

八、制造新闻

利用每一个公司亮点,每一次里程碑式的发展,举办各种新闻发布会、展示会,主动调动媒体、利用媒体、高调宣传,提升公司形象,提高公司知名度、美誉度。

九、培养、收购自己的媒体喉舌:行业内媒体或者家居类媒体

(1)与淄博企业联合成立淄博人的陶瓷媒体,宣传淄博行业,宣传自己的企业

具体方法如下。

一是生产瓷砖产品领域独占,与日用瓷企业、琉璃等一种产品一个或者多个企业资金联合成立淄博自己的媒体,自己可以成为媒体主人。

二是联合有冲击广东势力提升淄博地位责任感的淄博第二瓷砖生产企业和日用瓷企业、琉璃等一种产品一个或者多个企业资金联合成立淄博自己的媒体。

(2)媒体选择

①上策:借用别人的正规媒体,制定自己的长期宣传传播规划。

②中策:制作自己的DM宣传版面,通过经销商发送宣传传播。

③下策:建立自己的DM媒体。

十、与媒体建立战略合作关系

自己或者联合其他陶瓷企业承包有巨大影响的陶瓷专业媒体版面,在专业媒体投放广告是最佳的选择。

以上是小投入慢慢做品牌的宣传传播要点,如果想要见效快,那就必须进行大投入,除了前述几条基础品牌操作外,还要选择其他更大、更权威的传播途径。主要有以下方式。

(一)物色公司代言人

最好是体育明星,代表生命力、活力、拼搏精神、搏而有成的结果等,都是极好的传播暗示素材,其他行业有一定影响力的明星也可以,要选择正面形象的明星。

(二)电视形象广告

中央电视台是最好的投放选择。

形象设计可以服务和品质为中心制作,比如"服务永恒,品质如岳""恒岳陶瓷,理想选择""为你创造理想的家,就是恒岳人的追求"。

由于公司目前走的是多品牌战略,那么此种形象广告需要侧重塑造名牌企业形象,与名牌产品品牌互动宣传,互相促进塑造名牌形象。此策略需要贯穿所有媒体宣传。

(三)电视栏目赞助

中央电视台国际频道、CCTV大众栏目,此方式投入少,宣传时间长,同时还能避免生硬

广告片宣传带来观众反感的副作用。

（四）有全国影响的重大活动赞助、广告

全运会、亚运会、奥运会、大型节日晚会等。如果在众多媒体注视下，能够组织出带企业标准的现场表现亮点将更具冲击力。

总之，做品牌不但需要自身产品、服务过硬，同时也离不开媒体传播，而且媒体应该成为做品牌的重点关注对象。只有这样两条腿走路，企业的品牌之路才会走得更快、更好。其中要义如下。

媒体大言，企业力行，品牌王道也；

媒体少言，企业力行，品牌正道也；

媒体开言，企业力行，品牌奇道也；

媒体大言，企业吝行，品牌邪道也；

媒体少言，企业吝行，品牌空谈也。

3个月的广告投放规划

目前公司的招商招聘广告为一次投入三个月，太多、太浪费，可以考虑加入公司形象广告交互轮换投放。

形象广告设计方案如下。

一、广告语

多套选择，其中一个长期使用，保持形象统一。

"恒岳陶瓷　品质生活首选""恒岳抛光砖仿古砖　品位生活首选""恒岳抛光砖仿古砖　凸显品位人生""砖多岳为峰　恒岳陶瓷""峰多五岳秀　砖多恒岳高""峰多五岳秀　恒岳陶瓷　领秀市场"。

二、画面重点设计

（1）三个品牌商标标志同上，凸显实力。

（2）获得的荣誉、证书名字、认证等。

（3）青岛奥帆委指定产品和其他选用产品的著名场馆名称。

三、活动广告

进行建议征集。所有建议在网站登载，每天选取五个建议排榜公布。评奖办法，公司合议。

营销节支策划

一、建立营销人员 QQ 群

对于公司、业务人员资料类文件、图片可以通过 QQ 传送、下载。

二、建立手机短信群发平台

对业务人员、经销商,在一些简短的商务信息上、节日祝福等,可以通过此平台集体群发,节省费用、精力。

三、建立移动手机定位管理平台

可以将营销人员、经销商、运输车辆司机的手机分类录入平台,建立不同功能板块,交给相应的管理人员掌握管理。

出差业务人员板块可以对业务人员手机位置变动监控,能掌握所有出差营销人员的地域变动,从而进行动态监管,也更有利于总部对市场服务商进行动态配合、调控。

经销商板块可以建立经销商出差敏感省份预警机制,及时发现经销商的异动,发现问题,制定对策预案,掌握市场主动权。

司机板块可以对经常为公司运输的外地车辆进行到达淄博或者周边地区提示,可以为客户提货提供车辆运输信息。

四、销售网络渠道增值商品

略。

广东东鹏陶瓷股份有限公司
发展战略及策划系列

广东东鹏陶瓷股份有限公司发展战略

广东东鹏陶瓷股份有限公司(简称东鹏)发展战略为呼唤辉煌回忆,再展近日风采,重塑东鹏品牌;以舆论为载体,重现重塑东鹏。

一、市场分析

(一)优势

1.行业品牌第一

拥有辉煌的过去和现在,国家质量免检、中国名牌、中国驰名商标、行业标志性品牌、中国500强企业国家级荣誉,广东省授予的荣誉更是数不胜数。

2.行业技术第一

产品生产技术领域在中国陶瓷行业始终处于霸主地位。

3.行业内知名度高

公司是行业内产品技术和时尚的风向标,引领家居陶瓷领域产品技术的每次巨大革新,以及陶瓷时尚的每次改变。

4.奥运会场馆建设用砖北京奥运会场馆建设用砖,这是环保时代对东鹏陶瓷的最高奖赏,最高认证!

(二)在淄博地区的劣势

1.生产厂家林立,低价竞争激烈

淄博是中国传统的三大陶瓷生产基地,本地生产厂商众多,同时又汇聚了来自全国的陶瓷生产企业,市场拥挤,到处充满了低价竞争的气氛,东鹏不具有低价优势,也不能走低价策略,是许多人不太能消费的产品,自然丢失了部分市场。

2.顾客购买首选度很低,社会知名度不高

公司的影响与淄博地区市场地位、市场份额不匹配。品牌的力量是征服消费者的理智,成为消费者需求时的首选,然而,虽然东鹏的品牌在国内、国际影响较大,但是在淄博地区市场,在消费者群体中,在最近这几年中却没有形成与之匹配的优势。

3.外地企业难以立足

由于宣传少,当地消费者目前对东鹏的认识度低,产品有众多本地替代者,而且价钱便宜,质量信息获取容易、广泛、多,自然被众多消费者排除出选项。

4.营销宣传不力

由于前一段比较长时期的营销、宣传不力,造成目前东鹏品牌在淄博市场的"夹生"局面,严重阻碍东鹏市场的进一步发展。

(三)原因分析

1.东鹏品牌在淄博塑造不彻底

目前的高质高价营销策略与塑造的品牌不对称,这就是相当长时期市场营销萎靡的原因。

2.与市民缺少互动

东鹏的技术、优质的产品,没有成为市民的谈资,没有成为应该成为的装修风向标。

3.舆论、媒体公关不足

有句话用在东鹏当前在淄博市场的处境很恰当:"好酒也怕巷子深"。东鹏在淄博的广告很少见,东鹏的新闻在淄博的出镜率几乎是零,可谓"养在深闺人未识",怎能推销出去!

4.促销活动、互动营销严重不足

如今,东鹏几乎淡出了市民购买陶瓷时的话题,失去了陶瓷时尚风向标的地位,因而很难进入市民的购买选项,更别说首选! 这是与东鹏在国内市场地位严重背离的,说明东鹏在淄博的市场上,与市民的活动营销、互动营销非常不够!

5.广告力度严重不足

东鹏的广告几乎没见过,东鹏的新闻几乎没听过,东鹏的名字在市民间"似有似无"。

(四)对策

(1)加大产品广告宣传力度。

(2)加强品牌塑造力度。

(3)寻找过去东鹏的辉煌,引导市民参与,让东鹏进入市民的话题中心。

(4)重新展示东鹏形象,让市民再次认识东鹏。

(5)加强营销的力度,经常组织互动营销活动,利用层层互动营销调动广大市民,重新注意东鹏、重新认识东鹏、重新谈论东鹏、重新选择东鹏。

二、客户分析

按照东鹏产品高质、高价、高档的特点,最适合的消费群体是社会的高收入、成功人士群体,可以发展的是社会上的一些高级白领、机关政府工作人员,至于一般收入群体只能引起他们的兴趣,吸引他们的谈资,从而引领社会家居装潢时尚。广告力度严重不足。

通过以上客户分析,可以确定目标消费群体是社会的高收入群体和正在走向成功的人士。所以,东鹏的一切营销行动、宣传策划、公关策划都要重点针对这一目标人群。

三、营销战略

通过市场与客户分析,在淄博地区,东鹏的营销战略可以总结为七个字"上攻、中引、下热闹"。

所谓"上攻"是指东鹏目前的营销容易实现的重点是社会的高收入群体,是社会上的成功人士,他们不仅有能力消费,而且能够引领社会时尚,所以应该是营销工作攻克的重点。

所谓"中引"是指正走向成功的社会白领、中层领导,他们有或者接近有能力进行高消费,他们有不掉队、不落后时尚的渴望和需求,是可以诱惑引导的一个消费集群,是下一步营销工作的重点。

所谓"下热闹"是指低收入群体,他们有对奢华的向往,甚至狂热的梦想,是时尚的重要推波助澜者,是实现时尚潮流的基础,在营销措施中,决不能忽略他们的参与,要让他们拥有时尚的希望。

这三个消费群体,前者是目前市场营销主攻点所在,是市场缺口;中者是未来市场营销利润所在;后者是市场时尚保持的基础所在,是利润的保证群体。东鹏的营销只有将这三个客户群体都调动起来,使得前者接受东鹏推出的时尚,中者追赶东鹏推出的时尚,后者热衷东鹏推出的时尚,才会使得东鹏推出的时尚成为真正的时尚,才能达到塑造东鹏在淄博地区的第一品牌目标,才能实现营销目标,获得预期利润。

四、传播策略

(一)软广告运作1——寻找当年的东鹏用户

(1)新闻征集:有奖征集当年的东鹏故事,呼唤淄博市民对当年东鹏的回忆,是淄博营销开始前的热身行动。

(2)新闻炒作——收集有展示价值的历史东鹏产品,鼓舞民间的寻找东鹏热。可以收购,可以以旧换新。

(3)征集当年的东鹏客户:有证据证明是当年的东鹏消费者,10天内登记,发放VIP卡,给予再采购东鹏产品优惠。

(二)软广告运作2——记者采访东鹏印象

(1)采访新老东鹏用户:

老客户——突出东鹏产品质量、质地、时尚寿命;

新客户——突出东鹏产品质量、技术、花色品种、时尚特点、服务等。

(2)细述东鹏陶瓷特点、特色:

在采访新老客户后,以考察东鹏的形式继续制作连续报道。

(三)平面品牌广告运作——今日东鹏形象

以东鹏企业形象、产品图片、制作平面广告。

(四)广告媒体选择及制作

(1)电视广告:

①可以设立东鹏剧场,角标广告;

②电视广告以东鹏产品投入建设的奥运会几个赛场冠军比赛为背景,主题词时间选择在新闻联播开始前或者刚结束后播放。

深层含义:东鹏是最好的! 您要选择什么? 档次? 环保? 东鹏一样不少,而且更多!

③楼宇电视媒体广告:电视广告即可。

(2)平面广告设计:独特的销售主张(uniqun selling proposition,USP)表达:绿色奥运的选择,东鹏陶瓷,给您一个梦幻般的家!

图案设计参考电视广告、梦幻家居装潢图片。

（3）报纸：媒体选择以淄博日报、晨报、齐鲁等影响力大的报纸，投放广告符合主要消费者阅读习惯。

（4）广告牌：

位置——新建住宅区出入口、张博路与昌国路交叉口；

USP——东鹏，梦想家居实现的地方！

（5）车体广告：160 路、90 路、159 路、周村张店北线首选；121 路、126 路、35 路可以考虑。

（6）高档办公写字楼可以与自动擦鞋机等结合，占据办公人员聚集停留区。办公区、高档消费场所休闲区可以与报架结合进驻宣传。

五、营销策略——以增加市场份额为目的，重塑东鹏在淄博的市场地位

（一）营销服务

（1）营销人员礼仪：营销人员必须经过严格服务素质培训上岗。

（2）安装施工：专业、高水准的安装队伍，可以自己建立，也可以与装潢公司合作，但是必须在东鹏或东鹏培训的专业人员的监督指导下施工。

（3）退货处理：只要是东鹏的产品，无破损不计原因接受退货。

（二）营销管理

（1）发行东鹏 VIP 卡。作为东鹏贵宾的身份标志，在东鹏买的任何商品都可以打七折，本人持卡使用，不限金额和代用，有效期两年。

①发卡原则

物以稀为贵；

老客户审查资格条件适当放宽；

特殊人物赠送 VIP 卡。

②发卡标准

有证据证明是东鹏的老客户；

达到××万元采购额的大客户，自动成为 VIP 客户；

东鹏中层以上员工每月可以赠送两张。

③VIP 卡升级管理

每个卡建立采购档案，本人采购、介绍采购都记入业绩，按照业绩档次升级。普通 VIP、银卡 VIP、金卡 VIP、钻石卡 VIP。

（2）营销人员实行低工资、高提成的收入管理方法，刺激营销人员的工作热情。

（3）公司成立营销业绩统计中心，专人负责统计工作，统计每一个不在店铺的营销业务人员的客户名单。这些客户名单实行两次登记制度，购买成交前一次，购买成交后一次。

如果两次统计都不缺，只是发生在店铺成交，业绩提成分出两成归店铺销售人员，陪同前往除外（需验证）。

缺前一次，有后一次，在店铺成交，业绩提成分出四成归店铺销售人员，陪同前往除外（需验证）。

有前一次，缺后一次，在店铺成交，业绩提成分出六成归店铺销售人员，陪同前往除外（需验证）。

在自己辖区，店铺成交，两次都没有统计，公司提供××元跟踪服务津贴。

（4）无专派业务人员的楼区，属于公共市场，每个业务人员都可以活动，但是不计入统计范畴，实现交易直接进行成果统计。

（5）精准核算培训：每个工作人员除了必要的产品知识、营销技巧等培训外，还要想客户所想，为客户提供周到准确的采购数量计算，更好地为客户服务。每个营销人员都必须熟练掌握客户需要采购砖、板的数量计算方法。

（三）积极营销、互动营销

1. 人海营销

新住宅区、新高档办公区配置专业固定销售人员，于售楼处或者大门旁固定宣传销售，并负责楼区公关、促销展示活动。

2. 重点营销

新住宅区周边、新完工繁华区高档写字楼。

3. 合作营销

多与高档装饰公司建立战略合作关系，业务互通有无，共同发展。

4. 每天有惊喜，让惊喜营销成为东鹏营销的主题

（1）每月一个系列，每周其中一款或者每天一款或者每天不固定时间一款一小时东鹏优质产品促销活动，包括仿木地板砖、时尚壁纸砖、时尚石纹砖、金色古典砖、经典古韵砖等系列。

在一个系列里，选择一款产品，每天随机大幅降价促销，并做广告宣传公告，让铺面每天都有大量的人气。促销产品不适用 VIP 优惠，但是达到数额可以获得 VIP 卡用于其他产品的采购。

系列产品的变动周期要长，增加中等收入家庭的期待性，吸引市民话题、谈资。

款式的变动要视情况而定，无规律可循。初期人多时可选择畅销款式，待人气旺盛后可以选择销量少的款式。

（2）顾客每达到一个 1 000 人的整数，抽一次奖，年底抽全年大奖。此抽奖制度不对外公开，员工内部抽奖，只送惊喜，同时还可避免顾客质疑公正性的麻烦。

5. 建立专业的、独立的专项促销团队，流动在各个卖场

团队成员人要有气质，美瓷美人，相得益彰；服装标新立异，行动大张旗鼓，力求每次促销轰动、抢眼，让市民能津津乐道。制作专门的产品展示道具，易装易卸，供流动促销尤其是楼区促销使用。

高端产品高档展示，大屏幕电视进行东鹏实际家居装潢展示播放，产品图片播放，模特与实物同台，美瓷美人互相辉映。

（四）促销策略

1. 新店开业

记名式 VIP 卡发放贵宾；顾客采购意向登记有抽奖、优惠销售双重好礼相送。

2.优惠促销策略

错过登记的老客户达到一定采购额,多系列产品采购客户优惠销售,并发送 VIP 卡。

3.产品价格组合

主打、高端、低端、高利、低利、畅销、滞销、低成本产品组合搭配销售。

4.定期发票号抽奖活动

与某礼品店合作或者采购一批吉祥、喜庆、健康、实惠的礼品,进行每固定周期抽取三名幸运中奖客户。

周期可以分为周、月、季、年,季、年奖品为大奖,奖金与购买金额关联。

六、公关策略

(一)寻找消费客户,发展忠实顾客

与政府部进行节日联谊、联欢活动,让他们接触东鹏,了解东鹏产品,许诺优惠采购政策。他们不仅自身有消费高档产品的能力,而且交际圈也是高档产品的消费者,消费和宣传可以一举两得。

(二)让高影响消费者成为"业务员"

与消费客户不同,此部分人士是社会高消费群体,自己、公司、朋友都有高层次需求,而且很容易付诸行动,并且不动则已,逢动就是大工程,大手笔,既是营销所在,又是展示舞台,可以带来极大的业绩,并可以引领消费时尚,是绝对的重量级客户。他们中绝大多数人没有提成可言,关键是产品、服务、效果能令他们自己、家人、朋友、同事等满意,能够使他们感到选择东鹏是正确的、有成就感的。

七、策划目标

(1)让东鹏成为市民家居装潢的谈论焦点。

(2)让东鹏成为装潢采购的焦点话题。

(3)让东鹏成为时尚的代表。

(4)让东鹏成为采购的首选。

(5)让东鹏的品牌成为家居最高、最好的存在。

让东鹏成为淄博市民的陶瓷话题,成为瓷都陶瓷时尚的风向标,成为淄博市民装潢家居时的首选产品,成为淄博市民装潢家居时的首选向往时尚。总之,将东鹏塑造成为瓷都的陶瓷舞台中心。

东鹏红星店开业策划

东鹏红星店开业策划主题为贯彻互动营销、惊喜营销宗旨,以互动娱乐为手段开展东鹏陶瓷互动营销。

一、策划目的

本策划以互动营销、惊喜营销为中心,以擦亮公司品牌,广交新老朋友,同时建立、巩固

新老客户群体,以发展客户销售人员为出发点,层层不断触动消费者的神经、吸引淄博市民的眼球、谈资,完成营销目标,重塑东鹏家居品牌,让东鹏家居重回淄博家居舞台中央。

二、活动主题

展示东鹏产品　创造梦幻家居　享受绿色生活　宣传东鹏成就

三、活动方式

活动原则:贯彻送惊喜的活动原则。

(一)记名 VIP 卡发放——东鹏人身份证明

(1)审查发卡资格(模糊原则)。

(2)发卡同时进行客户调查登记,登记主要内容包括:姓名、性别、年龄、地址、联系方式、何时的老客户、采购过几次东鹏产品、采购时间、还会再采购否、会再采购的原因、不会再采购的原因、东鹏印象、意见、建议、愿望等

(二)申请 VIP 卡登记

略。

(三)采购、定购东鹏产品意向登记

订货、采购优惠、抽奖双惊喜:

当天采购或者交定金订货的顾客参加一次 10 人组的小抽奖;

当总顾客数达到 100 人时,再参加一次百人组抽奖;

达到千人再参加千人组大抽奖

所有登记留下联系方式,并现场验证。

(四)总经理签售

总经理签售等同于 VIP 金卡价格 9 折。

四、互动活动流程策划

(1)广告预热。

《东鹏轶事》征稿公告;

东鹏历史产品回收公告;

东鹏老客户登记公告。

(2)接受电话登记,与民互动活动升温,同时建立客户档案。

(3)开业工作事项如下。

①开业广告:东鹏家居,梦幻家装实现的地方。东鹏家居红星美凯龙店,惊喜豪礼天天等着您!

②东鹏家居综合宣传信息、图片、广告电视播放。

③导购服务生引导顾客参观解说。

④老客户资格审查以及发送 VIP 卡。

⑤订货登记。

⑥抽奖:多时段不同活动抽奖。

⑦总经理签售。

（4）安排约20人循环进店,制造人气,并在人多时订货,拉动采购行为,鼓动采购决心。

（5）各种产品三种价格:正常销售价、开业价格8折、VIP价格7折,其中VIP价格不公布,持卡采购时兑现。

（6）东鹏之夜联欢会。

（7）东鹏之旅:东鹏陶瓷公司、周围名胜景点游。

①作为大奖奖项。

②作为公司优秀员工奖励。

五、传播方案

（一）开业公告（前期广告）文案

（1）标题:热烈祝贺东鹏红星美凯龙家具广场店将于9月6日开业。

（2）广告语:东鹏家居,梦幻家装实现的地方。东鹏家居红星美凯龙店,惊喜豪礼天天等着您!

（3）文案内容:为庆祝东鹏红星美凯龙家具广场店开业,东鹏淄博分公司举行回馈100名老客户大行动,凡是以往采购过东鹏产品的老客户,自即日起开始电话登记报名,开业当天凭证据领卡。东鹏分公司发VIP卡为凭,两年内有效。

从现在开始接受报名,报名电话:×××××××,按照报名顺序验证发卡,名额有限,到×月×日截止,时间10天,参与从速。

（4）发卡条件:发票或家居装潢实物。

（二）故事征集公告:《东鹏轶事》

文案:为庆祝东鹏红星美凯龙店9月6日开业,东鹏陶瓷决定编辑《东鹏轶事》,讲述东鹏陶瓷进入淄博十几年来与淄博人的故事。现在面向淄博全体市民征稿,撰稿题材不限,可以反映产品质量、文化、服务、趣事、家居生活等。字数不限,被采纳稿件每千字100元。截稿日期10月10日。

同时,东鹏陶瓷收集有展示价值的历史东鹏产品或图片,旧物可以收购,可以以旧换新,并可以领取VIP卡。

（三）开业广告

（1）标题:热烈祝贺东鹏家居红星美凯龙店开业之喜。

（2）USP:东鹏家居,梦幻家装实现的地方。东鹏家居红星美凯龙店,惊喜豪礼天天等着您!

（3）图片:奥运会场馆背景,以及成品东鹏室内装潢效果图片。

（四）开业成果庆贺广告

热烈祝贺东鹏家居红星美凯龙店开业圆满成功。

当天销售额××万元。

当天实现订货额××万元。

为感谢淄博人民的厚爱,应顾客要求,开业优惠销售活动延展两天,由于存货已经售完,新货未到,这两天只接受订货,希望喜爱东鹏产品的朋友谅解,同时抓紧时间,莫失良机。

（五）东鹏形象广告

东鹏宣传资料突出重点，简明扼要。

以东鹏企业形象、产品图片、奥运场馆为背景和图案，制作平面广告。

（六）广告投放计划

1. 电视

9月1日起，启动电视剧场广告。

楼宇电视媒体：新锐传媒。

2. 报纸

9月3日，淄博日报、齐鲁晚报、鲁中晨报，东鹏形象广告。

9月4日淄博日报、齐鲁晚报、开业公告广告；鲁中晨报，故事征集公告。

9月5日淄博日报、齐鲁晚报、故事征集公告；鲁中晨报，开业公告广告。

9月6日淄博日报、齐鲁晚报、开业广告；鲁中晨报，开业广告、故事征集公告复合。

9月7日淄博日报、齐鲁晚报、开业成果庆祝广告；鲁中晨报，开业成果庆祝广告

3. 车体广告

车体广告自9月1日运行。

六、公关策略

（1）邀请东鹏典型、淄博明星企业或个人客户，现场录制参观影像，并配以其家居或公司的装潢图片。

（2）给重点客户赠送高级VIP卡，凭卡采购即可大幅度优惠。

七、当务之急

（1）公交车广告合同谈判。

（2）VIP卡制作。

（3）广告制作：电视、平面广告。

（4）流动促销队伍建设。

（5）公关：略。

（6）红星美凯龙期刊广告：以形象为主，突出9大奥运场馆，"东鹏陶瓷是奥运场馆陶瓷供应商冠军"。

①文案："成功的奥运，有我们的奉献！""东鹏陶瓷，奥运场馆陶瓷供应商冠军。"

②USP表达：东鹏家居，同样的奥运，同样的梦幻！

③图案设计：简洁明了，突出重点。

梦幻水立方主体梦幻背景；

冠军跳水运动员风姿（可以酌情考量）。

以前东鹏广告的标志性图案、图片。

④其他：三个点地址、电话。

（7）电梯广告

①文案："为豪华而生,为梦幻家居而创,东鹏家居为健康、豪华生活加油"。

②图案:原图案设计主体可以不变,最好能再融入梦幻浪漫家居生活色彩。

中秋活动策划大纲

一、寻找东鹏老客户

广告寻找东鹏客户,中秋好礼相送。

主题:为感谢淄博人民在过去的岁月里,对东鹏的厚爱,东鹏淄博分公司举行中秋感恩好礼派送活动。凡是在过去的时间里,买过东鹏的产品的顾客,请快快到东鹏淄博分公司报名。报名电话:×××××××。

二、自查历史档案,寻找有联系方式的东鹏客户

查找客户档案,找到客户的地址、电话、名字。

三、送月饼,送温馨

借中秋佳节之机,唤起淄博市民,尤其是东鹏的客户对东鹏的回忆,对通过以上两个途径获得联系方式的所有东鹏的客户,送上节日的祝福和问候。

礼物不多,但是意义深远!

定制月饼,包装图案:各种风格样板装潢实景效果图片,金碧辉煌、书香门第、罗曼蒂克、童话人生等。

方案:梦幻家居,梦想家居,东鹏造!

四、送代金卡,送福利

对于购买总额达到 8 000 元的客户,送上一张代金卡。这样一方面直接带来回头客采购,另一方面,可以扩大影响,东鹏感恩的心换来消费者信任的心,有助于在淄博地区的品牌建设。

五、送东鹏一卡通

节约装修、采购资金,提供优质装修公司。

六、送 VIP 卡,送东鹏赚钱机会

所有东鹏客户,都赠送一张 VIP 卡,更进一步促发采购和宣传推广东鹏产品的决心。

以上 4,5,6 点三管齐下,占领东鹏在消费者心中的位置,实现销售、品牌建设双丰收。

七、中秋假日茶话会

邀请重点、重要客户、人士参加,可以在中秋节前一天举行。

金秋酬宾促销策划

此活动虽然是金秋酬宾促销,但是下半年直到冬天都只有此段时期有大型节假日可供借力,所以,活动可以延续到冬天。

一、市场分析

房地产销售有"金九银十"规律,家居装潢是相关行业,也会有响应跟起一次采购浪潮,只是时间会相对房地产的旺盛势头滞后一些。

目前东鹏存在的问题是:营销人员不足,广告力度不到位,社会影响模糊,互动营销缺乏,外部助力少。

二、客户分析

按照东鹏产品高质、高价、高档的特点,最适合的消费群体是社会的高收入群体、成功人士,可以发展的是社会上的一些高级白领、机关政府工作人员,至于普通市民只能引起他们的兴趣,吸引他们的谈资,从而引领社会家居装潢时尚。

通过以上客户分析,可以确定目标消费群体是社会各行业的高收入群体和正在走向成功的人士。所以,东鹏的一切营销行动、宣传策划、公关策划都要重点针对这一目标人群。

三、促销策略

通过以上情况分析,这次金秋促销活动需要贯彻执行以下既定方针。

(1)"上攻、中引、下热闹"方针。

(2)走送惊喜路线,真正的大惊喜!

四、促销准备工作

面对如此市场态势,发行东鹏陶瓷一卡通是快速见效、借力打力的选择。

"一卡通"是一个强强联手的合作互动促销卡,目的通过强强联手促销行动,自身资源及努力,借别人的资源和努力,一起带动市场的第三方顾客群跟着动起来,一起舞蹈,实现东鹏、家装合伙人、买房人三方共赢,一举解决东鹏存在的所有困难问题,让东鹏动起来,营销活起来。另外还可制作代金卡、VIP卡,同样也会达到此目的。三卡连续、连环发放,会达到更好效果,同时,也可以建立东鹏客户档案。三卡制作如下。

(一)一卡通

1.名片式制作

正面印制参与企业的名字、总经理名字;

背面印制各个企业自己的宣传内容,东鹏内容如下。

顺口溜文案:

梦之家
——东鹏陶瓷

不到东鹏不知道,一到东鹏吓一跳。
陶瓷品种就是多,家庭装潢有全套。
壁纸理石木地板,豪华逼真更环保。
各处用瓷全都有,奥运赛场美名扬。
花色品种更丰富,总有一款适合您。
家居装潢梦中想,童趣浪漫更豪华。
个性人性与灵性,梦之家里好主张。
产品施工重质量,圆梦请到梦之家。

高雅文案:

梦之家
——东鹏陶瓷

踏破铁鞋忙装潢,到了东鹏把心放。
陶瓷品种就是多,家庭装潢有全套。
壁纸理石木地板,豪华逼真更环保。
各处用瓷全都有,奥运赛场美名扬。
花色品种更丰富,总有一款适合您。
家居装潢梦中想,童趣浪漫更豪华。
个性人性与灵性,梦之家里好主张。
产品施工重质量,圆梦请到梦之家。

此文案别具一格,雅俗共赏,容易传唱,广告风格独到,别具一格,容易吸引大众眼球及引出话题,以此达到广告目的。

参加的所有企业共同盖章有效。

活动期限:9 月 9—11 日。

2. 功能

持卡者到与东鹏合作的装修公司,享受 7.5 折购物优惠。

持卡者到东鹏各个店采购陶瓷,同样享受 7.5 折购物优惠,达到 8 000 元以上的采购额,另赠送价值 1 000 元产品。

(二)代金卡

1. 名字

东鹏美满家居卡;

东鹏感恩卡:(老顾客专用);

富贵家庭东鹏卡;

东鹏极品家居卡。

2. 设计

编号设计。

署名设计,留取空白填写最初接收者名字。

背面:贴纸处理,印刷卡号、收卡者名字填写空白空间、使用方法标准,内容见"使用"部分。

背面盖章处理。

正面:东鹏标志色背景、左上角 1/16 面积安排东鹏标志、中间部分代金卡名字、最下面一行字"东鹏之所以成功,是因为我们时时怀有感恩的心"宣传语。

塑封处理。

需要填写名字处,可以刮开或者揭开。

3. 功能

为刺激东鹏陶瓷的采购需求,鼓励老客户宣传东鹏产品的热情,发行此代金卡。

面值:鉴于以往个人采购东鹏产品的金额分为以下比例。

采购额在 5 000~8 000 元的占 20%;

采购额在 8 000~13 000 元的占 50%;

采购额在 13 000~15 000 元的占 20%。

所以,发行 1 000 元的代币卡是比较好的选择,相当于货款 9 折;吉利数字 888 元也可以,比较有刺激性;500 元也可以,相当于货款 9.5 折。

4. 使用

每次采购只能使用一张卡。

只有采购达到 10 000 元,所持代金卡才生效。

可以累计使用达到 10 000 元,同样生效。

可以两人同时采购,一起合伙采购金额达到 10 000 元,代金卡同样有效。

有效期自发卡之日起一年。

5. 管理办法

工作人员领取代金卡登记制度。

全员发卡制度:不同岗位职别的公司人员可以支配的权限制度,如销售人员 10 张;店长级别 20 张;副经理级别 50 张;经理 100 张。

发卡登记台账制度:发卡人、发卡时间、收卡人、收卡人家庭电话、收卡人签字。

使用人台账登记制度:使用人名字、电话、地址。

收卡人与使用人是同一人,该业务属发卡人提成。

收卡人与使用人不是同一人,该业务不属发卡人提成。

收卡方法实行赠送制:发票金额是实际实收价款,实行提货单制度就在提货单注明赠送1 000元以及卡号,如果没有实行提货单制度,就在发票栏注明卡号及不收费货物数量。

(三)VIP卡

每张卡建立采购档案,本人采购、介绍采购都记入业绩,按照业绩档次升级。卡分五种:普通VIP、银卡VIP、金卡VIP、钻石卡VIP、鲲鹏卡。

1. 制作

东鹏标志,东鹏陶瓷有限公司淄博分公司,咨询电话:×××××××。

普通VIP:东鹏标志色,绿色大道走向辉煌。

银卡VIP:东鹏标志色,银色大道走向辉煌。

金卡VIP:东鹏标志色,金色大道走向辉煌。

钻石卡VIP:东鹏标志色,星光大道走向辉煌。

鲲鹏卡:晴天下,金色大鹏鸟展翅翱翔图案;文字:鲲鹏展翅九万里。追求意境,不需明白表达。

2. 功能

VIP卡式升级管理如下

每张卡建立采购档案,本人采购、介绍采购都记入业绩,按照业绩档次升级。普通VIP、银卡VIP、金卡VIP、钻石卡VIP、鲲鹏卡。

(1)普通VIP:5 000元以内累计发生采购额;7.5折采购折扣;提成或者奖励不公布,以惊喜方式发放。超过额度,VIP卡升级,执行新级别。

(2)银卡VIP:10 000元以内累计发生采购额;7折采购折扣;提成或者奖励,以惊喜方式发放。超过额度,VIP卡升级,执行新级别。

(3)金卡VIP:50 000元以内累计发生采购额;6.5折采购折扣;提成或者奖励,以惊喜方式发放。超过额度,VIP卡升级,执行新级别。

(4)钻石卡VIP:50 000元以上累计发生采购额;6折采购折扣;提成或者奖励,以惊喜方式发放。

(5)鲲鹏卡:公关赠送,只表明身份地位尊贵,可不累计提成。

以上各卡的发放,投标工程除外。

五、互动营销计划:以卡为媒送惊喜

(一)中秋节策划:店内工作人员负责

1. 寻找东鹏老客户

广告寻找东鹏客户,中秋好礼相送。

主题:为感谢淄博人民在过去的岁月里,对东鹏的厚爱,东鹏淄博分公司举行中秋感恩好礼派送活动。凡是在过去的时间里,购买过东鹏产品的顾客,请快快到东鹏淄博分公司报名,截止时间××年××月××日。报名电话:×××××××。

2. 自查历史档案,寻找有联系方式的东鹏客户。

查找客户档案,地址、电话、名字。通知到东鹏领取礼品。

3. 送月饼,送温馨

借中秋佳节之机,唤起淄博市民,尤其是东鹏的客户对东鹏的回忆,对通过以上两个途径获得的所有东鹏的客户,送上节日的祝福和问候。

礼物不多,但是意义深远!

定制月饼,包装图案:各种风格样板装潢实景效果图片,金碧辉煌、书香门第、罗曼蒂克、童话人生等。

梦幻家居,梦想家居,东鹏造!

4. 送三卡之一(客户自选),送福利

对于采购总数达到 8 000 元的客户,送上一张代金卡。这样一方面直接带来回头客采购,另一方面,可以扩大影响,东鹏感恩的心换来消费者信任的心,有助于在淄博地区的品牌建设。

5. 中秋假日茶话会

邀请重点、重要客户、人士,可以在中秋前一天举行。

(二)东鹏一卡通发送(全员齐动)

节约装修、采购资金,推荐优质装修公司。

1. 传播计划

(1)共同出资,前期各家参与企业轮换广告媒体,做中心内容统一宣传,持续到当月 14 日。

(2)淄博日报、DM 报纸或者自己印制 DM 发放,两条路双管齐下进行广告宣传。

(3)广告计划:

活动前两天开始投放广告,同时开始发送一卡通。

广告连续投放到 9 月 15 日,共计 8 天。

版面安排:4 天 1/8 版,8、9、10、11 日;

　　　　　4 天 1/4 版,12、13 日;

　　　　　1 天各参与企业媒体同发,各自 1/2 版,14 日。

后期广告视陶博会情况决定。

2. 广告制作

(1)促销活动广告:

主题:买新房,装家居,东鹏一卡通,强强联手,豪绘(惠)梦之家。

广告语:圆梦幻之家,选东鹏陶瓷。

东鹏一卡通,选瓷装潢全帮忙! 自即日起开始发放。

活动期限:自 9 月 10 日起,至 11、10 日止,活动参加企业有:××公司,××公司……

(2)14 日广告:中秋节广告。

恭贺中秋!

值此中秋佳节之际,东鹏陶瓷淄博分公司总经理××协淄博分公司全体员工向全市人民问好!

为答谢淄博人民对东鹏的支持厚爱,自今日起至陶博会结束,淄博分公司天天有惊喜!

凡是到东鹏参观采购的顾客,不仅有机会获得东鹏优惠的服务,而且天天都有惊喜豪礼相送! 来就有机会!

杨寨店电话:×××××××。

陶瓷科技城电话:×××××××。

中房家居店电话:×××××××。

3.发卡渠道

在工作人员不足的情况下,借人借力发放,同时节约开支,壮大活动声势。

(1)派营销人员深入新楼盘区,将一卡通直接发到顾客手中。

时间:集中在星期六、星期日,节假日。

地点:鲁信、龙凤苑、华侨城、高档办公楼玉龙、欣盛财富广场、外贸大厦等。

方式:信封装放信箱;进入楼盘区人员直接递送;售楼人员转交每一个看房顾客,协助楼盘促销。

(2)派专人在装潢材料市场入口发放,发给每一个进入市场的人。

鲁中装饰材料市场、淄川杨寨陶瓷批发市场、银座家居广场、东方家居、鲁中家居,与银行负责房贷发放的职员合作,使每一个购房者都得到此卡。

(3)房贷发放是交房的结束,也是装潢的开始,此环节如果占领,那就是占领了装潢选择的源头,先入为主会给营销工作带来极大的好处。

(4)新开的规模大的楼盘,直接联系房产销售负责人,进行促销接轨,与房产商共舞,形成共同促销,互惠互利。

(5)各个销售店、装修公司对每一个来店咨询的顾客见面时发卡。

(6)重点客户送一批。

(三)代金卡发放

(1)可以与房地产公司合伙,有偿同步促销发放。

(2)可以回访老顾客,联系老顾客发放。

(3)可以对有购买需求、有能力购买的客户免费发放,如确认的新房购买者、登记的意向购买客户。

(四)送VIP卡,送东鹏省钱机会

所有东鹏客户,都奉送一张VIP卡,更进一步促发采购和宣传推广东鹏产品的决心。

持续借助各种名目、机会发放,以达到占领消费者的心智,实现销售、品牌建设双丰收。其中,店铺可以执行进门送一卡通,出门送代金卡,采购后送VIP卡。

(五)陶瓷博览会

1.活动策划

(1)顾客寻宝活动

宝物:此宝可以多种多样,中国结、东鹏陶瓷工艺品、玻璃制品等。

安排:每天两次藏宝,上午和中午。

规则:找到即为个人所有,但是一人只能得一件。

（2）美丽家居设想大奖赛

广告重点:看东鹏产品,进行家居装潢设计。

设计类型:豪华型、浪漫型、温馨型以及西方典型风格的家居。

设计要求:完全采用东鹏的各种陶瓷产品、各种花色品种。

（3）意见簿留名、留电话、留建议;评比最佳建议奖活动。

（4）发卡安排:进门发一卡通,出门发代金卡留住顾客的心。

（5）采购后发 VIP 卡,邀请做东鹏人。

（6）前 10 名采购者买一赠一。

2. 传播策划

气球广告,要特殊的、唯一的,不与其他公司一样。

报纸、DM 做活动内容宣传。

3. 现场策划

（1）送惊喜活动细则

①通过报纸软文、DM 广告和现场包装广告,直接针对目标消费人群传播信息。

②"来者就是客,东鹏有礼送惊喜"——一卡通。

③具体标准将会在 DM 单细节上进行说明。

④DM 单提前一周印制完毕。

（2）摸惊喜活动细则

4. 送建议抽奖

凡是给东鹏提出有效建议的顾客,参加一次百人组的抽奖。

人人有奖,一组奖品成本 1 000 元。

一等奖 1 名,奖品总额约为 100 元。

二等奖 5 名,奖品总额约为 250 元。

三等奖 10 名,奖品总额约为 300 元。

四等奖 20 名,奖品总额约为 200 元。

五等奖 50 名,奖品总额约为 150 元。

5. 逛东鹏店铺抽奖

凡是到东鹏店铺的顾客,都可以获得一张参与抽奖证明,凭证明到客服中心抽奖。

（六）国庆节活动策划

1. 座谈会,评比最佳建议奖

（1）对陶博会期间所有留言建议,采用公司三人、顾客两人,五票评比淘汰法决胜。

（2）奖品如下。

金建议奖 1 名,奖品为××;

银建议奖 5 名,奖品为××;

铜建议奖 30 名,奖品为××。

（3）报纸广告公告颁奖、领奖。

2. 东鹏游邀请

（1）金银建议奖得主。

（2）客户销售员。

（3）公关对象。

（4）销售优秀员工。

3. 意见簿留名、留电话、留建议

陶博会方法不变。

4. 发卡安排

进门发一卡通，出门发代币卡留住顾客的心。

所有打折促销措施，全部用卡代替，各种优惠规定在卡上都已经说明。

5. 发放 VIP 卡

采购后发 VIP 卡，邀请做东鹏人。

六、设立客服职位及人员（如果店长时间充足，可以兼任）

每个店铺 1 人，职位相当于店长助理，负责各种促销卡的领用管理，并建立发送台账；负责公司的销售及个人业绩统计；负责客户档案建立以及管理；协调发货，通知客户、库管、装卸人员、车辆；订货、到货传达；促销活动营运服务中心；各种抽奖、资料领用管理。

七、场馆划分管理

（1）明白分区标识：各区挂上醒目提示牌，比如木地板区、理石区、壁纸区、国外名石区、厨房卫浴墙体砖区等。

（2）专人、专区、专业接待介绍。

（3）五人以上为团队，由专人全程陪同。

八、礼仪接待服务规范

门前设立接待工作台负责来客接洽。

问明白来客业务，引导安排。

（1）树立"以客户为中心"的服务理念，积极、主动、热情地为顾客提供人性化、个性化、优质化的高品质服务。

（2）中心所有客户服务员都要统一着职业装、佩戴胸卡和淡妆上岗，做到仪表端庄，整洁大方，以饱满的精神接待每一位顾客及其随从人员。

（3）使用文明礼貌用语，做到顾客来时有迎声、问有答声、走有送声。

（4）认真接听各种来电，以清晰、明朗、抖擞的精神应对各种来电。

（5）执行首问负责制，耐心解答、主动关心顾客需要，为顾客排疑解惑。

（6）规范招呼用语：您早；您好；欢迎光临；您走好；欢迎再来。

（7）学会恭维，由衷地夸奖。

（8）不可生硬反驳顾客，顾客总是对的，委婉解析表达顾客的误区。

（9）自觉遵守东鹏公司规范，劳动纪律，公司的各项规章制度。

中国财富陶瓷城战略
发展及策划方案

中国财富陶瓷城发展战略

一、陶瓷行业发展现状分析

(一)陶瓷行业环境分析

1.政治

政府对陶瓷行业有支持,有强制关停转移,是淄博保留和发展行业。

2.经济

陶瓷是淄博传统产业,是经济支柱行业之一,也是淄博的名片之一。出口环境日益恶劣,国内产能严重过剩。房地产形势进入深夜,目前看不到曙光。

3.社会

低碳经济、环保经济成为国家可持续性发展的纲领。

4.科技、节能生产、清洁生产

略。

5.行业形势

淄博陶瓷生产原料枯竭,目前全国范围的原料价格上涨猛烈,而且看不到上涨减缓的曙光,随着国家矿产资源整合和清洁生产技术的要求,原料价格上涨有长期发展的趋势;人工成本提高,政府施压,市场空间被打压,提价乏力,反而有降价、价格战的可能。

政府关、迁、整顿生产企业,淄博陶瓷企业迫切要求谋一条出路,淄博建材流通行业形势如下。

(1)红星美凯龙:高档家居建材品牌荟萃。

(2)银座家居:中高档家居建材品牌荟萃。

(3)中房家居:主要是地砖、卫浴中高档家居建材品牌荟萃。

(4)鲁中装饰材料城:中低档家居建材品牌荟萃。

(5)金宇建材市场:中低档家居建材品牌荟萃。

以上5个市场是淄博市综合家居建材品牌零售经营市场,囊括了各种档次的消费群体,与目前设计方向雷同。

(6)陶瓷科技城:高档瓷砖品牌批发展销。

(7)淄川建材城:中低档瓷砖、卫浴建材品牌荟萃,目前有与居然之家合作的发展动向。

(8)各个陶瓷生产厂及周边营销大厅。

以上3个(种)市场,是与目前财富陶瓷城所经营的产品属于同质化竞争的市场,即使没有淄博市政府的行业干预,在淄博,无论批发还是零售,僧多粥少现象严重,生产、批发萎缩不可避免,行业洗牌一触即发。

6. 企业形势

(1)批发不景气:二级市场、三级市场、终端市场被全国各地的生产基地分割,淄博产地已经成为孤岛,市场辐射范围不断缩小,批发距离不断缩短。财富城内商户需要新的出路,这个责任就责无旁贷地需要我们承接,否则,财富城将面临经营难以为继后果。

(2)压力巨大:能源环保、规划关停外迁,已经将企业推到本地生产生死边缘,再加上全国市场产能过剩,佛山产能全国开花,市场竞争同样被推到生死边缘。

(3)品牌:知名度低下,诚信度低,美誉度低。

(二)陶瓷批发行业分析

陶瓷适合大众采购,生命力强,但原料枯竭,人工成本提高;政府有支持,有强制关停转移,是淄博保留和发展行业;全国品牌产地混乱,给予淄博建陶瓷企业机会,他们的机会也是我们的机会。

但是我们也应该看到商城命脉正面临空前威胁,这不是危言耸听,表现如下。

一是行业整顿,关停、外迁,使客户资源严重减少。

二是销售即将严重萎缩,紧邻淄博的产区临沂,安徽淮北萧县和宿州等地,河南鹤壁内黄,河北彭城、高邑、沙河、唐山等地生产、销售正日渐高涨,淄博向全国批发的繁荣局面正在死亡倒计时之中,商户的生存面临空前威胁,存续、发展连带也面临空前危机,唯一值得安慰的是危机滞后于商户,还有多一点儿的反应时间。

三是山东根据地建设不稳,正被逐渐蚕食。如上所述,本省有临沂,外省最近的在山东边界多处,远点的在唐山,他们不仅掐断淄博的批发环节,而且正日益威胁山东大本营。

(三)陶瓷行业发展形势

大型陶瓷企业产能扩张形势进军房地产;市场被生产区域切割,分公司扩张;佛山危机:产能过剩,摊子过大。

二、资源整合

(1)零售资源整合:日用、工艺品陶瓷、琉璃、内画。

(2)批发资源整合:生产企业(建陶、日用陶瓷)、贴牌。

(3)零售批发结合。

三、战略

(1)总纲领:三期市场开发后,现在的经营模式发展空间已经走到尽头。

做生不如做熟,做新客户不如做老客户,带老客户走向全国有财富城的地方。

(2)五期工程:财富城标志性建筑,作为淄博陶瓷产业全面展示场。所有设备、用品、装修,能用陶瓷的全用陶瓷,而且全用淄博企业产品;冠名竞标:产品、设计效果、免费装修,例如统一大厅、国润会客厅、狮王走廊等,内部由他们设计、装修、维护等,费用抵顶冠名。

(3)风险分散:资金吸纳、资产预定、招商先行;抱团出击,商业先行;淄博陶瓷联合体。

四、战术

(1)五期设计适合全国大城市,如北京、上海、天津、深圳、大连、青岛、重庆、佛山。

(2)建陶瓷企业适合在陶瓷产地:佛山、高安周边、夹江、法库、新疆伊宁或者乌鲁木齐以及淄博产能转移地。

(3)国外:选择陶瓷生产大国。具体国家、城市暂时不考虑。

(4)首先淄博产能转移地,其次在全国大城市复制五期。

(5)蛙跳选地。

(6)先国内,后国外;先批发,再零售。先注重批发市场定位发展,后二级市场批发零售发展。

(7)因地制宜,先易后难,差异化复制扩张发展:适者生存。先产地复制,后二级市场复制发展。日用工艺瓷、建材陶瓷、综合化陶瓷三种中国财富陶瓷城发展模式。

五、经营功能划分

(1)结构简介:单体或者双体主楼加裙楼附属建筑。主体做财富城综合服务楼,裙楼做五期厂家淄博品牌陶瓷产品卖场。裙楼中间部分留下至少两层挑空大空间,为展会、小规模活动留下不受天气影响的活动空间,同时为陶博会主会场的承接打下基础。

(2)功能设计:宾馆、酒店、咖啡馆、茶楼、酒吧、KTV、瓷砖、日用瓷、工艺瓷、琉璃、文化瓷、办公、展会、会议、旅游、家装设计,展现淄博城市特色、淄博企业特色。

(3)广场区:永久性半敞开活动平台,为会展开幕、大型室外促销活动展示等提供全天候舞台。

六、招商战略:差异化特色经营

(1)全陶瓷产品:瓷砖、日用瓷、工艺瓷、琉璃、文化瓷。

(2)全陶瓷生产:产业一条龙,陶瓷原料、设备、配件、维修、陶瓷销售、物流、会展。

(3)全商旅服务:吃、住、玩、淄博陶瓷采购一条龙。如果再精彩些,可以打造淄博旅游名片,开展旅游购物经济更好。

(4)组建自己的陶瓷销售、管理的商超团队(日用、工艺品陶瓷和琉璃等工艺品),以利于财富城在不同城市、不同模式的复制发展中所需要的各个层次的人才需要,培养与供应更多的商超管理人才。

七、招商战术

(1)唯一经营:商城服务经营项目,如宾馆、酒店、酒吧、咖啡馆、KTV 等。

(2)自己经营管理:裙楼、物业、安保(独立项目内除外)、日用工艺陶瓷、琉璃、文化陶瓷区。

(3)委托管理经营:包括两方面。一方面是酒店、宾馆向外委托专业的经营管理公司;

另一方面是出售的商铺和商务办公设施,取得业主委托经营、管理。

(4)租赁经营:瓷砖、陶机、仓储经营区。

(5)股份合作经营:酒店、宾馆甚至整个五期项目。

(6)出售经营:办公服务区为主。

(7)商超式统管经营或者收银统管经营:日用瓷、工艺瓷、琉璃、文化瓷。

(8)统一物业安保经营(独立项目内部除外)。

八、特别战术(有传播效应)

(1)文化题字壁。

(2)来商题字壁。

(3)开放的自娱性广场活动:公司员工、商户、参观者、来商。

(4)艺术表演:刻瓷。

(5)瓷器拍卖。

九、传播

(1)DM 刊物:最多两月一期,内容包括公司信息、商户广告、小说阅读、知识性阅读、娱乐、陶瓷纵横向产业政策内容。

(2)互动娱乐促销活动。

(3)引进活动:啤酒广场、鉴宝、城市各类选拔比赛等。

(4)增加全国影响的媒体形象广告投放。

(5)搭载旅游宣传。

十、经营侧重点

(1)公关:品牌不是仅仅靠广告可以做到的,品牌塑造与公关密不可分。行业协会、重要影响力企业和人、陶瓷文化界。

(2)整合:整合自己、淄博、其他产区和市场资源。

(3)信息:信息代表机遇、机会、预警,对任何一个组织的经营发展,至关重要。建立全国二级市场、产地信息搜集网,并建立与之对接的信息分析研究部门。

十一、地产营销

(1)本地生产企业战略合作营销:财富城的生存根本客户群。

(2)本地贴牌企业战略合作营销:财富城快速发展根本客户群。

(3)外地陶瓷生产企业:支持走向全国的客户群之一,也是财富城发展的一个重要内容。要点:跳出一线包围圈,跨越淄博第一生产区包围圈选择企业。

(4)市民营销如下。

①预售订金、开工定金、市场建筑封顶销售、交付销售、成品商铺销售,中间穿插节日促销,整个时间过程中,待遇逐步降低,价格逐步提升。

②预售订金销售:价格待遇。

③开工定金、订金预售:价格升级,定金—价格、送礼;订金—价格。

④市场建筑封顶销售:价格升级,一定期限内优惠。

⑤交付销售:竣工庆典,价格升级,一定期限内优惠。

⑥成品商铺销售:正常价格销售。

⑦中间穿插节日促销:根据时间决定。

整合传播纲要

目前的中国企业,想长远、稳定发展,竞争取胜的核心资源在于品牌。品牌不仅仅需要实在的可以看得见的基础工作,还需要包装,更需要传播运作。品牌的核心包括三个内容:知名度、信誉度、美誉度。其中,只有信誉度需要扎扎实实地做,其他两个方面都需要传播来大书特书完成。所以塑造品牌,除了需要扎实的基础做工作,更需要系统的品牌传播运作。"好酒也怕巷子深"就是这个道理。

一、行业竞争品牌现状

(一)红星美凯龙家居

红星美凯龙家居一直为实现"打造中华民族的世界商业品牌"的企业愿景而不懈努力。

多年来,从最初的"第一代"商场到目前的第九代"红星美凯龙家居艺术设计博览中心",引领家居消费从单纯的"买家居",过渡到"逛家居""赏家居"时代,通过欣赏家居艺术、家居文化,提升消费者自身的生活品位,红星美凯龙不断升级创新,通过打造线上线下一站式购物平台,满足消费者家居购物极致体验。截至目前,公司商场品牌库拥有的国内外产品品牌数量超过 31 300 个。

红星美凯龙家居谋变创新,以"拓品类、重运营"为企业战略,持续推进商场运营精细化,先后落地十大主题馆,发布 1 号店、至尊 Mall、标杆商场战略,对旗下商场进行持续的精细化运营。同时,进行了品类升级、展厅升级、营销运营服务等全面升级,通过智能电器馆、潮流家具馆、睡眠生活馆、精品卫浴馆、系统门窗馆、软装陈设馆、高端定制馆、设计客厅馆、进口国际馆以及顶地空间馆等十大主题馆的打造,推动重点品类快速发展,构建起一个横跨高端电器、建材、家具三大品类的巨型流量池。

红星美凯龙家居不断积极探索家居新零售领域的布局,率先推行线上线下同城零售模式。对全国商场进行数字化升级,建立线上天猫同城站,赋能商户的同时也为消费者带来更好的家居购物体验。

红星美凯龙家居致力于推动整个中国家居行业的发展,同时通过加大对绿色环保品牌的扶持,推动全社会绿色家居的发展。由红星美凯龙家居制定的各项行业产品质量与环保标准,已经获得国家认监委的备案认可。红星美凯龙家居于 2012 年提出家居建材行业"家居专家"的九项服务承诺;2015 年联合中国质量认证中心正式推出"中国家居正品查询平台",实现"绿色家居·正品追溯";2016 年正式发布绿色宣言,并持续开展"绿色领跑"品牌评选,独创售前把控品牌准入、售中进行产品抽检、售后提供正品查询的全方位质量管理体系,努力保障每一位消费者的居家健康。

（二）山东银座家居有限公司

山东银座家居有限公司是山东省的大型家居连锁企业，经营范围涉及建材、家具、家装、家饰、家电、灯具等一切与居住有关的商品和服务。以"缔造品质生活，引领城市风尚"为经营宗旨，坚持"健康、环保、品质、时尚"的中高档产品定位，在百货零售业发展的基础上，率先在省内推行"商场化管理"的先进运营模式，实行统一形象、统一管理、统一收款。银座家居卖场环境优雅，名品荟萃，货真价实，服务周到。银座家居一直以来秉承"顾客至上"的服务理念，在省内同行业率先实施"绿色环保、先行赔付、差价十倍返还"的服务承诺，力求为前来购物的广大消费者提供满意的全方位服务。银座家居自成立以来，坚持以顾客需求为导向的经营策略，践行"诚信经营、关注环境、尊重员工、回报社会"的企业责任，品牌得到广大消费者的普遍认可，品牌知名度、美誉度、忠诚度均在同行业名列前茅，在省内建材家居业率先荣获"山东省消费者满意单位""山东省商业名牌企业""全国青年文明号"等荣誉称号。2013年，银座家居完成山东主要地市全面开店的规划，同时省外扩张向全国重点城市推进，力争成为全国建材家居行业的领先企业。

（三）淄博中房家居广场有限公司

淄博中房家居广场有限公司是由淄博市最大的房地产开发商——中房集团淄博公司全额投资的鲁中地区唯一的高档次装饰材料商场，其坐落于中心城区张店区繁华地段华光路，位置优越，营业面积200 000平方米，共三层，汇聚了大量的知名品牌，如诺贝尔瓷砖、亚细亚瓷砖、箭牌洁具、法恩莎洁具、美森耐房门、华鹤木门、闽闽木门、荣特尔楼梯、欧派橱柜、圣象地板、大自然地板、宏耐地板、名诚窗饰、嘉熙木桶等。

（四）富尔玛集团

富尔玛集团自2000年创业以来，始终以建设温馨、和谐的家园，提升消费者的居家生活品位为己任，视信誉为生命，创新为原动力，走专业、精品经营路线，多年来一直保持快速稳步发展。在青岛、淄博、烟台、温州等城市已开办了8家大型家居连锁商场，总营业面积超过365 000平方米，年销售额突破26亿元人民币，是山东省规模最大的民营家居连锁企业。商场实行"市场化经营、商场化管理"的经营模式，实行统一经营、统一管理。富尔玛家居集团以打造家居业品牌，引领家居潮流，倡导家居文化和高度的社会责任感，始终致力于山东省乃至全国家居行业的不断进步，成为山东省首屈一指的家居品牌连锁集团。

（五）中国陶瓷科技城

中国陶瓷科技城位于山东省淄博新区的核心位置，南界309国道，西依滨莱高速，北靠济青高速，东临新区主干道世纪路，背靠胶济铁路，是发展商贸物流产业的绝版黄金地段。项目总占地约866 667平方米，总建筑面积超过1 230平方米，总投资超过30亿元，是2003年山东省政府大的招商引资项目，淄博市重点工程，也是目前国内规模大、档次高的陶瓷商贸市场。整个项目由600 000平方米的商业区和630 000平方米的住宅区组成。其中商业区规划超前，至少50年不落后，包含：260 000平方米的全部采用高档商场式布局的展示交易厅；88 000平方米的国际会展中心（山东省最大的会展中心）；89 000平方米的采用国际一流硬件设施的甲级写字楼；860 000平方米的作为淄博新区做重要商业配套的大型综合商场；62 000平方米的酒店是淄博五星级豪华酒店；40 000平方米的仓储物流区将直接引入铁路专用线。而国际会展中心和甲级写字楼更被称为保证市场永远兴旺的两大"发动机"。国际会展中心位于项目的核心区,长年不断地举行大型展览、会议,给项目带来巨大的商机和度。许多国际型陶瓷博览会同时在中国陶瓷科技城召开,世界性的盛会将使项目扬名全球,并吸引世界各地的采购商。甲级写字楼拥有国际一流的硬件设施和软件配套。这里不仅为陶瓷厂商提供了一流的办公平台,还专门聘请了西班牙、意大利等地专家,设立技术辅导中心、研发设计中心、生产技术120急救中心、电子商务中心、包装及形象策划中心等,为进驻陶瓷厂商解决各种难题,充分体现了中国陶瓷科技城的科技含量。建成后的中国陶瓷科技城,集厂商办公、展示交易、仓储物流、五星酒店、高档住宅"五位一体",以全新的展(示)贸(易)、批(发)零(售)为一体的经营模式,打造全球陶瓷贸易基地,真正成为面向世界的展销窗口。

(六)淄川建材城

淄川建材城紧靠205国道、309国道、济青高速、滨博高速和胶济铁路,地理位置优越。它是全国最大的建材专业批发市场之一,辐射全国20多个省市,总规划面积心约2 400 000平方米,总投资6.5亿元,拥有经营户2 700户,经营面积480 000平方米,从业人员2万多人,经营产品涉及建筑陶瓷、日用陶瓷、洁具、陶瓷机械等30多个系列、3 000多个品种,2007年交易额达到108亿元。2007年6月2日—8日,成功举办了首届中国(淄川)瓷砖卫浴商品交易会,交易会期间完成交易额5.2亿元,进一步提升了淄川建材城的知名度,扩大了淄川建材城的辐射范围。"没有买不到的建材,没有卖不出去的建材"已成为淄川建材城的最大特点。建材城汇集了全国乃至世界的建筑陶瓷以及卫浴精品,以其强大的辐射功能和汇聚效应,推动了我国建陶行业和卫浴产业的发展,先后获得"中国名牌市场""全国文明诚信市场""中国(首选)十佳建材批发市场""中国五星级商品交易市场""中国文明诚信商品市场""山东省十大专业批发市场""山东省规范化文明诚信市场""山东省三十强市场"等荣誉称号,淄川建材城已经成为全国最大的建材卫浴产品集散地。

二、公司传播分析

(1)品牌塑造力量弱,概念模糊,不清晰,只追求覆盖。

(2)传播资金预算少。

(3)初级传播模式,重点不突出,表现为侧重人力、本地传播。

(4)缺少新闻、活动宣传。

(5)没有系统整合的传播流程,计划性低,随意性、随机性明显。

三、商户分析

(1)商户营销倾向。

(2)建陶市场限制。

(3)对策:两手抓。

四、传播载体分析

(一)淄博市级媒体

(1)电视台:频道比较多,受众分散,观众比较少。天气预报受众量突出。

(2)鲁中晨报:发行量大,版面灵活,并且跨地区发行,覆盖面大。有县区地方版,费用低,可定区操作。

(3)淄博晚报:版面内容与晨报雷同,稍微偏重政治,版面僵化些,影响力比晨报低一些。仅淄博地区发行。

(4)声屏报:版面阅读性强,受众以中老年人为主,读者保存期比较长,传阅率高。

(5)公交车:屏幕、车内贴、车体。

(6)出租车:6 500辆,车前板、前玻璃、两侧玻璃、后玻璃。

(7)电台:926和调频100。

(8)路边喷绘:路牌、立柱、建筑物楼顶。

(9)墙体广告:路旁墙体、桥梁。

(10)分众传媒:商务办公楼大厅。

(11)短信传播平台:人群定向发送广告信息,更具针对性。

(二)山东省级媒体

(1)山东卫视:天气预报、栏目赞助、组织新栏目值得考虑。

(2)齐鲁晚报:山东省报纸龙头。

(三)陶瓷行业专业媒体

(1)陶瓷信息:偏重信息,可以考虑。

(2)中国陶瓷报:偏重分析评论,可以考虑。

(3)陶城报:名字原因,区域明显,可以不考虑。

(4)建材周刊:涵盖太广,可以不考虑。

(四)中央媒体

(1)中央一频道。

(2)中央七频道。

五、顾客分析

(一)商铺销售

主要面向本地富裕阶层和陶瓷行业人士,以中老年人为主,关注保值、增值、盈利、财富传承,这几方面是宣传文案核心,平面设计以稳定、可靠品牌形象为主。

(二)商铺招商

主要是本地陶瓷行业横向、纵向产业投资者、贴牌投资者、业务经理、外地非瓷砖生产企业、媒体驻淄博办事处。品牌、规模、经营管理、租费、经营环境、助销是吸引经营的关键。招商推介会效果会最好,广告效果低下。

(三)批发推广

二、三级市场陶瓷经营者。除了陶博会外,行业媒体在二级市场有影响力,三级市场很小。三级市场与商户团队式宣传推广更好,此方式同样适合二级市场。

(四)零售推广

年轻人是消费主力,钟情于现代气息瓷砖产品;中青年人消费仿古砖比例能大些,尤其是男性、设计师采购可能更大。

六、传播资源整合

略。

七、优势

(1)淄博市优势行业,由政府政策进行强大支持。

(2)多年与媒体合作的基础。

(3)每年百万左右的宣传预算。

(4)地处规划中的南外环,自身具有良好的交通传播优势。

(5)紧邻淄川陶瓷工业园,各陶瓷企业的全国各地经销商路过率高。

(6)有多年运营基础,目前陶博会的会议内容主体。

(7)已经形成批发规模,全国品牌知名度高。

八、劣势

(1)本地品牌落后于科技城。

(2)市民对财富城品牌认知度低,与科技城界定混淆。

(3)科技城传播投入力度极大。

(4)红星美凯龙传播更有力。

九、机会

(1)科技城日渐式微,传播投入忽略了陶瓷项目。

(2)在陶博会的地位日渐提高,对陶博会的影响,日趋重要。

十、威胁

(1)科技城传播整合再次转向陶瓷项目。

(2)淄川建材城整合升级。

(3)新陶瓷商城崛起。

(4)客户资源被釜底抽薪。

十一、传播战略

(1)传播核心。

(2)战略目标明确。

(3)小目标清晰。

(4)定位准确。

(5)宣传表达准确、持续。

(6)传播载体选择正确。

(7)传播轻重缓急分类明确。

十二、传播方式定位

（1）加大品牌形象传播比重，并加大力度。

（2）媒体需要升级，需要选择有全国影响的媒体。

（3）增加新闻、活动宣传，配合广告宣传。

（4）招商传播：形象为主，全国覆盖、版面要大。根据招商需要，选择地方或者更大范围的媒体，为宣传载体。

（5）商铺销售：同上。

（6）零售：以活动尤其是互动性活动为侧重点，媒体配合全方位覆盖，品牌、促销一举两得。

（7）批发：以与商户组团推广宣传为好，声势大，内外部形象都能得到加分，有利于品牌塑造和促进房产销售、招商。

十三、传播策划

（1）新闻：利用与遗留下来的媒体的良好合作关系，制造新闻，不断加深市民对财富城的认知、识别。

（2）广告：除了做活动必须投入外，在全年特殊时间安排形象广告投放。外地媒体以山东卫视、陶瓷信息、中国陶瓷报为主，本地以淄博电视台和晨报为主，晚报、电台为辅，另外公交车（132、市内各条环形公交、博山—桓台）广告也可以，出租车广告更好。

（3）媒体栏目：除了形象硬广外，可以投入某些媒体受众较多的固定栏目进行冠名、赞助投放，与媒体合作制作新栏目会更好，比如陶瓷主题文化栏目，各电视台都缺少这类栏目，这是一大缺陷，与"china"含义不对称。

（4）活动传播：零售促销、房产促销、娱乐比赛活动

时间：元旦、春节前、元宵节、二月初二、"3.15"、劳动节、端午节、儿童节、建党节、建军节、陶博会、教师节、中秋节、国庆节以及各种特殊行业节日等。在淡季或者间隔周期长时，可以组织团购活动。

（5）平面广告设计

图案设计持续统一，关键是广告语，其中中国财富陶瓷城要不断重复，受众烦了，就表示记住了，可以省略变化广告语。

"揽天下财富，纳四海财富"内涵很好，有气势，有高度，招商很好，但是不太符合品牌形象宣传，使用了近10年，并没有形成印象，更没有形成口语传播。建议分类设计广告语。

①品牌形象广告语（商铺销售可用）

财富地　财富城　中国财富陶瓷城

财富地　财富城　揽天下财富　中国财富陶瓷城（过渡型）

淄博中国财富陶瓷城　中国北方陶瓷财富一级批发城

图片文案设计：财富城规划设计蓝图，除了广告语外，淡化文案参与。

②商铺招商广告语

揽天下财富　纳四海财富　中国财富陶瓷城（过渡型）

财富旺地 舍我其谁 中国财富陶瓷城

图片保持与形象广告设计一致,可以虚化些做背景,以保持图片识别效果。

③零售宣传广告语

精彩家居 从财富城开始—年轻人。

品质陶瓷 中国财富陶瓷城 中年人。

经典陶瓷 中国财富陶瓷城 中老年人、有文化品位人群。

买瓷砖 到财富城 顺口,适合各种人群。

好瓷砖 财富城 更顺口,易传播,尤其口语传播。

④二级市场宣传广告语

中国瓷都 诚信商城 淄博中国财富陶瓷城

揽陶瓷财富 淄博中国财富陶瓷城

淄博中国财富陶瓷城 中国北方陶瓷财富一级批发城

图片设计:保持与形象广告一直。

(6)DM 报纸

建议取消。

(7)DM 刊物

替代 DM 报纸。

(8)室外 LED

形象、档次内容,做活动、庆典有广告功能,平常娱乐内容可以聚拢人气。

(9)成立淄博陶瓷行业媒体、动画、大型活动等,见《中国财富陶瓷城企划经费策划草案》。

十四、公关

(1)陶瓷行业协会。

(2)政府。

(3)教育公益活动。

陶瓷博览会项目策划

一、策划项目说明

本次活动宣传以淄博陶瓷生产企业、淄博本土品牌为主旋律(不宣传佛山品牌),目的是初步整合淄博全陶瓷行业,为财富城的全国扩张发展打下基础。

随着科技城的重心转移,陶瓷博览会(简称陶博会)主办单位少则两届,多则三届,就面临重大拐点,具体时间跨度主要还看我们的五期项目,五期项目设计、经营内涵具有决定性影响。

二、策划目标

财富城发展面临升级重大瓶颈,陶瓷行业整顿和陶博会举办前景关系财富城存续、发展,争取行业话语权、主导权是必须实现的目标,所以此届陶博会需要重拳出击,高调、高规格、高规划设计此次陶博会,让政府和陶瓷行业重新审视淄博陶瓷行业的发展大计!

三、缺陷

财富城没有自己的多功能会议厅、大厅、宽阔的广场,以至于许多重要论坛、会议不能在财富城地盘举行,需要借地举行,大型广场活动没有活动场所,严重影响活动宣传效果。

四、陶博会重大活动项目设计

(一)行业评奖

参加评奖的主要是生产企业,另外在全国市场得到承认的淄博产地的贴牌公司也可以参加。

(1)江北陶瓷辅助行业(注重色釉料、陶机创新)10大品牌。

(2)江北日用陶瓷10大品牌。

(3)江北工艺陶瓷10大品牌。

(4)江北建陶陶瓷企业10大品牌(陶瓷行业,偏重建陶)。

(5)全国10大金牌经销商评选。

活动参加企业按照缴纳评奖费多寡排名次,建陶企业评奖费最少5万(数字仅仅做提示作用,具体数字再议),其他2万,上不封顶。活动从7月1日开始,月底结束,陶博会新闻发布会、颁奖。

评奖费、政府资助奖金等作为淄博陶瓷产业宣传、活动经费,例如陶博会之夜晚会、鉴宝活动、淄博产区新闻广告宣传等,专款专用。

我们以发起基金形式牵头,与淄川区政府协调,做淄博市政府公关,争取陶瓷行业话语权、主导权,该资金掌控权。

(二)五期项目推介招商发布会(意向性招商发布会)

关于五期功能、布局介绍,对外招商、合作功能区的介绍。

地点:淄博饭店(考虑酒店招商)。

发言稿:"突破建陶局限　综合发展　走出淄博"。

(三)淄博陶瓷行业技术人才、家装设计师论坛创新研讨会

(1)地点:首选地——中国财富陶瓷城,次选淄博饭店。

(2)研讨会成员:生产企业、研发组织、高校。

(3)研讨内容:技术、营销、设计、管理。

(4)研讨会执行:研讨会贵宾选择、邀请、接待。

(5)研讨会结果:达成合作意向。

(6)淄博新技术学企合作发布会:技术、产品研发、产品设计。

（四）淄博陶瓷企业发展战略论坛

（1）地点：首选地——中国财富陶瓷城，次选淄博饭店。

（2）形式：闭门会议，无记者参加。新闻发布会形式对外宣传。

（3）内容如下。

①淄博陶瓷行业形势报告。

②财富五期与淄博陶瓷。

全陶瓷行业论坛，这是切入日用瓷、工艺瓷、琉璃行业的机会，为五期和公司向全国复制发展开展商业合作机会。

（五）淄博建陶企业发展战略论坛（也可以与陶企论坛合并）

（1）地点：首选地——中国财富陶瓷城，次选淄博饭店。

（2）形式：闭门会议，无记者参加。新闻发布会形式对外宣传。

（3）内容如下。

①淄博建陶行业形势报告。

②财富城五期与淄博建陶行业。

建陶瓷企业专业论坛，这是财富城存在和发展的基础。

目前建陶企业是我们的生命线，这是我们需要迫切掌控的。两个论坛目的是夺取淄博陶瓷行业话语权，最好是能够引领淄博陶瓷行业，在有利于我们的发展战略轨道上，同步发展。

随着五期项目即将倒计时，淄博陶瓷全行业也即将纳入财富陶瓷规划，全陶瓷行业的影响和整合利用也日渐紧迫，切入全陶瓷性质的论坛也日渐紧迫。

（六）青年刻瓷作品大赛、作品挂牌拍卖

（1）时间：8月份完成。

（2）宣传：7月份预热宣传，8月评比。

（3）评比方法：国家工艺美术大师、社会名流担任评委。

（4）参赛作品分类：山水组、人物组、力量（猛兽猛禽）组、花鸟鱼虫组。

（5）大赛组织：刻瓷艺术家协会、财富城高层。

（6）大赛宣传：预热宣传、比赛作品展示宣传、评比宣传、评比结果宣传、陶博会展示宣传、拍卖宣传。

（7）比赛流程安排如下。

①7月上旬作品征集。

②8月中旬参赛作品展示。

③8月下旬评比。

④9月上旬获奖展示。

（8）陶博会拍卖：自留一部分作为文化精品展览展示，其他的拍卖；或者艺术家挂价拍卖，流拍的作品打折后，财富城收藏，留着展览展示或者挂牌代理销售。

（9）奖品选项设计：黄山、景德镇、厦门旅游，财富城五期个人工作室赞助全国巡展。

（10）目的：抓住陶瓷文化，整合陶瓷文化人脉、作品资源为扩张经营所用。

（七）陶博会成果签约

我们与某一产区或者某一二级市场达成战略开发合作意向,多个地方意向能更好造势,更有新闻价值。五期市场设计一旦定局,可以同时推进,联动发展。

我们与二级市场合作、产地合作、学校人才培养合作都可以造势。

淄博陶瓷行业联合宣言发布会(来自论坛成果)。

（八）团购

峰会期间商户太忙,不可操作。

太多商户参加,团购也很难操作。

参加团购活动商户,如果距离太远,也很难操作。

（九）鉴宝

(1)地点:首选地——中国财富陶瓷城,次选淄博饭店。

淄博不仅历史悠久,而且也是中国陶瓷历史名镇,有丰富的文化、陶瓷藏品。此活动可以启动鲁中地区高消费群体,增加此部分人群对财富城的认知,同时使全国都产生影响。

(2)协商:栏目合作方面。

(3)嘉宾专家:人员确定、接送安排、淄博招待。

(4)鉴宝现场安排:场地选择、现场布置。

(5)宣传:与陶博会宣传一起进行。

(6)活动经费:来自评奖企业的评奖费。

(7)活动程序如下。

①确定专家。

②现场设计装修。

③活动预热宣传。

④藏品登记、收费,鉴定次序安排。

⑤鉴宝现场组织、管理、安保。

⑥淄博藏品文化价值评比。

⑦鉴定证书发放。

（十）教师节零售推广活动

教师是分布广泛的职业群体,教师住房消费是一个大市场,文化消费、品位消费是他们的重大特点,他们的传播效应影响深远,此活动借陶博会现场布置,不需付出太多,就可以做到大操大办。一次活动,震动全部鲁中地区。并且,此活动有教师证界定,很容易进行。

活动中可以加入各种各样的互动促销项目:现场采购抽奖、礼品、财富城寻宝、特价销售、即时销售、远期下定、团购登记(一周后团购砍价)等。

(1)时间:9月10日。

(2)地点:财富城。

(3)参与品牌:全部。

(4)方式:消费者砍价后,付款或者下定时出示教师证后,再打统一的固定折扣。广告后期可以插入非教师群体参加团购同样可以获得优惠价格,征集团购报名。

（5）效果分析如下。

①突出机会难得，不是人人都可以得到。

②突出教师社会价值，突出教师证含金量。

③突出此次机会难求，突出教师的机会价值，让非教师需求者羡慕、谈论，掀起民间话题宣传。

（十一）组织"同一首歌"形式陶博会"财富之夜晚会"（财富城）

（1）地点：首选地——中国财富陶瓷城，次选淄博体育馆。

（2）歌手：学校文艺学生为主，夜总会、财富城、小部分商户出节目，3～5 位明星邀请。

此节目不做过多描述介绍，多数人都看过，对全球华人都有巨大感染力。其影响有两方面：一是可以鼓励淄博当地老中青三代人，达到零售促销、品牌塑造效果；二是可以在全国，甚至境外塑造品牌；三是制造新闻，达到财富城事件营销。

舞台灯光音响大屏幕、歌手费用估计费用预算至少 40 万元，邀请全国影响级别的娱乐节目更昂贵。可与政府协调，共同举办是必要的。

目的不仅是丰富陶博会，还可以收集文艺演出资源为以后活动所用。

（十二）陶瓷企业新产品或者新理念市场发布会

地点：首选地——中国财富陶瓷城，次选淄博饭店。

等待商户基础情况调查结果出来后再议。

（十三）公益助学成果报告发布会

地点：淄博饭店。

活动流程组策划：单列，原本在 6 月活动计划中。

五、准备工作目录

（一）峰会流程准备

（1）邀请函设计、印刷、投递。

（2）宣传品制作、印刷、发布会幕布喷绘。

（3）邀请嘉宾选择。

（4）论坛组织准备：政府、协会、企业沟通。

（5）评奖提前操作。

（6）致辞、PPT 发言稿、新闻稿。

（7）各种发布会内容组织、现场设计。

（8）助学项目前期运作。

（9）刻瓷大赛前期运作。

以上工作分工逐项落实。

（二）运营商

只需邀请二级市场开发商，经销商邀请由企业操办。

（1）邀请。

（2）入会二级市场运营商反馈管理。

（3）二级市场运营商接待。

（4）峰会会议安排。

（三）嘉宾

（1）选择。

（2）邀约。

（3）接送、食宿安排。

（四）媒体

（1）选对媒体,选对记者:陶瓷信息、中国陶瓷报、淄博晚报、鲁中晨报、淄博电视台、山东卫视、中国陶瓷网、淄博信息港。

（2）各个发布会新闻稿件。

（五）公关

（1）政府:项目、经费协调。

（2）陶瓷协会:项目、经费协调。

（3）陶瓷企业:项目、经费协调。

六、预热传播

（一）本地媒体项目内容

陶博会期间有关市民活动内容。

（二）行业媒体项目内容

（1）活动流程。

（2）商铺招商。

（3）五期宣传。

（4）扩张宣言。

七、陶博会期间传播

以新闻为主,硬广为辅。

（一）本地媒体

（1）商铺招商、销售。

（2）教师节促销。

（二）行业媒体

（1）五期招商宣传。

（2）扩张宣言。

八、准备工作项目倒计时安排

确定各个项目后再列实施计划。

九、陶博会预算

确定各个项目后再列预算计划。

十、陶博会全程项目流程

暂定为每天项目,8月中旬安排具体时间。

(一)第一天:9月6日

(1)开幕式。

(2)展厅参观:品牌瓷砖、刻瓷大赛作品。

(3)五期项目推介发布会及颁奖典礼。

(4)新产品新技术发布会。

(5)晚宴:与会嘉宾答谢酒会。

(6)陶博会之夜晚会(待定)。

(二)第二天:9月7日

(1)全国经销商洽谈峰会。

(2)地砖、墙砖、仿古砖拍卖。

(3)陶瓷设计师论坛。

(4)陶瓷行业政策讲座。

(5)国际市场陶瓷出口形势讲座。

(6)淄博陶瓷行业创新研讨会。

(7)鉴宝活动(待定)。

(8)嘉宾参观旅游。

(三)第三天:9月8日

(1)淄博陶瓷行业发展战略论坛。

(2)淄博建陶行业发展战略论坛。

(3)刻瓷大赛作品拍卖。

(4)淄博陶瓷行业晚宴。

(四)第四天:9月9日

(1)淄博陶瓷行业人才技术创新研讨会以及合作成果发布会。

(2)陶博会合作成果发布会。

(3)淄博陶瓷企业联合宣言发布会。

(4)陶瓷行业助学项目启动发布会:(人才决定未来发展压轴项目待定)。

(五)第五天:9月10日

教师节零售推广。

中国财富陶瓷城企划经费策划草案

本草案是按照1 000万元预算设计安排的。

本草案不是一个纯粹意义的传媒宣传预算草案,而是一个解决现在问题、放眼未来的项目投资性、传播性、品牌投资型的预算安排草案。

以下规划项目,是按照由易到难、由急办到缓办的顺序排列。

一、公交

(一)建立张店外环公交线路:100 万元预算

可以独立操作,也可以联合经营。

项目中共有购车 10 辆、运营、线路、广告 4 大部分。我们的付出在购车,线路费可以合作免除,运营盈利不是考虑的重点,重点在于其广告价值和盘活财富城交通价值。站点广告价值可以约定,投资可以延后到下一企划预算年度。

我们最关注的是广告位置免费占用和在财富城下车的乘车费。收费设备设计可以按照桓台—博山线路,乘车费 2 元,IC 卡 6 折,财富城下车免费,财富城作为始、终点站,各 5 辆车双向对开,15～20 分钟一班车,站点全部设在各个交通路口。初期可以考虑 7:00～17:00,五期建成后可以夜间延至 22:00,并改道火车站,30 分钟一班。

1. 线路设计

南环财富城、东环(火车道西)、金晶大道、中润大道(或者鲁泰大道柳泉路转中润大道)、西十路(改名北京路)、长途汽车站、鸿运物流、南环财富城。

2. 作用

外环公交车体广告,相当于流动的立柱广告,宣传效应价值极高,投资收益两年内不乐观。

可以给张店区以及淄博市各区消费者提供到财富城的方便,突破目前本地零售困境,同时又有利于财富城的长远发展,是长治久安的投资。

(二)申请公交线路调整:5 万元预算

12 路、157 路、127 路、桓台-博山、新张店市内公交线路、张店淄川新线。

可以更有利于零售、人气提升,间接提升品牌知名度、认知度。

目前,恰逢淄博长途站搬迁,张店市内公交、区县公交重新规划势在必行,这也是财富城执行此项工作的最好机遇期。其中,12 路调整过来顺理成章,127 路机会也很好,157 路终点延伸、桓台—博山、张店—淄川增加路过站也没有太大难度。张店西部缺乏南北公交线路很明显,开发新线路也不是问题。

(三)出租车广告:车内贴,10 万元预算

出租车遍布城市每个角落,其广告价值比新闻媒体、立柱喷绘、公交广告价值更高。

二、媒体投放

在电台、电视、鲁中晨报、淄博晚报、淄博声屏报、陶瓷信息、中国陶瓷报、中国建材报、车体、墙体等分别做广告。由于受到淄博品牌是佛山注册的限制,宣传受到严重牵制,此项宣传受到束缚,此处预算重点倾斜本地媒体,而且以活动、形象为主,外地媒体以形象、招商为主,10 万预算。财富城 DM 资料报纸(淄博陶瓷报可以部分代替)5 万元预算。

主要是宣传单页和公司简介。

三、外地二级市场推广

10 万元预算。

财富城品牌经营商集体与二级市场经营商户直接洽谈。

对于促进商城经营户批发效果较好,同时也能增加同行交流合作,提升品牌价值。

以往做过,据反映效果很好,可以加大频度、力度继续操作。推广行动可以重点关注江北地区市场。

四、财富城活动(零售、本地品牌认知)

10万预算。

不包括广告投入,只是场地设备、气球、旗帜、拱门等租赁费,资料费、条幅、喷绘、消耗品费用。

规模、品牌需求需要我们做独立活动,而不是参加别的展会。万事开头难,这是财富城必走之路。全年重要时间如下:

节目	时间/天
元旦	3天
元宵节	3天
清明节	3天
劳动节	3天(有可能恢复7天)
端午节	3天
建党节、建军节	定向让利销售活动
陶博会	(9.9)重阳节、(9.10)教师节合一(两个节日与陶博会时间接近,可以合一)
中秋节	3天
国庆节	7天

以上时间可以根据公司全年固定工作安排筛选,同时还可以增加一些行业节日,如"3.15"、电信日、环境日、献血日等,此处不做详细罗列,可以有针对性做专项活动或者公益活动,同时制造新闻,加大宣传力度。

目前财富城独立做活动的致命缺陷是商户管理松散,难以统一行动,需要在加强商户管理的基础上实现。要实现此项目标,需要做的基础工作有信息通知、定期集会交流、发货监控等,促进基础工作完善的方式是零售抽奖或者摇奖措施。

五、校企合作

8万元预算。

(一)优点

一是有利于培养财富城品牌。学校的教师和即将进入社会的学生的交流、传播的影响,是全方位综合性的,可以做到由区域点到区划面、由个人到家庭到朋友的裂变式传播效应。

二是有利于培养教职员工和年轻人零售消费,对于解决财富城内零售困境具有长远影响。

三是有利于发现、培养各方面工作需要的基础人才,实现人力资源稳定经营。

四是有利于财富城商业价值推广,这是最重要的一项。对我们的房产的租赁、销售、商户的批发都有着不可估量的作用。

(二)合作对象

淄博:淄博理工学校、淄博职业学院(包含了博山山东工艺美术学院)、淄博师范学院。

省级:山东大学、青岛大学。

六、公关费用

本预算在于新闻价值、公众形象、取得行业参与权和话语权。

用途一:该经费用于组织建材、日用、工艺品陶瓷琉璃行业协会和政府陶瓷管理部门集会费用。10 万元预算。

用途二:用于邀请鉴宝活动、同一首歌节目、中央 7 套等大型全国巡展活动淄博现场,同时可以与节日活动相结合。一年按照一次运作。10 万元预算。

用途三:慈善、奖学金。10 万元预算。

七、建立媒体

目前淄博没有,此项是第三大占用预算项目,100 万元预算。

鲁中晨报正计划建立淄博陶瓷版,有发展成淄博陶瓷报的规划,只是牵扯投资和盈利考虑,鲁中晨报高层审查进展缓慢,可以合作办报(可以代替晨报广告投放)。

目前正在了解、接触,没有向他们表示合作意向。

八、动画制作

动画制作是本草案最大占用预算项目,100 万元预算。

目前全国没有陶瓷主题动画,这是一个财富城品牌一举走向全国乃至世界的极好机会。

中国陶瓷或者淄博陶瓷历史动画:包括文本脚本策划设计费(估计约 20 万元,专家顾问投入成本还会提升)、动画制作费(看时间长度)。

文本需要公司组建编写项目组独立完成,动画制作可以承包、招标、合作制作完成,如果兼并一家动画公司更好。

有利于建立全国影响,并且财富城品牌能从娃娃抓起,品牌塑造更有力。

动画是老少皆宜的电视栏目,做得精彩可以影响至少一家三代人。此项目一旦做好,是一项能够名、利、传播、版权无尽收益的投资,本质上讲,这已经不是传播经费使用,而是一个差异化企划经费投资。

九、说明

(1)本草案的动画制作,准备周期会比较长,预计需要两年跨年度分期完成。此项目如果不通过,可以将资金转向公交线路投资。

（2）考虑到商城经营户特点和经营的轻重缓急,国家级媒体暂时没有选择,最高选择了具有国家级媒体特点的山东卫视。

（3）预算金额安排可以优先确定短平快小项目。

（4）本规划草案因为涉及投资方向,仅限董事会、总经理级别高层阅读讨论,需要扩大讨论论证的重新单独立项。

陶博会预算策划

预算总计划投入 80 万元,按照经营现在和经营将来的重要程度分解,着眼现在占 70%~80%,未来占 20%~30%选择。顺境中,经营将来所占预算比例取小,逆境中,将来所占预算比例趋大。结合目前淄博陶瓷行业面临结构性困局,预算分解经营将来最少应占 30%即 24 万元,那么经营现在占 56 万元预算。

按照如此比例分割安排,策划如下。

一、经营现状

56 万元预算分成以下三部分分配。

(一)活动项目

活动分成两部分,一是促进批发,二是零售促销。

1. 促进批发

经销商营销能力大比武 28 万元。

自 6 月 1 日开始,至 9 月 5 日 24 点整结束,所有参加活动商户的经销商按照提货总额排行。

轿车大奖促批发,大奖分两类:

第一类是提货比赛奖:轿车奖品,以及纯金奖牌(奖牌重量另定);

第二类是运气奖:低档轿车用作抽奖奖品,抽奖数量、轿车质量看基金积累情况决定,并限定最低投入提货额 88 万元。

真金奖励加荣誉,与机会抽奖相结合,全面刺激经销商促进财富城商户批发。纯金奖牌设财富至尊、财富亚尊、财富季尊三档,共计 10 个人。

但是相对经销商而言,仅仅公司的大奖资金所能提供的轿车奖品,刺激力冲击力严重不足,我们可以联合商户共同积累,全部活动操作方式及流程如下。

（1）建立发起基金:28 万元,一辆 14 万元、两辆 7 万元档次轿车标准起步,发起轿车升级、奖品数量增加的有奖促销活动。

（2）建立基金成长流程:每个参加商户先交 1 688 元基础增长基金,商户数量基本可以达到 10 辆车底线标准,然后每一笔经销商提货,提取 3%业务增长基金,作为金牌制作、轿车质量升级、数量增加的后备力量,以加大活动刺激性。剩余资金做陶博会更精彩项目和补贴其他项目经费、二级、三级市场推广经费。(3%比例有些大,可以顺应商户要求降低)。

（3）建立基金使用规范:专款专用,资金全部用于陶博会期间奖品、招待、宣传。

（4）活动流程如下。

第一步，确定参与商户名单；

第二步，商户报备经销商基本资料、联系电话；

第三步，建立参加销售提货商户、经销商分类台账，建立专用银行账户；

第四步，专人负责登记、监管、汇总、对账；

第五步，8月底联系车行，落实基金大奖采购项目、价格、数量；

第六步，9月1日通报参加活动商户基金积累情况，协调陶博会前工作；

第七步，大赛活动新闻、广告，陶博会前一期陶瓷媒体周报（陶瓷信息、中国陶瓷报）投放，也可以放弃；

第八步，9月5日截至提货呈报，汇总基金总额，确定大奖采购项目、价格、数量；

第九步，9月6日最终基金金额结果，执行采购计划，展示奖品轿车（车体粘贴统一不干胶贴广告），准备抽奖经销商名单和抽奖流程、新闻、广告投放；

第十步，9月7日上午抽奖1/3数量，9月8日上午发竞赛大奖奖章和轿车凭证和抽奖1/3数量，9月9日上午抽奖1/3数量和全部奖品领取凭证；

第十一步，9月9日下午，大赛结果发布会，会后车主象征性认领奖品轿车，车行驾驶员驾车在淄博陶瓷生产经营区域试车大巡游展示（杨寨工业区、建材城、南定工业区、昌国路、南外环为重点，招商部、市场部可以有针对性增加新区域），车主坐于副驾驶位置熟悉轿车，返回后无问题车正式交付获奖车主（涉及广告赞助）；

第十二步，大赛晚宴；

第十三步，9月12日全体参与商户做活动总结座谈，每个商户做三个月活动总结，教师节活动总结企划部汇总；另外可以根据效果，讨论活动常办机制建立；

第十四步，企划部总结。

（5）建立经销商提货监控流程。

设立参加或者不参加竞赛（数量少可选此方案）、抽奖商户（数量少可选此方案）醒目告示，从活动决定开始起，张贴于商户经营醒目位置，如大门两侧、内部展厅醒目的地方。

建立经销商名称、身份证号码报备，每家至少5位，原则至多10位（可以排除在科技城同样有经营的商户经销商），商户负责通知经销商和内部客户进行总额统计。

提货3天内呈报——发票、汇票、提货单、缴纳增长基金，过期不予计算业绩。

每月月底汇总对账，每月7日召开全体参与商户会议，呈报上月统计结果，财富城企划部专人负责检查、登记。

建立经销商对账电话，负责经销商咨询、对账、监督商户呈报提货和增长基金缴纳。

（6）有效提货登记日期截止于9月5日24点整，9月7日、8日出基金结果，9月9日发奖。

（7）假提货分析：只要缴纳增长基金，原则上可以不管，但是如果发现，出了问题，取消经销商获奖资格，由作假商户负责一切损失。

（8）财富城、科技城都有经营的商户，如果两处是独立团队经营的可以参与。

2.零售

9月10日教师节零售促销，财富城重在引导、宣传，具体活动方式由商户自己设计组织,财富城商户全员参与,各线零售神通。

（二）招待经销商、市场运营商酒会

10万元,如果不足,基金补充(包括冠名创收)。

（三）宣传

预算18万元。

现场布置(可以创收)。

陶博会的所有新闻发布会(除财富城项目新闻发布会外,其他可以创收)。

财富城广告。

教师节零售促销广告。

各种印刷品。

二、未来经营部分

24万元。

目的是整合淄博陶瓷行业资源,不玩花样形式,不搞论坛,做淄博陶瓷行业投资人发展战略实打实的座谈讨论。

（一）会议类杂费:2万元

（1）五期推介发布会。

（2）日用、工艺陶瓷、琉璃业主座谈:小资金、精品客户。(活动广告创收:针对陶瓷生产辅助行业企业,包括冠名、一拉得广告创收。)

（3）建筑陶瓷、卫浴(包括冠名、一拉得广告创收):大资本客户。

（4）财富城、财富城五期与淄博陶瓷产业:是两个座谈的总纲。

（二）其他项目费用

（1）公益助学:17万元。

（2）酒会:5万元。

三、准备工作

（1）会议场地:3期二层、神州一陶展馆处、淄博饭店可以考虑

（2）座谈需要协调政府、陶瓷协会、几家大建陶企业发起会议,甚至可以将政府排除在外

（3）召开所有财富城陶瓷经营商户大会,聚拢商户整体力量,做大促销、大宣传

四、注意问题

此策划方案需要适当对外保密,以防科技城、建材城模仿照搬,从而使策划效果大打折扣。

五、统一基金

可以根据此次效果,建立全年促销运营机制。在机制中,可以增加零售促销活动内容。

产业纵向一体化项目可行性分析

产业纵向一体化项目战略选择

综观世界饮料市场,在受欢迎、营养、保健方面,除了咖啡、茶、奶之外,几乎再也乏善可陈。在中国,除了有王老吉(加多宝)仅在南方地区影响大些,再就是充满添加剂的果汁饮料,几乎都是补水、补能量产品。

当前,中医保健很被华人推崇,也逐渐被世界认可,但是中医保健饮品除了王老吉、加多宝有冲击国际市场的潜力外,却再无第二产品。无论是国内还是国外,市场空缺极大。

而名副其实的保健品都是扎根土地,从农业中来的。

一、本项目市场机会分析

(1)全世界保健品市场大有可为。西医保健专注于营养、维生素、微量元素,脑白金缺少西方营养科学,施力于中医胃肠动力理疗,走出国门难。本项目尽管后发,但是中西结合,实打实的营养、保健饮料。国内,可以追赶脑白金;国际上更是空白。

(2)咖啡市场,强偏男性、强提神,缺陷大而明显,女性和夜间消费禁忌明显,容易攻夺、超越。

(3)茶叶(中偏男性、中提神),缺陷略微弱于咖啡,但是仍然有夜间消费禁急缺陷,本项目强于口感、更多营养,同时某些品种还可以兼容茶叶的香气。

(4)本品市场不提神刺激,反而促进睡眠,而且更富有营养,属于难得的饮料市场补缺者。

(5)本饮品偏女性市场。女性市场属于大市场。

二、本项目立项目标

努力努力打造世界第一饮品。

三、实现立项目标的底气

(1)产品适合占世界人口50%的女性市场。

(2)同时还可以兼得男性、老年以及儿童市场。

(3)形成家庭消费氛围后,还可以带动部分中年男性市场。

本项目高档有机农业发展的机会

——全元专用有机生物复混肥

提示：

本技术曾在苹果、草莓等品种连续三年试用实验，用户至今念念不忘，技术成熟。本技术产品投资少，可以内部生产自用，也可以作为一个产业项目发展，环保无污染，类似饲料厂。可以有效解决有机农业肥料需求，并且当前市场没有此技术产品。

一、肥料及其行业现状

众所周知，植物生长需要氮、磷、钾、钙、镁、硫、铁、铜、锰、锌、硼、钼、氯，其中氮、磷、钾是大量元素，主管植物产量、甜味；钙、镁、硫为中量元素，铁、铜、锰、锌、硼、钼、氯为微量元素，主管品质。在植物生长过程中，各种元素分工合作，协同作用，支持植物的正常生长。无论哪种元素不足，都会成为农民取得作物丰产、高品质、高效益的障碍。但是即使就是这13种元素，化肥配方也不能做到一网打尽，做不出真正的全元素肥料，然而，有机肥却可以做到。

但是，生命的成长和维持所需要的元素数目何止这些。随着化验技术的深入研究，发现多种更微量的元素，它们直接关系着某些植物的特有性状表现，在中药种植上表现最明显。这也就是现在常见的瓜果该香不香，药草该有的药效却严重降低的原因。

无论生产者还是使用者，凡是农业人都知道，化肥以其利用率低、劣化土壤、元素单调、污染环境著称，而实际上却远远不止于此。第一，由于元素间的化合沉淀反应，仅仅必需的13种所谓的全元素都无法满足一次供应，更不必要求其他元素了；第二，其利用率极低，低至氮肥30%～50%、磷肥10%～20%、钾肥20%～40%，平均约30%，浪费巨大；第三，所有的浪费，同时也造成了等值的环境污染，土壤退化，严重影响未来的耕种收获；第四，大量的化肥施用，使瓜果品质严重退化，该甜不甜，该香不香；第五，农业生产施肥越用越多，土地、农产品品质越用越坏的恶性循环。

全元素很重要，化肥做不到全元素，但是有机肥却能做到。有机肥不仅可以将这13种元素，一网打尽，配到一起做到全元素按需要供应，而且还可以有更多元素，即不仅包括13种必需元素，还可以提供之外的、更多、更广泛、需要量更少的更微量的元素，做到名副其实的全元素供应。这些更微量的元素多数是由于元素不足植物生命活力低下重茬症的根源。

虽然有机肥可以解决以上问题，但是，传统的有机肥又以其元素浓度低、施肥量大、费事、费时、费力、肥效慢、支持植物丰产能力弱、不能追肥的先天缺陷而无法高产，以至于无法取代化肥。

二、全元专用生物有机复混肥

全元专用生物有机复混肥是一个划时代技术产品，它不仅区别于其他有机肥的高浓度特点，而且有机、无机、生物技术三效合一，互相促进提高肥效速度、利用率。不仅能够达到支持农民高产目的,还能够还原、提高农产品品质,提升农产品质量。该技术曾于1999年申请过发明专利,但是被审查人员因为跨学科太多(化肥、有机肥、生物肥、饲料、土壤、植物营养、动态施肥、动态调整配方),以不能被普通技术人员理解实现为理由驳回了。不过,直到现在市场确实也没有出现这种技术肥料,否则有机农业用肥就不会依旧依赖动物粪便、绿肥、沼液、草炭土、淤泥等传统肥料了。

(一)产品技术特点

全元专用生物有机复混肥利用现有纯天然有机质、无机质原料与生物工程技术繁殖之生物菌肥,取三者各自优点及内部所含元素取长补短、肥料效果优势互补,按照科学组方,达到降低有机物质低碳氮比下快速分解发热、酸性产物的烧根后患,反而有效促成不溶无机物的元素释放利用的效果,同时实现高含量、高效果、最佳供应元素含量的符合有机农业用肥要求的有机肥产品。

本技术产品是通过组配技术改变了有机肥生产工艺和生效过程。该技术通过利用各种不同天然原料和各种农产品下脚料的独特的物理、化学性质,根据作物对肥料氮、磷、钾、钙、镁、硫等各种元素的不同需要,利用生物肥料的活性,通过配方技术调配,发挥利用各自优点、长处,实现原料、技术优势互补,达到农业需肥要求。

(二)原料及工艺特点

利用动植物油渣和动植物深加工下脚料,配合出合理的碳氮比例的有机物质母基,再添加天然矿石加工而成的细矿粉和活性生物菌剂混合搅拌均匀,通过造粒固化各种原料的合成比例,制成成品。施入地下,在土壤水分的协助下,定向添加的微生物吸收母基营养繁殖,分解有机物质成为小颗粒或者离子,其过程中释放的酸热就近改造加入的矿粉,释放出植物生长所需要的磷、钾、钙、镁等元素供植物生长吸收利用。

(三)效果特点

全元专用有机生物复混肥是集化肥、有机肥、生物肥、专用肥所有优点于一身,又通过原料技术解决了各自缺点的肥料。它可以使同名不同品种的瓜果蔬菜生物学特性得到最充分的发挥,使瓜果甜香,品质好、产量高;使土壤得到休养生息与改良;使植物抗病、抗逆能力增强;更重要的是可以根据施肥要求,在原料上偏向选择,调配出不同的、达到绿色农业、有机农业的用肥要求的对应的专用肥。

(四)生产特点

该产品呈圆柱状,设备简单,原料易购,全国各地均可生产。

该产品生产技术可操作性强,技术保密可操作性强,小投资项目做成全国性大产业的机会极大,尤其有搭伴农业生产项目更容易。

(五)技术指标

氮磷钾总和≥14%;钙镁硫总和≥8%;有机物质含量≥60%;其余微量元素按需配给。

(六)产品标准类型

该产品为有机复混肥。

(1)普通绿色农业型号:达到绿色农业肥料标准,适合除了有机农业外的其他所有植物生产需要。

(2)有机农业标准型号:达到有机农业肥料标准,适合所有农业生产需要。

某有机水果规模化生产及深加工可行性分析

一、农产品分析

该水果鲜果突出的特点是维生素含量高,传统食品保健品,尤其对女性的保健意义更强。

该水平为温带作物,国内有300多个品种,适应性强,具有耐旱、耐涝的特性,是发展节水型林果业的首选良种。

二、营养分析

略。

三、中医分析

略。

四、西医分析

略。

五、规模发展分析

略。

六、产品设计

(一)产品形态分类设计

鲜果、干果:挑出最大型号保留,其他深加工。

固态:速冲纯粉型、枸杞型等。

液态:鲜果、山楂(调酸保营养)、茶多酚浆汁(保质)。

奢侈系列礼品包:鲜果、干果、粉状冲剂饮品、液态即饮饮料。

高档系列礼品包:干果、粉状冲剂饮品、液态即饮饮料。

(二)质量分类设计

只做高档(白领消费)和有机顶级产品(奢侈)。

西部奢侈有机高端产品(有机无公害)。

中西部高档产品(有病虫害区域、无污染)。

东部产区(病虫害多发、污染)低档不做:普通人不需要消费深加工品。

(三)口味功能设计

通用型饮料。

儿童、女性饮料(加山楂调味,并增加消食、开胃、减肥功效)。

(四)包装

固态效仿咖啡小包装、大包装搭配装。

液态采用盒装、罐装式封闭包装,防止维生素类被破坏。

增加家庭大包装礼品包与脑白金共享保健市场。

七、价格

(1)初期:奢侈有机产品只做社会上层品尝、交际礼品;高档参考雀巢、脑白金价格降低一定幅度。

(2)中后期:奢侈品看齐脑白金、高档适度降价,贴近白领消费。

八、渠道

高档型的产品借用娃哈哈集团有限公司的网络销售。

奢侈有机型招商再造渠道(可以整合娃哈哈集团有限公司的资源再定)。

九、传播

(1)广告制作

USP 表达:"传承五千年 营养美容保健 中国人的营养国饮"。

广告制作:

女1:来杯咖啡? 还是茶?

中年女2:不了,它们影响我睡眠! 来一杯某某饮料吧,好喝美容又保健!

女1:是吗?

中年女2:当然了,老祖宗留下来的经验,很有效果! 我劝你以后也改(可能引起行业纠纷,初期可用)喝它吧!

(二)媒体

中央1台黄金时段广告、人民日报(尤其海外版)。

(三)公关

无公害奢侈品牌开路。

国内:现有渠道、国宴公关、明星名人。

国外:现有渠道、大使馆公关、华裔商会公关、明星名人。

(四)品牌包装

双品牌战术。

无公害顶级奢侈品牌(略)。

高档品牌:仍用娃哈哈。

生产型企业金秋牧业有限公司发展的相关机制

周朝立国,分封诸侯。姜太公封齐,周公封鲁。关于立国宗旨,二人各异。姜太公宗旨:举善尚功;周公宗旨:尊尊,亲亲。姜太公评价鲁国,将来必定国力积弱,国君无作为。周公评价齐国,必定国力强盛,但是将来必为他姓篡国。很不幸,历史证明了二人预测的正确性。

举善尚功,大意是唯能是举,重赏功臣。这是一种发展型经国思路,用在当代经济社会适合快速建立强盛事业。

"尊尊,亲亲"大意是尊敬社会上受尊敬的人,亲近近亲贵戚;做法上表现为讲求秩序,建立并维持格局制度,不轻易冒进改变,实现事业长远存续。

我们公司目前正处于起步立业阶段,如何经营和发展,需要速效经营、快速发展。举善尚功对我们公司的经营发展,具有重要的现实指导意义。

经营纲要

目前,公司管理高层已经形成,并且多数岗位责任制度已经出台,在此不做赘述。

一、公司需要解决的根本问题

(1)总体经营战略模糊,需要制定。

(2)本地市场开发策略模糊执行,没有明确思路。

(3)外地市场开发策略没有准备,需要快速出台。

(4)价格体系混乱,没有理顺。

(5)售后服务流程尚未建立,难以达到效果。

(6)客户投诉处理流程欠缺。

(7)公司宣传策略没有成形,与现代营销方式脱节。

(8)公司营销理念欠缺,仅有公司理念。

(9)销售管理制度欠缺。

针对以上问题,公司的经营方针应明确清晰,不能模糊。"摸着石头过河"(总经理针对前期经营所受挫折所说)是因为没有可以参考的路,但是,在饲料行业市场中格局已经成型的今天,可以参考的优秀营销模式有很多。

公司初创时不仅没有品牌,而且市场影响薄弱,唯一有的是技术和技术产品质量的竞争优势,如果公司在人才上没有英明的用人策略,那么资金、技术都将付之流水;同样,如果没有恰当的激励措施,也会让投资逐渐丢失。所以,"举善尚功"当为公司经营的第一要策。

二、执行策略

(一)股、利

作为打工者,首为求利。基本给予之利公司已经有了初步规划,但是远期之利、更大之利公司尚未规划。而其恰恰是员工努力工作的最大动力。

公司可以制定短期浓缩料、配合料销售目标,个人给予达到目标基础销售量,再确立一个个人竞争目标,凡是达到目标销售团队将奖励一个短期大比例红利股分红。

为了保持员工这种开发市场的旺盛斗志,再随即出台一个长期考核标准,考核期内达标者,奖励一定比例的不可向外转让的实股,可以让优秀的销售人才永远"绑"在公司的战车上,为公司的发展服务。

红利股是中期稳定和激励人才的因素,实股才是实现长远稳定与激励的基石,那是真正的归属认同条件。

(二)职位

可以暂时做一个公司远景规划,规划的思路是:目前的业务人员在本地市场基本达到经营目标后,可以作为自己的自留地存在,并继续开发远方的市场,可以在远方市场建立自己的营销队伍或者市场销售网络,当本市场销售达到目前公司生产能力的四分之一规模并且长期持续后,可以由公司出资再建新厂,并就任总经理,享受新厂10%红利股份,若干年后,可转变成实股。

(三)对象

营销部是实现公司存续发展的关键部门,整个部门都应该包含在内,而且是最重要的成功部门。

品管部是保证产品质量的关键部门,关键人员应该在其列。

生产管理人员、关键人员直接决定产品质量,也是需要关注的激励对象。

总之,当前公司的各个重要环节的人才,不仅关系公司的生死存亡,还关系公司存续后进行异地生产扩张的主力核心人才。如何留住和充分调动他们工作的积极性,远期激励措施是个人发挥和团队凝聚力形成的关键因素。

公司营销部大多数是新人,制度新定,当此之际,应该一鼓作气,奠定公司未来发展的基础。此基础,一是稳定现有队伍人心;二是激励现有人才力量的动力;三是怎样留住公司未来的功臣。所谓"上下同欲者胜""三军一人者胜"的基础,就是此三者。

经 营 战 略

一、质量

质量是立业根本。饲料的质量是养殖户的生命线,砸了养殖户的饭碗就是砸了自己的饭碗。

第一,产品质量的保证应该从源头抓起,保证公司的优质原料顺畅供应是公司的一项重要工作。在饲料配方技术已经成熟的基础上,原料的生产厂家是关键。大宗原料关键:一是选择诚信厂家,二是选择至少两家供应商。尽管如此,原料的检验必不可少,没有正式的化验结果出来前,不能使用。

第二,生产过程控制。其一是严格按照配方生产;其二是原料储存;保证原料不变质、先进先出是首要原则,然后是不混料;其三是严格按照设备生产技术流程操作,不能打折扣;其四是为了保证原料的搅拌质量,经常震动搅拌仓、出料仓也是减少质量问题一个必不可少的程序。

第三,成品保管。先进先出、成品不可长期存留是保证质量的另一关键环节,所以按需生产、预测市场需要量是营销部门的另一项重要工作。

第四,送货、储存。送货车的防水、经销商的储存环境、用户的储存环境都应该是营销人员需要高度关注的工作。

二、产品

产品选项上错位经营如下。

(1)确立公司的拳头产品。

(2)寻找大公司的产品软肋,是打开市场僵局的关键。

(3)整合公司社会资源,发展优势资源产品。

(4)全价料、浓缩料、预混料三者市场销售区域范围界定。

三、价格

区域内统一定价非常关键,尤其是公司价格,这是建立公司与经销商、用户和谐关系的重要环节。

(一)出厂价

建立统一的产品出厂价,是公司除了产品质量外信誉经营的关键。

(二)提货价

本地提货补贴、外地提货补贴政策统一。

(三)送货价

桓台县本地区是公司的市场门面,本地区经营是公司发展的重中之重。在公司刚起步,并且没有品牌的情况下,建立良好的客户关系和效果榜样不仅是本地市场开发的关键,还是开发外地市场保证公司正常发展的基础。

(四)重要大客户特惠价

建立往来账户,提前打款发货,送货上门。也可以发展比如玉米供货非现金结算,但是收购价格、质量一视同仁,尤其质量。

(五)经销商零售价

不统一经销商零售价,但是相邻区域经销商公司业务人员要注意协调,避免"自相残杀"。

四、市场开发策略

（一）区域布局策略

第一市场：桓台县，业务人员所在县市、老市场。

第二市场：第一市场相邻县市。

第三市场：第二市场外围。

（二）本地市场开发策略

本地市场开发策略包括自留地策略、本钱策略和榜样策略。

（1）自留地策略：在桓台县和业务人员家乡，给业务人员一个月时间，让他们各显神通抢占地盘，作为自己在公司今后的自留地收入，但是决不允许恶性竞争甚至拆台，一经发现，付出双倍代价赔偿对方，严重者辞退；同时严禁诬告，否则辞退。

（2）本钱策略：自留地市场属于自己的个人封地，只要公司存在一天、个人在公司一天，提成就保留一天。

（3）榜样策略：大户、领袖型养殖户作为重点客户目标对象。

（三）外地市场开发策略

外地市场开发策略包括大户策略、经销商策略、倒推开发策略。

（1）大户策略：如果没有用户，试用从大户开始，或者从养殖领袖开始，以他们为市场缺口。

（2）经销商策略：市场管理维护，采取经销商途径。（原因略。）

（3）倒推开发策略：有了用户和榜样后，倒逼经销商关注、经营。

（四）成本战略

新市场初期三个月实行成本开发战略，价格不变，提成、返点、运费、服务力度加大。

（五）效果战略

新市场第一新客户，而且是大户，试验对象首批饲料免费（定量），大量购买优惠。

（六）提成差异化策略

不同市场、不同时期提成不同，以刺激开发新市场。

五、售后服务策略

（1）业务人员电话回访：定期电话回访、提货后问题、关心回访。

（2）业务人员上门回访：提货后亲自上门关心回访。

（3）营销部电话回访：定期问候、提货后调查回访。

（4）公司经理回访：对大客户定期关怀回访：电话、上门。

（5）技术回访：后勤技术人员巡回回访（桓台县）。

六、宣传策略

（一）广告

（1）墙体：暂时不选用。

（2）喷绘：经销商、养殖大户门外。

（3）条幅：养殖集中区域重要交通路口。

（二）包装

产品包装也是很好的广告。其作用不仅表现在卖饲料时，而且还可以在包装物被作为其他用途时，做广告宣传。所以，包装物的改变，成本提高一点不需要过多地在意。某次提价时可以考虑上档次。

（三）宣传品

精美公司宣传图册、不干胶贴纸、挂历、带公司标志的实用招待器皿。

（四）榜样宣传

树立关系好的大客户作为宣传榜样。

（五）养殖圈内的地域领袖宣传

略。

（六）口碑

加强质量宣传、服务跟进、养殖培训、疫病防治服务，建立公司口碑。

（七）卖点表达

"高质低价傻老板，舍我其谁！"

（八）广告语

环境技术，养殖致富三要素（也是培训和分析问题的三个要点）。

七、投诉处理机制

（一）处理原则

第一是现场快速处理，适用于数额少，产品质量责任难以排除的投诉。

第二是上报经理处理，适用于数额大，做不了主，或者有极大可能性不是公司原因造成的投诉。

第三是鉴定处理，适用于影响大、数额大、有信心不是质量事故的投诉。

（二）流程

（1）电话投诉：记录内容—客户负责人—24小时内上门详细调查—汇报营销经理—处理或者处理意见上报技术经理、总经理。

（2）拜访投诉：填写投诉内容—处理或者上报、处理意见上报技术经理、总经理。

（三）接受投诉人员

接受投诉人员为每天的值班经理。技术经理、销售经理、售后服务经理、财务经理、生产经理、总经理，建立核心投诉内容与交接班时间记录本，无线座机与交接记录本同时交接。

（四）正规的投诉档案表格

专人负责投诉调查，填写记录，并存档保管。

（五）慰问

投诉处理后，经理致电慰问或者上门慰问。

八、市场理念

培训要点如下。

(1)对市场:您的需要,就是我的工作。

(2)对员工:今日服务不努力,明天努力找工作。

九、销售管理

(一)差旅费补贴

公司现行制度只适合本地市场开发,如果要开发远方市场,销售人员会产生抵触情绪。所以,必须有远方市场差旅费报销制度,如下。

(1)有车者,实行车公里补助制(摩托也实行同样标准)。

(2)无车者,5 元以上车票实报实销。

(3)每天补贴住宿、伙食 60 元。

此补贴只适用于新市场开发前 3 个月,3 个月后取消。

(二)业务人员管理

1. 外地出差管理

第一,出差前汇报路线图,有车者记录里程表起始数字。

第二,每个目的地客户处现场即时将名字、电话通过短信发回公司,报平安,并方便公司通知消息,同时节省费用。"平安到达××处,电话_____,有何事需要告知,请回话。"

第三,每天填写行程工作记录,回公司上交。

第四,随身携带投诉表格、竞争者情报调查表格进行填写。

2. 本地市场活动管理

每天早上公司报到,并递交本日拜访客户行程计划。

做全天活动记录。

到了客户处即时发短信给公司报平安,内容同上。

3. 出差时间分割

外地出差不多于 20 天/月,保证每月有 10 天以上在本地市场服务。

(三)货款管理

只有送货人员结算货款,带回公司。业务人员不得私自与客户结算货款或借款,更不得擅自截留货款,违者将对其严厉处罚。

大客户建立往来账户,货款、返款计入账户,减少算账复杂性和货款结算风险。

(四)建立客户档案

经销商、大养殖户、榜样养殖户建立详细档案:个人、家庭、事业或养殖、提货。

十、人力资源管理(生产销售走入正轨前,暂时不必理会)

(1)岗位责任制。

(2)职位级别制。

(3)工资级别制。

（4）奖金。

（5）岗位考核。

（6）奖罚制度。

（7）晋升制度。

十一、培训

（1）营销。

（2）团队。

（3）技术。

（4）处理纠纷。

（5）执行力。

营销网络建立机制

为了避免内部摩擦，减少经销商间的恶性竞争和避免经销商给公司制造麻烦，公司的营销网络建立必须按照以下流程执行。

一、本地市场不设立经销商

每个业务人员可以将自己的客户就近集中，设立一个集中办理户，负责收集订货、货款和饲料分配。

二、外地市场设立经销商，按下步骤进行

（1）实地考察经销商的销售处位置：精确到乡镇和村。

（2）与销售管理联系，审查是否有经销商业务冲突。原则上，两个经销商间的距离 10 千米以上并处于不同乡镇才可以。

（3）申明公司的销售制度。

（4）对方接受公司的销售政策。

（5）划分销售区域。

（6）确定销售量。

（7）确定每次最少提货量。

三、经销商管理办法

（一）初期管理

（1）订货可以小批量，但是至少 0.5 吨以上。

（2）销管理经常沟通：业务人员每周拜访一次；销售经理保证每半月一次。

（3）两个月内达到每月 30 吨销量。

2. 成熟期管理

销售管理经常沟通：业务人员每半月拜访一次；销售经理保证每月一次。

3.淘汰机制

(1)货款不及时。

(2)不实投诉每月超过3件,连续两月。

(3)不能达到公司销量要求。

(四)违规处罚

(1)窜货:严禁过界销售,发现第一次按照最大提货额取消经销商返还;第二次,取消本月全部返还;第三次,取消经销商资格。过界销售,需要与对方经销商协商并征得公司同意。

(2)弄虚作假:凡是有故意贬低金秋饲料、制造假投诉、夸大事故影响程度的行为,取消经销商资格。

产品质量关键点控制

一、原料取用

(1)勿错:原料名字、哪一批料、原料位置准确取用。先进先出。

(2)勿混:散状原料如果存在不纯状况,营养就低不就高取用。

(3)筛选:通过外包装表现剔除变质料。

二、原料投放

(1)重量:按配方定量、按定量投放原料。

(2)质量:开包投入时再次注意包内原料质量。

(3)异物:包装内混入的危险异物。

(4)投料顺序:按照生产规范顺序投料。

(5)投料时机:专指小料,时机要准确把握,确保能够达到最好的搅拌效果。

三、机加工

(1)筛网:经常检查,避免损坏的筛网工作,造成细度不达标。

(2)搅拌时间:严格执行设备要求的搅拌时间,确保搅拌质量。

(3)清仓:经常震动储料仓四壁,确保不残存,尤其改换产品品种时,做到完全清仓。

(4)残余:制粒机糊巴、各处环节残余(尤其全价料、浓缩料、预混料三种类别转换时)。

四、包装入库

(1)包装袋:质量。

(2)重量:确保足额。

(3)标签:统一位置、统一朝向、不缺少。

(4)封包:封包压力适合、长度到位。

(5)入库标准:不足额、水分过高不入库、注意头尾产品质量。

（6）入库单制作：实额、标准袋、整袋入库，杜绝边生产边出货。

（7）入库码垛：保管指定位置、整齐、统一标准数量码垛。

（8）成品料保护：不坐、不踩、不依靠成品。

五、装车发运

（1）标准化与保管合作：保管指定名称、位置、数量准确发货。

（2）成品取货：先进先出。一列一列发货，零头先出，每种成品只有一个零头。

（3）标准化安全装车：搭肩、安全保护、安全码车，尽最大限度不踩踏成品，减少包装袋、颗粒料破损。

（4）标准化封车：不出现易滑落车载成品，封盖、捆绑和装车是一体化装车工作，不得缺失。

8S 与饲料企业

一、何谓 8S

8S 即整理（seiri）、整顿（seiton）、清扫（seiso）、清洁（setketsu）、素养（shtsuke）、安全（safety）、节约（save）、学习（study）八个项目，因其首字母均以"S"开头，简称为 8S。

二、8S 的定义与目的

（一）S——整理

操作：区分要用和不要用的，将不要用的清除掉。

目的：把"空间"腾出来活用。

（二）S——整顿

操作：要用的东西依规定定位、定量摆放整齐，明确标示。

目的：不需要浪费时间找东西。

（三）S——清扫

操作：清除工作场所内的脏污，并防止污染的产生。

目的：消除"脏污"，保持工作场所干干净净、明亮。

（四）S——清洁

操作：将以上 3S 实施的做法制度化、规范化，并维持成果。

目的：通过制度化来维持成果，并显现"异常"之所在。

（五）S——素养

操作：人人依规定行事，从心态上养成好习惯。

目的：改变"人质"，养成工作讲究、认真的习惯。

（六）S——安全

操作：

（1）管理上制定正确作业流程，配置适当的工作人员监督指示功能。

（2）对不符合安全规定的因素及时举报消除。

（3）加强作业人员安全意识教育。

（4）签订安全责任书。

目的：预知危险，防患未然。

7.S——节约

操作：减少企业的人力、成本、空间、时间、库存、物料消耗等因素。

目的：养成降低成本习惯，加强作业人员减少浪费意识教育。

8.S——学习

操作：深入学习各项专业技术知识，从实践和书本中获取知识，同时不断地向同事及上级主管学习，学习优点从而达到完善自我，提升自己综合素质。

目的：使企业得到持续改善，培养学习型组织。

三、8S 的效用

8S 的八大效用可归纳为以下内容。

（一）8S 是最佳推销员（sales）

（1）被顾客称赞为干净的工厂，顾客乐于下订单。

（2）由于口碑相传，会有很多人来工厂参观学习。

（3）清洁明朗的环境，会吸引大家到这样的单位来工作。

（二）8S 是节约家（saving）

（1）降低很多不必要的材料以及工具的浪费。

（2）减少订购时间，节约更多的时间。

（3）8S 也是时间的保护神（time keeper），能降低工时且交货不会延迟。

（三）8S 对安全有保障（safty）

（1）宽广明亮、视野开阔的工作场所能使物流一目了然。

（2）遵守堆积限制。

（3）通道明亮，不会因杂乱而影响工作的顺畅。

（四）8S 是标准化的推动者（standardization）

（1）大家都正常地按照规定执行任务。

（2）建立全能的工作机会，使任何员工进入现场即可开展作业。

（3）程序稳定，品质可靠，成本下降。

（五）8S 可形成令人满意的工作场所（standardization）

（1）明亮、清洁的工作场所。

（2）员工动手做改善，有示范作用，可激发意愿。

（3）能带动现场全体人员改善工作气氛。

产品销售追溯制度

（1）饲料、饲料添加剂产品入库必须按产品、规格和生产时间分类存放，并挂牌标识。

（2）检验不合格产品或过期产品隔离贮存，不得出厂。

（3）产品出厂采取"先进先出"的原则。

（4）产品出库严格执行产品销售记录，并记录包括产品名称、批号、时间、数量、发往单位及地点、收货人及联系电话、发货人及驻厂监管员签字等内容。

（5）加强跟踪服务，正确指导用户使用饲料产品并及时了解使用情况。

（6）发现问题饲料必须及时全部召回、处理。

（7）产品销售记录须完整、真实，不得弄虚作假，不得涂改，保存时间必须在该产品售出后两年以上。

金秋牧业有限公司培训计划

一、培训目标

鉴于公司工作人员素质参差不齐，本培训计划旨在通过技术知识、企业理念、管理原则、企业文化建设方面进行全方位的培训，提高公司中高层人员的各方面素质，实现符合公司人力资源现状的现代企业形象。

二、培训项目

（1）饲料知识。

（2）养殖技术。

（3）管理知识。

（4）企业文化。

（5）团队精神。

三、培训原则

（1）从基础—中级—高级。

（2）思想—素质—执行—团队。

（3）思想—管理—发展。

四、培训流程

畜牧技术知识为整个培训起点，并贯穿全过程，同时将公司员工分类，对他们分别进行管理和营销培训。

五、培训内容目录

（1）结果至上。

（2）品牌培训。

（3）角色转变。

（4）执行力。

（5）团队培训。

（6）营销培训：理念、市场管理、团队。

客户投诉行动机制

客户投诉行动机制不是车间人员执行，而是销售部、售后技术服务人员、管理高层执行。此工作，不是增加工作量，而是减少工作量，减少公司麻烦的服务机制。机制程序如下。

（1）无论是公司还是营销人员接到投诉，马上通知分管经理、总经理。

（2）营销人员立即到位，做出初步调查结果并向经理汇报，调查内容包括：畜禽名称、生长阶段、何时何种饲料、质量后果、周围养殖户状况、养殖户采取了哪些措施。

（3）公司相关负责人员合议，分析问题所在。

（4）安排技术人员到现场查看。

（5）现场分析事故原因，逐项排除疾病、环境、养殖技术、猪种等因素，最后考虑公司饲料质量。

（6）如果确实是饲料质量问题，须与客户协商。

（7）现场人员提出畜禽问题制订饲养解决方案。

（8）公司合议评估做出最后决定，通知客户。

山东一村空调有限公司战略规划与品牌营销策划方案

山东一村空调有限公司战略规划

山东一村空调有限公司(简称一村空调)战略规划重点为多头并进,突破发展瓶颈;打造外向型托拉斯——一村航母。

一、资源优势

(1)四项实用新型在保护期内。

(2)在全国各地设有十几个分公司,二百余个办事处,有完善的营销网络和售后服务体系。

(3)有两项成熟的技术先进的拳头产品:太阳能、水空调。

(4)水空调竞争不激烈,处于相对优势地位。

(5)人力:经营多年,熟练的员工和经营团队。

(6)财力:多年的原始积累已经完成,有实力。

二、劣势

(1)四项实用新型最长的还有两年的保护期,时间空间不大,时不我待。

(2)水空调市场仍处起步期。

(3)太阳能市场处于成熟期,竞争激烈。

三、机会

(1)两年保护期。

(2)产品可升级。

(3)产品技术可升级。

(4)农村市场巨大。

(5)符合国家产业政策,贴合国际节能主流,可以争取国家推广支持。

四、威胁

(1)只剩两年保护期。

（2）技术准入门槛低。

（3）同类产品日渐增多,替代品依旧强势。

山东一村空调有限公司品牌营销策划方案

一、品牌现状

通过与一村空调长时间的接触、交流、了解、合作,得知该公司走过了企业发展的初级阶段,已经进入企业快速成长阶段。尽管水空调市场已经经营多年,但是从市场认知度而言,仍旧处于市场导入阶段。

主要表现如下。

（1）在全国行业内已经拥有了极高的知名度,但是市场上没有取得与之相匹配的销售成果。

（2）在全国建立了10多个分公司,200多个办事处,网络渠道规模已经初步具备。

（3）原始资本积累结束,有势力、有资本进行全国范围内的大规模水空调市场营销。

经过市场调查了解,目前中国水空调市场尚处于无明显、无明确的厂家市场竞争排序阶段,还没有强势电器生产公司进入此种类型产品市场,市场自身也没有产生强势公司,尚处于销售竞争阶段,没有进入品牌竞争,市场品牌尚处于等待正式销售定位阶段。目前,正是树立品牌的最佳机会。此时,谁先走品牌建设之路,谁就将取得成为水空调市场第一品牌的机会,谁就将获得水空调位阶领先优势。

位阶领先优势不同于资金优势、产品技术优势以及价格优势,该优势是一个让消费者认为你是行业内的领导者或者产品的代表,是金钱难买的优势,想获得此优势,机遇难得,一村水空调目前就站在此机遇面前。

进入此时期,企业已经走过了单纯注重销售的阶段,进入品牌营销的现代营销模式新阶段。在此进入新时期、新阶段之际,品牌规划建设也将成为营销工作的又一重要内容,是企业今后一切营销工作的指南,是企业今后发展的营销基础资源。这一工作,是企业成长发展的关键工作——品牌定位及与之相关的企业长期战略发展规划。

二、品牌定位——中国水空调第一品牌

鉴于水空调的卖点,利用地下水资源实现空调功能,具备适合在农村发展的特征,以及省电、负离子、方便、极大提高生活质量特点,建议公司今后的工作重点是以农村为工作中心,塑造实至名归的中国水空调第一品牌,力争将适合水空调的平原地区做成农村空调市场第一品牌,而不仅仅是水空调第一品牌,这是今后企业内部工作和外部营销的终极目标。

我们公司的水空调在本产品销售市场已经取得相当的优势地位,有一定的知名度,我们现在要做的就是让知名度更高一些,知信度更大一些,让老百姓购买更放心一些,营造品牌营销氛围,走品牌营销之路。其中,提高产品的知信度、公司的知信度是重中之重!

只有产品及企业成为消费者的选项,才称得起有了品牌,我们公司面临的机会是成为消费者首选的机会。在目前中国拥挤的各行业、各产品市场上,这样的机会凤毛麟角。

三、建立科学、高效发展型的公司管理架构体系

通过多次到公司的考察、了解,发现公司家族式管理特点过于浓厚,这一特点在创业期无可厚非,甚至不可或缺,但是到了企业快速成长期,将会严重地阻碍企业的进一步发展,影响企业的外在形象,形成企业的发展瓶颈。

建议建立现代、科学的公司管理体系,规范内部岗位工作责任机制,专事专人管;公司接待、决策、请示、会议建立规范模式,尤其营销体系作为公司对外的窗口,要进一步规范,以提高公司对外形象。

公司已经在全国建立起了十几个分公司,二百多个办事处的营销网络,但是,通过我们考察了解,公司尚没有建立起现代、科学、完整的营销服务体系。面对公司进入快速发展期的要求,这种营销管理架构体系存在的严重缺陷,很难满足公司下一步品牌提升的发展需要,甚至在公司进入快速发展期后,将会因为营销管理、售后服务管理的缺陷,给营销工作带来极大的混乱等负面影响,影响甚至妨碍公司的快速发展,迟滞品牌的建立速度,甚至发生严重的品牌负影响,成为企业发展的瓶颈。建议公司营销及行政管理部门进行职能分工,建立以下部门。

(一)企划部

1. 负责公司营销策划及监督实施

自编策划方案或协助专业策划公司的策划工作,传达、贯彻策划方案的执行,对相关执行策划的部门进行监督、落实。

2. 负责公司宣传计划制定和落实

自编公司宣传方案或协助专业策划公司的宣传方案的编制策划工作,传达、贯彻策划方案的执行,对相关执行策划的部门进行监督、落实。

3. 负责公司发展规划设计

制定公司长、中、短期发展规划,确定公司发展工作思路、模式。

4. 负责公司重大行动的调查、分析、方案计划制订

组织公司或者委托专业公司机构进行目标项目的调查、分析、方案计划制定工作,对相关执行的部门或委托公司进行监督。

5. 董事长、总经理的高参、智团

做领导的参谋。

(二)营销部

1. 组织落实公司营销计划

执行公司既定的市场营销策划行动,在全国的营销网络,贯彻落实公司的营销战略,驾驭营销行动执行过程,保证不偏离战略方向。

2. 实施实现市场营销行动

领导并控制营销行动在全国的运作,实现公司每次市场开拓行动计划目标和战略发展目标。

3. 负责接受订单、发货

接受全国客户订单,组织协调运输合作单位的运力,按期发货交货。

4.负责货款回收

保质保量地回收公司货款,杜绝呆账出现,避免货款损失,保护公司利益。

5.负责网络电子营销

充分利用网络营销资源,实施低成本市场开发。

6.负责客户接待

负责来自全国各地的客户接待,并保证质量,促进公司发展。

7.负责市场客户网络维护

安排专人定期巡视全国客户网络,密切客户关系。

8.市场情报信息搜集、反映

市场开发,情报为先,市场机遇、市场变化、市场挑战都需要领先一步的信息搜集工作,做出提前规划设计策划,才可以做到有备无患、抢占先机。信息领先一步,市场营销工作会前进一大步。

(三)售后服务部

1.电话回访

回访是提升品牌形象的重要手段,坚持回访是售后服务的重要工作。

2.负责用户问题交流

保质、保公司的形象应对用户、客户提出的问题,做好公司形象的维护、建立工作。目前市场竞争中,服务是主体,售后服务比销售人员更能实现公司品牌的升级。

3.用户产品使用疑难解答

能够熟练解决用户使用过程中遇到的使用、故障问题,快速安排产品故障后的修理、返修问题,并达到让用户满意。

4.售后维修服务及协助营销部在全国的维修网络建设、维护

增加秘书,进行总经理来客接待、工作日程编排、调整、通知、协调等工作。

四、产品策略

产品、技术升级发展战略。

销售淡旺季的出现是产品行业特点决定的,但是好的产品设计也可以弱化淡旺季的传统规律,所以在产品创新上仍然需要进一步研发。

公司的产品生产、销售力量在产品资源配置上,要有所侧重,必须做市场分析切割,选择竞争阻力少、有优势、市场竞争尚处于无序状态,尚没有形成绝对市场地位企业出现的产品市场,做市场切割,取得位阶领先优势,做局部范围内的市场老大。

目前,太阳能热水器市场竞争激烈,市场大品牌林立,可以减少资源占用,依附水空调,作为公司产品配角与水空调搭配宣传,进行产品销售推广,如果能结合在一起销售就更理想了。相反,水空调市场与太阳能市场完全相反,而且现在和将来都是大有前途的市场,建议重点发展。

公司内部资源分配对水空调做重点倾斜。目前的水空调市场尚处于无绝对大品牌企业存在的市场,反而是公司目前几乎处于一枝独大情况,处于市场优势地位,当此之机,就该乘胜追击、扩大优势,乘机坐稳市场的位置,取得绝对的、不可撼动的位置领先优势。否

则,错过机会,将来悔之晚矣!

另外,建议加强研发力量,储备水空调更新换代技术产品类型,一方面提高企业形象,储备后备力量,加强竞争力,增强打击仿冒不正当竞争力量;另一方面可以有机会追求更高的利润空间。

五、营销战略

示范跟进:农村浴池、敬老院、大型集体供暖、乡镇政府办公取暖等宣传紧锣密鼓跟进。

我们公司是做农村市场的企业,要在农村市场实施品牌营销,农村市场特点、农民消费心理特点是营销成败的关键。

(一)营销战略

建议要做好全国市场,首先要做好山东市场;要做好山东市场,首先要做好淄博市场。这种根据地策略,不但可以拥有稳固的市场空间,而且可以树立对外地来淄人员的形象,制造最可靠产品质量的品牌形象。另外,先做淄博农村空调第一品牌,建立向全国进军的样板,同时也建立了市场营销过程样板以及产品宣传样板。

(二)促销是关键

在市场营销案例、故事中,我们经常会遇到、听到企业遇到头疼的"不促不销"的营销痼疾,然而在农村市场销售,基本不需要过于担心此问题,仅仅需要略微避免经常促销就可以了,在农村甚至涨价会更大地刺激销售,而不是降价促销。

(三)优惠促销

在平常没有大的物价波动时,巡回促销,过期不再。在农村,只有特殊时机、特殊对象可以选择此方式,并且不可用滥,否则,不仅有损品牌,而且一旦形成等待促销,就再也难有作为。

实施优惠促销时,可以在农村进行拉网式覆盖促销行动,以乡镇为单位,以集市促销方式宣传销售,不可在同一地方重复促销。

(四)涨价促销

在物价出现影响人们消费心理的波动时,适当的提价更会产生意想不到的促销效果,而且可以扩大利润空间。

在农村销售,在品牌基础上,科学合理地运用好降价、涨价的技术,是农村营销的关键。

六、传播战略——媒体选择

(一)农村墙体广告

墙体广告是农村更抢眼、更实用的产品广告宣传形式。

(二)山东电视台天气预报

这是山东农民最关注的电视栏目,比较贴近农村市场,是做品牌形象广告的好平台。

(三)山东电视台乡村季风栏目

农民非常喜欢看的栏目,广告、品牌建立的好地方,是形象广告和产品广告好舞台。

(四)中央电视台第7套节目致富经栏目

全国农民非常喜欢看的中央电视台栏目,我们公司目前面对的是全国市场,建议电视广告预算在此略做侧重,进行产品和形象广告投放。

以上选择都很适合我们的产品,也符合营销战略,制作好的广告内容都会产生非常好的效果。但是还有以下比较好的传播方式可供选择。

(五)乡村公交车体广告

在乡村间客运的公交车是很好的地方流动广告平台。

(六)县市级乡村公交总站广告

县市级乡村公交总站是农村人进城的汇集场所,广告牌效果也会非常好。

(七)回避地区性报纸、DM 媒体投放广告

可以交给地区经销商自己负责运作,公司可以协助策划、制作。此类媒体最好选择能进行集中投放的 DM 广告,可以与促销行动相伴进行,广告宣传效果会更好。

(八)农村条幅广告

设立在村级公路叉道口效果很好。

七、传播战略——广告设计

(一)品牌广告语

小康生活,一村水空调。

健康生活,一村水空调。

高档生活,一村水空调。

(二)卖点 USP 表达

100 平方米,好于空调效果,日耗电 2 千瓦·时,日本电机,保修 15 年,每天省××千瓦·时,电机保修 15 年。

(三)电视

以“一村——我农村的家”为主题拍摄广告片或者制作动画片。内容贴近生活,贴近实际。情节以产品功能效果为主,将水空调的特点突出,展示维护健康、提高生活质量、环保、节约、方便。

表达目的:一村水空调,就是好,每天省电××千瓦·时,电机保修 15 年,我的选择。

(四)报纸或者 DM 文案

品牌内容:负离子氧吧水空调——健康生活 一村空调;负离子氧吧水空调——高档生活 一村空调。

卖点内容:日本电机,保修 15 年,负离子保健技术,节电、省钱。

技术介绍:负离子、电机、冷暖技术、方便生活。

(五)墙体广告文案

高档生活 一村空调

负离子氧吧水空调——健康生活 我就要

负离子氧吧水空调——健康又省钱

八、公关策略

地方政府攻关、科技部科技成果推广司等。

1. 公关为重

捐赠、节能报告、环保报告、政府协助推广请示

2. 乡镇政府公关

各地的乡镇政府办公场所是产品的最好展览馆,是最好的农村推广站,充分开发利用此消费市场是最好的市场突破点。

3. 县市农村管理部门公关

县市农村管理部门是主管农村工作的机关,鉴于产品的环保节能特点,适合在农村推广的突出特点。

4. 国家推广的家电下乡公关

同理鉴于产品的环保节能优点,尤其适合在农村推广的特点,参加财政部、商务部的"家电下乡"行动利国利民,应该容易参与此行动。

"家电下乡"属重要的财政政策,目前在山东、河南、四川等地进行试点。农民将可以买到专为农村市场生产的限价家电产品,同时还可以从财政部门申领"家电下乡"补贴。

这是一项尚处于研讨试验阶段的财政新政策,便于总结阶段性试点经验,研究制定推广方案,三省试点时间将暂定持续到第二年5月底前。在试点产品上,首批三类产品是农村普及家电的入门产品,今后还将逐步把农民消费意愿较强的家电产品——空调、洗衣机等纳入补贴范围。这是一个重大的市场宣传和扩大销售的机遇,是公司创名牌的捷径。进入家电下乡商品名录就意味着是名牌产品、信得过的产品、国家看重的产品。

5. 交际

略。

6. 房产商

重点关注别墅楼盘开发商。

九、当务之急

1. 从淄博地区市场做起,建立根据地、全国水空调使用样板展览、市场开发销售模式样板

2. 公司营销及管理架构建设

3. 目前国家推广的家电下乡公关工作

十、战略战术应对

1. 管理方面:管理是企业发展的最基础工作内容,没有科学的管理工作系统,其他的一切都是空谈。要求企业进一步修内功,质量管理、生产管理、人力资源管理、财务管理、营销管理、采购管理、后勤管理等,都不可忽视!

2. 产品方面:重研发、求突破——内修外联,塑造专利型企业是拉开竞争优势、产品差别的关键。

3. 新的发展方向方面:纵、横向全面系统考量,在关键节点发展,寻求市场突破,突破瓶颈。

4. 市场方面:放眼前望,不逐一日之短长;看全局市场,不追求一片小市场得失;抓大放

小,抓重放轻,集中优势资源,实行重点市场布点攻坚战。

5.营销方面:健全营销人员的激励措施,刺激其主观能动性。

6.行动方面:树标本,造舆论,追求实物广告效应。

7.人力资源方面:储备期货、外汇人才或者人脉资源,为企业采购、国际贸易提供智力、情报协助。

8.营销发展方向方面:建立现代企业营销模式,发展电子商务、国际贸易,完成大企业构架。

9.宣传方面:重点选择省级、国家级的媒体,多做栏目,少做广告;多做新闻,少做硬广告。

10.公关方面:产品利国利民,争取一切可利用政府资源,做好政府攻关。

下篇
中小企业营销策划

营销策划是根据企业的营销目标，通过设计和规划企业产品、服务、创意、价格、渠道、促销，从而实现个人和组织的交换过程的行为，以满足消费者需求和欲望为核心。

营销策划的主要内容有以下几点：营销战略规划、产品全国市场推广、一线营销团队建设、促销政策制定、专卖体系等特殊销售模式打造、终端销售业绩提升、样板市场打造、分销体系建立、渠道建设、直营体系建设、价格体系建设、招商策划、新产品上市策划、产品规划、市场定位、营销诊断、网络营销平台的创立等。

在市场竞争比较激烈的行业企业，营销策划是非常重要的。作为营销策划人，除了需要丰富的工作经验和专业知识外，还需具备以下"七大金刚"。

调 查 研 究

荀子说："知道，察也。"讲的就是明白道理、掌握情况。任何一个房地产项目的营销策划，首先要做的便是踏勘、访谈、调查，尽可能地摸清真实情况，掌握第一手资料。除了依靠专人调查外，还要身临现场，细查、深究。因为调查是一切营销策划的基础、源头，策划成功与否，取决于信息掌握的情况准不准、全不全、深不深。

善 思 后 行

季文子说："三思而后行。"即做好一个项目的策划，要十思、百思、日思、夜思、冥思、苦思。事实证明，许多金点子、新创意，都是在掌握大量第一手信息情报后，在勤思中迸发出灵感火花的。思要全神贯注，不分心。作为营销策划人，还要善于纳集体之思，强调团队精神，把每个人的积极性都调动起来，以达到创新。

以 奇 用 兵

商场如战场，战场讲究出奇制胜。营销策划要遵循市场法则，因情循理，这便是"正"。但正不避奇，正中出奇，正是制胜的法宝。奇就是独创、变化、标新，寻求差异化。事实上，出奇也是职业经理人个性的发挥和张扬，只有依据不同项目特点，扬长避短，量身制衣，将个性发挥到极致，才能尽显独特的风貌。古人曾说："奇正之变，不可胜穷也。""善出奇者，无穷如天地，不竭如江海。"由于市场是动态的，可以随之变化，因此，任何时点的营销策划难题都是有办法克服的。

杂 糅 相 济

在虎跃享职多年的营销策划总结出：营销策划要避免单一，讲究交融、贯通，做到边界渗透、资源整合。具体而言，要做好市场调查、行业背景分析、区域环境分析，讲究消费模式，洞悉消费心理，注重营销策略和企业发展战略。做功能定位，要考虑建筑形态、市政规划、环境风水；做效应分析，要运用数学、工程学、会计学的知识；做企业形象设计，要运用经济学、社会学、心理学、美学知识；做文本设计，要运用图文、电脑、多媒体方面的知识；即使做策划方案，也要避免严肃、艰涩、机械的文风，用语清新活泼、旁征博引。因此，房地产营销策划经理人除了精通专业之外，还要用各种知识武装自己，以便融会贯通、灵活应用、挥洒自如。

大 道 至 简

效率就是效益,而效率则取决于实施的过程是否简便、快捷。显然,营销策划方案必须简洁、明了,诸如对市场前景、行业背景、竞争对手、功能定位、形态布局、营销策划、整合推广等都要有清晰的结论和量化的依据,使人一看就明了,着手就可以操作。那么,这就要求营销策划的职业经理人,要有超强的理解感悟能力,追求简约、高效的工作作风。

业 精 于 勤

随着城市化进程的加快,"大鱼吃小鱼"的时代已不复存在,取而代之的是"快鱼吃慢鱼"。作为营销策划经理人必须适应市场变化需求,做到五勤,即手勤、腿勤、眼勤、耳勤、嘴勤,以提升专业水平,降低市场风险。

诚 信 立 人

讲究诚信、信誉,既是对营销策划的要求,也是做人的基本准则。营销策划经理人应以高度责任心对待所负责的项目,不可敷衍塞责、欺世盗名、形而上学、闭门造车,更不可"捣糨糊"。虽然这会给经理人带来更大的压力,但会因尽责而实现价值感到心安理得,很有成就感,同时还会为自己赢得良好的信誉。

本篇主要展示各中小企业的营销策划,包括企业为实现营销目标而制定的各系列策划。

淄博柳泉啤酒有限公司营销策划系列

淄博柳泉啤酒有限公司营销策划系列：柳泉新鲜生活 7.7，不一般的鲜——源于创新的工艺和 60 天保鲜换新。

喝啤酒的人都知道，啤酒的保质期越短越新鲜，活性就越强，营养价值就越高，口感就越好。啤酒与其他类型的酒有明显不同，有质的区别。啤酒是唯一的低度、需要特殊工艺处理、运输、保存的酒。啤酒仅仅保证不变质就对生产工艺、运输、储存有诸多特殊要求，如果想保鲜难度就更大。

目前市场上的啤酒都是保质期 180 天的啤酒，都是在啤酒灌瓶后，经过了一道高温灭菌过程而制成的熟啤酒，只有经此工序才能达到在保质期内不变质要求。实际上，这种啤酒在出厂前，就已经失去了鲜、生、活的啤酒特色，已经被熟化、失鲜、失活，失去啤酒的最优最好约口感。使喝啤酒人士失去了最爱。这就是现在市场上的啤酒，除了淡口味、麦香味、重口味外，口感鲜少区别的原因。柳泉新鲜生活啤酒则完全不同，不仅一反传统，取消高温灭菌的熟啤工艺流程，保护了喝啤酒人士的最爱，保留了原始啤酒的营养活性，而且将保质期变成保鲜保质期，并且保证至 60 天。

啤酒素有"液体面包"的美誉，柳泉就是从营养学的角度出发，力争为消费者保留最大限度的营养活性，不断地技术创新，通过"新粟米工艺技术""冰点纯化技术"以及最新的"全程无菌生啤工艺技术"，尤其是"全程无菌生啤工艺技术"，使啤酒生产打破了熟啤生产模式，并做到了 60 天保质新鲜。新啤酒从鲜度、保生、活性三大领域，赋予啤酒新、鲜、生、活四大特性，重塑了"液体面包"的美誉，创造性开发出新型的瓶装啤酒，并以新型啤酒的独特的特性为啤酒命名——新鲜生活！

新——独家首创工艺，生产瓶装鲜啤；

鲜——保质 60 天，更鲜；

生——独家首创的生啤生产工艺；

活——独家首创保留酵母活性。

好啤酒做出来了，但是好啤酒不仅需要做出来，还需要送出来，要保证在送到广大消费者餐桌上时依然是好啤酒。

尽管新鲜生活啤酒已经从技术上解决了产品生产问题，但是，想要让消费者真正喝到他们的最爱，还有很长的路要走——运输、储存、过期换新，让消费者喝到出厂时间最短的酒。为此，柳泉人又挥起了改革的大刀，全面进行了送货程序等流通渠道再造工程。从生产、包装出厂，到运输、终端、终端储存、消费者、过期回收；从订货数量到存货检查、监督、提示、调整、服务程序、工作要点等，事无巨细。凡是会影响产品质量的，好的措施要求更好，有一点负面影响就要改，将产品流转过程的各个细节规划、设计到极致。总之，保证让消费者喝到最新鲜的柳泉新鲜生活啤酒,就是柳泉人的心愿,也是柳泉人追求的目标。

柳泉新鲜生活,作为柳泉 7.7 啤酒喜文化的延伸产品,虽然是新产品,但是不贵;虽然是瓶装,但是不是熟啤,而是生啤。不经高温灭活处理,真正保留了原始啤酒的新鲜风味,在享受新鲜啤酒方面,真正实现了消费者与啤酒厂的零距离消费。

60 天保鲜换新——源于保留酵母活性的生啤工艺,不一般的产品,不一般的新鲜,更有不一般的服务保证!

60 天保鲜换新,是柳泉对经销商、消费者的郑重承诺。为此承诺,柳泉人已经做好了巨大付出的准备。"只要消费者能够得到实惠、能满意,我们又有什么不能付出的呢?"柳泉总经理王德喜如是说。

柳泉新鲜生活,怎一个鲜字了得? 鲜字的背后,承载了太多柳泉人奋斗的故事。

一切为消费者着想,满足消费者的心愿,送给消费者最爱,这就是柳泉人的追求!

喝鲜啤,选柳泉。选柳泉,喝新鲜。

柳泉一开,新鲜生活自然来。

不是空口白话,而生实至名归!

新鲜生活春季营销

口感差异化凸显,塑造鲜爽口感品牌。

一、目的

加深市民感性认识,扩大感性认识传播

鉴于前一时期的试销反馈——口感很好这一事实,制定本次策划。口感很好,这是啤酒讨饮者喜欢的基础,这对获得此基础性的产品优秀评价,有必要加深、加强市民对新鲜生活啤酒的认识,扩大影响面积、范围,以更有利于新鲜生活的营销推广,取得更好的销售成绩,分得更大的市场份额。

二、方式

品酒比赛行动。

继续实施柳泉新鲜生活的差异化凸显战略。

消费者在选择某种产品的时候都会在自己的头脑中列一个清单,产品只有被消费者列入清单才有被选择的可能。一切营销的目的在于通过各种方式的宣传促销引起消费者的注意,在消费者心目中占据一个位置,这个位置越靠前就越容易产生消费。

如何引起消费者的注意并在消费者心目中占据一个靠前的位置?

——凸显差异,与其他产品存在差异化才能吸引目光,才能给人留下深刻的印象。

——新鲜生活啤酒口感优秀是实现占据消费者心理靠前位置的重要基础。

三、场所

B 类店的大厅、柜台、座席。

四、市场现状

柳泉新鲜生活经过一系列的宣传促销,从上市至今已经在市场上产生了较大影响,刚刚建立了一定的品牌知名度。在啤酒的主要销售渠道——酒店终端,柳泉新鲜生活啤酒已经成为众多酒店的推荐产品,这说明柳泉新鲜生活啤酒已经成为部分酒店拉动消费的动力。

目前在淄博市场上流通的主要啤酒品牌依然是崂山、青岛、绿兰莎、柳泉四大啤酒品牌,呈多足鼎立态势,柳泉、绿兰莎、崂山、青岛四大品牌在淄博市场上的是此消彼长的竞争形势。在 B 类店中,四大品牌是目前最大的主流消费品牌,随着天气的转暖,竞争将逐渐进入白热化。

五、活动操作

第一,建议亚啤公司针对此次活动生产、供应一种非卖新鲜生活啤酒。此啤酒不需要特殊生产,只需要在产品标签上做区别标记"非卖品"即可,啤酒标签不需另外设计,以此酒免费供应在各个比赛酒店做比赛用品甄别之用。

第二,对各个加盟店进行考察,看适合哪种运作方式,并作酒店业务或者座席摸底,以决定比赛用酒的供应数量。

第三,比赛方式

1.设立品酒擂台,进行猜酒比赛,看谁能品出"新鲜生活"啤酒,优胜者发表新鲜生活啤酒口感评价

(1)酒店内:N 种啤酒同台品尝比赛,看谁能分出"新鲜生活"等啤酒。答案正确者获得××瓶新鲜生活啤酒。这种比赛方式只适合公司专业人员操作,不可随便进行。

新鲜生活专卖酒店不能选择此方法,容易节外生枝。

不见酒瓶进行编号比赛,主办者不可褒贬其他品牌的啤酒,避免引起同行之间法律纠纷。

(2)广场比赛:几种啤酒同台品尝,根据口味对号入座答题,答案正确者获得新鲜生活啤酒一箱。建议:可以选择在五一劳动节假期期间举行,活动名称可以定为"5.1 新鲜生活品酒大赛"。

同理,不见酒瓶进行编号比赛,主办者不可褒贬其他品牌的啤酒,是避免引起同行之间法律纠纷。

(3)电视赛场:可以赞助电视台在劳动节期间制作现场品啤酒比赛——"5.1 新鲜生活品酒大赛"。

同样的比赛方法,求得在消费者中凸显新鲜生活不同于其他啤酒的口感,同时新鲜生活的各大特点在比赛中突出强化宣传。时间可以定在 5.1 日前后,深层意思柳泉与民同乐,是大众的啤酒;如果定在其他时间,也可以使用"20××柳泉杯啤酒品酒大赛"。

同理,不见酒瓶进行编号比赛选择,主办者不可褒贬其他品牌的啤酒,是避免引起同行之间法律纠纷。

(4)这是最容易凸显差异的方法,也是最有影响力的方法。但是由于太敏感,也是最容

易产生麻烦的方法。

2. 柜台品酒

在酒店的柜台设立新鲜生活接待酒,以见面欢迎酒的方式让客人品尝,以此引导点酒消费,这是此法的亮点。另外,此法还可以让更多的消费者尝到新鲜生活啤酒,甚至能让其他品牌的啤酒的铁杆支持者也尝到,这也是此法的最成功之处。

3. 席次品酒

在酒店的每个座席,根据座席特点,在酒店接待客人面前摆放、赠送一或两瓶品尝酒。

当客人在等人、等菜时饮用、品尝,让新鲜生活成为喝酒前的谈话主要内容,甚至成为酒席间的谈资之一,扩大新鲜生活影响。这是此种方式的最妙之处。

此法适用面广,效果普遍,建议可以扩大到所有加盟店推广。促销、推销也同样适用。

4. 销售人员到酒店促销

以征求意见的方式,给没有选择新鲜生活啤酒的座席免费提供一瓶品尝。此法可以在加盟店进行,也可以在非加盟店进行推销。

5. 在五一劳动节其间举办更多娱乐节目比赛,以新鲜生活为奖品发放,发给优胜者

夫妻或者情侣相向配合一双鞋 50 米比赛。

一家三口同向踩板走路 50 米比赛。

双人自行车 1 000 米比赛。

6. 着手培养忠诚消费者,打造消费者推销员

与宴请频繁的重要客户、企业建立消费联姻关系,占领更多的宴请市场。

7. 制造五一劳动节婚宴市场营销

凭结婚喜帖,新鲜生活啤酒××折隆重送酒上门,贺喜行动。

8. 整理资源、筹集资源,考虑做与奥运相关的营销思路

此营销需要有资源才可以展开。

9. 硬性推销

买断、摆座、进包间做唯一啤酒饮用供应。

六、传播

1. 建议

此策划中,只有广场比赛可做宣传,其他私下在市场运作。

2. 报纸

主要就是活动预告广场大赛。

(1)《龙之媒》:产品、活动宣传并举,加强新鲜生活啤酒的强化宣传。

(2)《鲁中晨报》:文案中活动宣传为主,啤酒宣传为辅。

3. 电视

(1)计划中的广告正常进行。

(2)事件活动新闻、相关广告紧密结合,唤起大众对新鲜生活啤酒的关注,参与柳泉活动。

(3)可以赞助电视台专门制作现场品啤酒电视大赛。

"新·鲜·生·活"推广策划

"新·鲜·生·活"推广策划:"60天,更新鲜""柳泉一开,新鲜生活自然来"。

一、树立新鲜特色,进一步实现产品的差异化

通过产品创新,使"柳泉7.7新鲜生活",在大众喜欢的淡爽口味上,进一步实现产品的差异化,在"新鲜"上树立起自己的特色。目前市场上,都是180天保质期的瓶装啤酒,从保质期寻找产品的差异化,这是瓶装啤酒市场还从没发生过的。60天换新,可以有效地发挥柳泉啤酒的地产优势和区位优势。"柳泉7.7新鲜生活"的主要有以下卖点。

1.60天召回

2.新——独家首创瓶装鲜啤;

3.鲜——60天保质期,更新鲜;

4.生——独家首创生啤工艺;

5.活——独家首创保存活性酵母工艺。

二、在主流市场领域建立富有竞争力的产品

通过调查我们知道,以3~5元每瓶的啤酒市场为最主流的市场空间。过去我们在这一市场区间缺乏一个富有竞争力的产品,因此,我们应该在柳泉7.7市场影响基础上,利用7.7的产品势能,增加一款3元/瓶的柳泉7.7,并创新一个4元/瓶的"柳泉7.7新鲜生活"新产品,以上述两个优势产品打开主流市场。

三、新产品包装策略:好的产品自己会说话

瓶标设计建议:

1.绿色为背景主色——代表轻松愉快的心情;

2.柳树、小亭、流涌的泉水——柳泉的名字和诗情画意;

3.设计一个背标——突出:"60天更新鲜鲜60天>180 60天鲜于180天"字样;

4."新鲜生活"四个不同艺术体字,呈圆形包围中间一个金色、特大、特殊处理的"鲜"字,"鲜"暂时代替啤酒名字。

包装纸箱设计建议:

1.瓶标背景图案做大图案设计处理,做纸箱四面平面图案背景;

2."新·鲜·生·活"四个字做四色、艺术字体单独风格处理;

3.四个特殊处理的字分别单独置于纸箱的四个面,像鲜花状在柳泉开放。

四、"柳泉7.7新鲜生活"USP表达

60天,更新鲜,柳泉7.7开创新鲜生活。

柳泉新鲜生活啤酒的亮点在于——新鲜。对于这一卖点的表达,主要着眼于一个"鲜"字,对于鲜的形容,用"60天"来形象比较直观,有感觉。对于这一卖点的完整表述应该

为——"60 天更新鲜,60 天鲜于 180 天,60 天换新,保留酵母活性,柳泉啤酒更新鲜,60 天更新鲜,柳泉 7.7 开创新鲜生活。"

五、充分利用渠道资源,扎实建设终端销售网络,提高服务水准,赢得终端资源

1. 深度分销,深度助销

多寻找一些分销商,实施品种代理,最大可能地利用分销商资源,共同推动市场进步。

分派销售人员直接驻点帮助分销商开展销售工作,推进分销商将资金人力渠道向柳泉啤酒倾斜,以期获得较好的销售业绩。

2. 充实直销队伍,建设更强大的终端直销网络

终端资源是企业最重要的资源,掌控在企业手中会确保市场的稳固与发展。当分销商资源不能很好地为我所用时,直销是一种好的选择,直销有利于把握市场,完善服务。

3. 完善服务机制,提高渠道满意度

4. 积极实施现饮动销措施,强化客户关系

5. 建立专业促销团队

专业的促销团队,改变仓促组建促销团队的老办法。实行促销目标责任制,以促销数量和收获的销售终端数量量化。

6. 建立标准送货、回收团队

根据工作特点,建立标准化工作模式,以此为标准,建立专业的送货、回收团队,提高送货质量,加强回收服务,让终端、消费者先从柳泉的服务上感受新鲜生活的气息。

7. 突发事件处理团队

由律师、公关专家组成专门的团队,由相关销售精英编外配合组建,针对各种突发事件建立快速反应预案,建立快速反应机制。

8. 终端谈判精英团队建设

终端谈判精英在执行终端 B、C 类店攻克战时,针对不同终端具体分析情况,分类攻克。

(1)曾经加入的终端:调查停止合作原因,有过就改,并拿出处理办法,保证以后不会发生同类事件,争取对方的谅解,继续合作。

(2)有过接触的终端:听取对方的意见、要求,除了原则问题外,尽力实现双方的合作对接。

(3)对现在的合作伙伴不满意的终端:顺应终端的合理意见要求,满足对方的诉求,实现双方的合作。

(4)拒绝合作的终端:高频率在其周围促销,采用市场包围终端策略,通过强劲的市场消费需求,促其与我合作或者在其周围建立终端。

9. 农村市场

借春节前喜事多、采购多、农闲娱乐多的机会,下乡促销,走"人民战争战略",以促销为手段,刺激消费者包围终端,从而刺激终端合作,最终建立发展自己的终端,建立农村终端网络,占领农村市场。同时又可以获得"农村包围城市"的机会,"里应外合"占领城市消费市场的边际成果。

10.终端铺货

保证不缺货,保证及时回收包装物。

研究终端的日销售量,根据终端的特点和终端的要求,以最多不超过 20 天的销售量送货,中间没送货的情况下,过期无条件退货。

终端形象设计:

(1)终端陈列

①位置选择:在吧台的端头 85~165 厘米处陈列摆放,占据头位、上位和黄金位,陈列"柳泉 7.7 新鲜生活"啤酒;在酒店门旁或上下电梯的出入口处,垛放"柳泉 7.7 新鲜生活"啤酒;

②陈列状态:在冰柜或吧台"柳泉 7.7 新鲜生活"可以特制斜放支架瓶头相抵而放,支架向外的平面。

(2)POP 广告:设计各种类型、大小的粘贴,悬挂产品宣传品。

样板菜陈列处、墙壁、菜谱页面背景——酒店重点布放。

(3)售后服务:建立准时化(Just In Time,JIT)订货、送货、酒瓶回收营销管理电子商务平台和送货、酒瓶回收预警平台的综合售后服务系统平台。

11.订货管理

终端通过电子商务平台上传订货数量、送货预警时间、空啤酒瓶回收预警时间到公司信息处理中心,信息处理中心进行订货排队、区域线路归类处理、预警处理,处理完成的信息发送送货处,送货处安排送货、回收酒瓶编队、路线。

12.送货

通过平台、电话通知送货时间,准备解惑、准备货款、卸货场地清理(做好先进先出啤酒存货摆放整理)、空酒瓶打包整理。

13.回收酒瓶

送货、卸货数量、码放一次到位、空酒瓶清点、装车、货款结算、清理货场返回公司,空酒瓶入库、上缴货款并注销订单、注销回收预警。

14.紧急送货应急处理预案

每天的送货车必须有一定比例的备选送货终端,不发生紧急要货就完成备选送货,否则就取消备选送货,供应紧急情况。

15.突发事件处理预案

律师、专家、销售经理组成常设团队,事发临时调入片区主管参与处理。

六、积极实施互动营销、娱乐营销战略,大搞群众运动,占据消费者视线, 让柳泉重回舞台的中央

啤酒是一种大众消费品,是一种激情文化产品。拉动消费者的尝试消费,以至喜欢消费,最后成为忠实的铁杆消费者的手段。最好的方式是走群众运动路线,投消费者所好,让大众参与进来,寓销于乐,厂家带动消费者共舞、互动,让柳泉啤酒的销售与大众休戚相关,让大众关心柳泉的销售,支持柳泉的事业。让柳泉重回消费者生活舞台的中央。

1.互动营销

不断地进行各种各样的公关、沟通以及促销活动,以不断引起消费者的关注,引起消费、共鸣、认同、倾向、喜爱。这种互动营销可以用我们的产品,不断地占据消费者的视线,进入消费者的大脑,成为消费者的消费选项。

在各个乡镇或者规模大的销售终端周期性进行,在各个销售终端店庆、老板及家人生日进行。

活动初期可以提前定时间、定地点、定方式宣传进行,后期以出其不意锣鼓或者礼炮轰动进行,制造地方轰动效应。

2.柳泉节假日折扣促销

除了元旦外,2008年3月前的世俗节日如下:腊八、小年、春节、元宵节、情人节、二月初二……

以上促销再加上元旦的促销活动,可以成功打响2008年的第一枪,占领消费者的喝啤酒心智,为2008全年的营销打好基础。

3.人性化温情促销

生日凭身份证折扣促销,针对年底喜事连连的社会现象,喜庆凭婚宴喜帖折扣促销。

4.公益促销

抓住社会上传出的真实地反馈社会的每一事件,做公益促销,名利双收。如"我为奥运添把力""我为健儿发奖金""助学促销""希望工程促销""优抚促销"等。

5.举办自己的啤酒节与柳泉文化广场

啤酒大赛,演出/美食街舞/轮滑双人自行车表演等可以组合进行,也可以单独选时间进行。

6.举办街舞大赛、轮滑大赛、双人自行车大赛

7.与企业福利采购、大型招待活动互动

8.举办柳泉之夜联谊联欢会

9.举办柳泉问卷有奖答题活动

以上综合促销行动,进行全年无缝覆盖,报纸、电视、公交车、POP广告配合行动。通过以上组合营销行动,走消费者包围消费终端、零售终端,农村包围城市的深层营销、助销战。

七、传播策略

(一)宣传定位

1.市场营销宣传主旋律

60天,更新鲜,柳泉7.7开创新鲜生活。

2.广告语

60天更新鲜,柳泉7.7开创新鲜生活(新纪元)。

60天更新鲜,柳泉一开,新鲜生活自然来。

3.产品包装是最重要的广告传播

注重评标、纸箱设计、啤酒陈列设计,做强实物广告传播。具体措施在包装和陈列设计部分。

4. 在重点广告载体做持续化、强化广告宣传

除此之外,配合每一次促销行动,做好以强化广告为核心的促销广告宣传。

(二)广告设计

1. POP 广告

悬挂、张贴到每一个终端。

将文字"60 天更新鲜鲜 60 天>180,60 天鲜于 180 天"作为广告语背景,透明化、大字。

"60 天更新鲜,更硬爽,柳泉 7.7 新鲜生活"在最上层做醒目设计。

2. 电视台、广播广告

(1)电视台、广播广告:做儿歌化设计,曲调舒缓易唱。

"60 天更新鲜"(男童)

"60 天更新鲜"(女童)

"60 天更新鲜"(合唱)

"60 天更新鲜,更硬爽,柳泉 7.7 开创新鲜生活。"(男声,浑厚)

(2)动感广告设计:

开瓶影视动作设计——豪爽喝酒人物设计,

停止喝酒推荐柳泉独白:"柳泉一开,新鲜生活自然来"。

3. 报纸广告设计:两种设计,交替轰炸市场

(1)设计:柳泉企业广告

图案:启用动感电视广告截图画面。

文字:"柳泉一开,新鲜生活自然来""柳泉,2008,新年、新品、新气象、新服务"。

(2)设计:产品宣传广告

60 天更新鲜更硬爽。

60>180。

柳泉啤酒新产品——7.7 新鲜生活。

率先采用生鲜工艺,60 天换新,保留酵母活性。

柳泉更新鲜。

柳泉 7.7 开创新鲜生活新纪元。

4. 车体广告

跨区公交线路车,新线路环形线路公交车。

5. 路牌广告

昌国路大型立交桥处,巨幅广告牌。采用报纸广告设计。

柳泉路、中心路两侧路牌广告。采用 POP 广告设计。

6. 建筑物高处霓虹灯或者喷绘巨幅广告

火车站、汽车站、淄博商厦、银座王府井。

八、关于营销管理、服务

针对 2008 年的营销工作,因为产品保质期缩短,每次送货不可能过多,送货周期不可避免缩短,工作强度必然会加大,另外 2008 年,终端反馈的回收问题,有必要加强送货、回收部

门力量,将售后服务工作跟上去。

九、终极目标

通过此次综合改革,全面改进,对外公示"柳泉,2008,新年、新品、新气象、新服务"的形象,将新鲜生活的含义从产品延伸至柳泉的形象——全新的柳泉,从消费者到销售合作伙伴,让他们感到——享受柳泉就是享受"新鲜生活",让柳泉成为世俗新鲜生活的代名词。

"新·鲜·生·活"新品上市营销策划

"新·鲜·生·活"新品上市营销策划:重回舞台的中央——柳泉 7.7 开创新·鲜·生·活。"60 天,更新鲜""柳泉一开,新鲜生活自然来"。

本策划促销中分为农村和城市两部分,另外辅以同期广告传播策划。

第一部分 农村促销

一、市场分析

春节、元宵节期间是农村、城市高消费期、高采购期。

节前节后喜事连连,喝酒多多;企事业单位,年货采购多多;个人过节采购多多,储备多多,送礼多多。

是新产品入市的最佳机会。

二、策划目的

利用此旺市机遇,完成新品的漂亮上市,抢占市场,打开 2008 年的销售局面。

三、行动主题

迎接奥运年,中奥运大奖。

(本策划的中奖奖金,企业可以另定,此处只具临时代表意义;活动中奖同样在城市销售有效,不影响其他促销活动,连环中奖。)

四、行动具体计划

1. 以"新鲜生活"整箱销售方式,以一箱为中奖机会单位,中奥运大奖,促销。

2. 时间段:自 2008 年 1 月 10 日起,至 2008 年 2 月 20 日止,为柳泉"新鲜生活"中奖有奖销售时间区间。

3. 中奖方式设计:每箱带一个 8 位数编号,为大奖的摇奖参与号。

4. 奖金设计:

小奖多多不断,大奖活动结束看,大奖将在元宵节摇奖产生。

一等奖:20 888 元奖金加 8 张比赛项目门票,2 名。

二等奖:2 888 元奖金加 4 张比赛项目门票,8 名。

三等奖:588 元奖金加 2 张比赛项目门票,28 名。

同时增加现场刮刮奖,现刮现兑,买一箱有连环中奖机会,必买的消费品,两次中奖机会,现场更火爆。

五、配合行动

系列广告配合:企业形象广告、产品广告,二者的糅合广告。

系列现场促销行动:启动农村促销队伍,带锣鼓队到农村集市做现场促销。

城市终端 POP 广告跟进宣传。

六、行动销售目标

1.5 万吨销售量,100 万箱销售数量

第二部分　城市促销

一、柳泉一开,好事自然来——有奖答卷消费者心智攻占活动

在《鲁中晨报》《淄博晚报》《龙之媒》头版,登载新鲜生活产品特点问卷及答题栏,读者阅后填写答题卡。张店市民凭报纸答题栏目交卷、身份证复印件或张店市民证明信,粘贴于一张纸上,到柳泉指定地点、时间验证,答题栏目复印无效。符合条件的正确答案前 3 000 名有奖,奖品为一箱新鲜生活 7.7 啤酒。

本问卷设计宗旨除了完成问卷功能外,还在于强化宣传,强化消费者对新鲜生活的感觉、认识,对消费者实施精神诱导,占领消费者心智资源,使新鲜生活成为消费者购买的新颖选项。通过此问卷除了完成广告所不能达到的深层认识、深层感知,加深市民、饮用者的实际感知,并引起广泛讨论、交流、寻找答题栏目、答卷,更进一步扩大影响,扩大宣传。

(一)试卷内容及答案

1.柳泉新鲜生活几度?

答案:7.7 度。

2.柳泉新鲜生活是何种类型啤酒?

答案:淡爽。

3.柳泉新鲜生活最大特点是什么?

答案:鲜。

4.柳泉新鲜生活保质期多少天?

答案:60 天。

5.柳泉新鲜生活的“活”是何含义?

答案:保留酵,母活性。

6. 柳泉新鲜生活售后服务与其他啤酒最大区别是什么?

答案:60天保鲜,换新。

7. 柳泉新鲜生活广告语是什么?

答案:喝鲜啤,选柳泉。选柳泉,喝新鲜。

8. 柳泉新鲜生活昵称是什么?

答案:鲜柳。

9. 柳泉新鲜生活啤酒保留了喝酒朋友要求啤酒的什么?

答案:最爱。

10. 柳泉新鲜生活口感区别于其他啤酒的最大特色是什么?

答案:鲜。

问卷设计总的出发点是宣传加促销,引导消费者试买、试饮,加深认识,增强感知。

(二)形式

在此次活动前,要有《鲁中晨报》《淄博晚报》《龙之媒》新闻、文章、广告预热做铺垫,经过一系列的新闻、产品广告介绍后,做一个"即将开展柳泉新鲜生活7.7有奖答卷活动"的报眼提示广告,再做问卷内容广告。

操作细节:

(1)交卷日期选择在几次广告之后;

(2)只登载一次问卷内容,制造问卷短缺、扩大活动效应;

(3)接着连续登载两期广告,并作答卷兑奖时间提示;

(4)兑奖时间安排在最后一次广告2~3天后的星期日;

(5)兑奖地点选择张店市博物馆广场;

(6)所有市场销售人员都到场接受问卷批阅;

(7)提前一天立牌、站队规划、气球宣传;

(8)接受答卷开场时间稍微晚一些,可以定在上午9:00,安排千人排队,制造轰动效应,但是不可迟开;

(9)征集喝后感言表达词,题于精美POP广告上,选择精美感言几幅,做广告宣传备用;

(10)开奖后在下一期《龙之媒》头版登载问卷及答案,此次活动结束。

二、渠道经销商促销(本策划所列奖品只具代表意义,可以再议)

(一)活动形式

目前是啤酒销售淡季,为了迎接2008年销售旺季的到来,做好前期准备工作,特立项此促销活动。为了激励、加大经销商的销售热情,同时为了强调60天的保质期储存要点,特举办60天经销商和独立消费终端销售龙虎榜大排行促销活动:

(1)10天一次销售小龙虎榜排行,连续6次,以强调60天;

(2)活动起始时间与有奖答题同步。

(3)促销期内经销商所进啤酒不执行60天保换政策

(4)每次取排行前三名奖励,奖品是本次10天内销售量的10%,活动结束发奖

(5)最后对两类龙虎榜进行60天总排名,达标者进入龙榜,奖品是一辆双人自行车,至2008年6月30日截止,一次性返利销售总额的10%;达虎榜标准者进入虎榜,奖品是一辆双人自行车,至2008年6月30日截止,一次性返利销售总额的5%;返利优惠有效期至2008年6月30日。

(二)活动内容

1.经销商龙榜销量标准

(1)第一次、每次进货量:300箱以上,小于300箱,不入榜。

(2)60天总量标准:18 000箱以上,小于18 000箱,不入榜。

(3)10天统计一次的销售进度增长率标准:50%以上,小于50%,不入榜。

以下有任何一项不达标,不入龙榜。

2.经销商虎榜销量标准

(1)第一次、每次进货量:200箱以上,小于200箱,不入榜。

(2)60天总量标准:12 000箱以上,小于12 000箱,不入榜。

(3)10天统计一次的销售进度增长率标准30%以上,小于30%,不入榜。

以上有任何一项不达标,不入榜。

3.消费终端龙榜销量标准

(1)第一次、每次进货量:50箱以上,小于50箱,不入榜。

(2)60天总量标准:3 000箱以上,小于3 000箱,不入榜。

(3)10天统计一次的销售进度增长率标准50%以上,小于50%,不入榜。

以上有任何一项不达标,不入此榜。

4.消费终端虎榜销量标准

(1)第一次、每次进货量:30箱以上,小于30箱,不入榜。

(2)60天总量标准:1 800箱以上,小于1 800箱,不入榜。

(3)10天统计一次的销售进度增长率标准30%以上,小于30%,不入榜。

有任何一项不达标,不入榜。

(三)活动目的

此活动是针对一级经销商基本已经被绿蓝莎、青岛啤酒瓜分,柳泉难以插入其中、撬动市场的局面,设计的专门应对二级批发商和大的客户终端进行双管齐下的渠道拦截。拦截结果取决于营销人员与客户的互动,以及奖品定量的刺激度有多大。

这是一次二级批发、消费终端赢取大经销商待遇的活动,也是应对保质期缩短、减少流通环节时间滞留的举措,更是进行销售渠道扁平化、提高工作效率的一次活动。活动结束后,进行销售渠道、销售终端定性、定位。

此活动需要默默运作,不可大张旗鼓,防止竞争对手的快速反制促销。

三、终端互动促销策划

此策划方案的直接目的是进行末级批发渠道和销售终端拦截,实现柳泉啤酒的终端突围。方案分为终端消费促销和渠道销售促销两部分,双管齐下、相辅相成、打破终端封锁,实现终端突围目标。

此活动运作要求——快!

这是一次突击战,不能给竞争对手跟进、反制的时间。

(一)终端消费促销

与已经签约的消费终端合作,进行终端新鲜生活啤酒消费有奖促销活动。

1.活动名称

"××酒店消费有好礼,新鲜生活带回家"或者"过新年,喝新鲜生活好礼相送"。

2.活动内容

(1)喝一箱新鲜生活啤酒,参加柳泉新鲜生活新年联欢晚会抽奖:奖品一家3~4人参加由亚啤公司于____月____日在_____剧场举办的_____新年晚会。

(2)喝两瓶新鲜生活,赠送一瓶,也可以寄存,下次再喝。

(3)消费10次,可以8折订座守岁年夜团圆餐,新鲜生活免费喝(有守岁套餐供应的酒店)。

(4)消费10次,可以8折订座元宵节团圆餐,新鲜生活免费喝(无守岁套餐供应的酒店)。

利用此次活动,不仅做直接促销,而且可以促成销售渠道、销售终端的签约。

报纸、电台跟进活动促销广告。

(二)终端销售渠道促销

新鲜生活销售与销售终端进行广告宣传互动,由亚啤公司出资广告费在《龙之媒》上做酒店1/8广告宣传,参与的酒店只能销售柳泉新鲜生活啤酒,每天最少50箱:

(1)达到50箱,可以独立做1/8的广告版面;

(2)达到100箱,可以独立做1/4广告版面;

(3)200箱以上,可以独立做1/2广告版面。

(4)不足50箱的销售终端,在柳泉广告中仅以酒店名字出现。

(5)活动时间至阴历二月初三。

(6)广告版面可以考虑选择在《龙之媒》内页跨版,版面大气、壮观、富冲击力。

此活动不仅可以直接极大地刺激酒店等销售终端签约亚啤的数量与质量,快速地推进新鲜生活的市场进攻速度,实现销售终端渠道拦截,而且还可以反向刺激、推进批发商的参与热情,实现未销售前沿批发商的渠道拦截,为全面迎接啤酒销售旺季的到来做好准备。

第三部分 上市广告传播策略

一、广告传播定位

1.市场营销宣传主旋律定位

鲜,更新鲜,新产品五大卖点:

(1)60天召回;

(2)新——独家首创瓶装鲜啤;

（3）鲜——60天保质,更新鲜;

（4）生——独家首创生啤工艺;

（5）活——独家首创保存活性酵母工艺。

以五大卖点为中心宣传主题,所有的广告音乐、广告片、广告平面设计、广告语、文字都紧紧围绕五大卖点设计,向顾客传输我们的产品理念:60天,更新鲜,柳泉7.7开创新鲜生活。

2.广告语定位

柳泉一开,新鲜生活自然来。

新鲜生活7.7,保鲜60天的瓶啤。

逢喜就喝7.7,新鲜生活今日启。

3.传播策略定位

（1）我们在淄博市场不是第一,我们处于进攻位置,我们的宣传要有进攻性。

（2）整合已有的传播资源,步调一致,目标统一,全方位宣传促销。

（3）多途径、多手段交叉覆盖宣传,形象统一,口径一致,消费群体明确。

针对不同的消费群体,做不同设计。广告语在不同媒体做长时间固定不变宣传,强化受众对新产品的印象认识。

4.以产品广告宣传为主,企业形象广告、促销广告宣传为辅的广告投放策略

在重点广告载体《淄博日报》《淄博晚报》《鲁中晨报》《龙之媒》上,做持续化、强化性产品广告宣传,适当辅以企业形象广告宣传;重点配合每一次促销行动,做好以强化产品宣传为核心的促销广告宣传。

二、广告传播方案

1.POP广告

（1）图案设计

①小幅广告以色度对比鲜明地使用一瓶正在"倾倒"倒酒的新鲜生活啤酒。

②张贴画广告选用动感、冲击力充足的电影广告动作截面:

开瓶动作,配合广告语:柳泉一开,新鲜生活自然来;

推荐动作,配合广告语:逢喜就喝7.7,新鲜生活今日启。

（2）文字设计

"60天更新鲜　鲜60天>180　60天鲜于180天"做广告语背景,透明化、大字。

"60天更新鲜,更硬爽,柳泉7.7开创新鲜生活"在最上层做醒目设计。

（3）媒介物选择

①不干胶贴制作玻璃、柜台等粘贴处;

②铜版纸制作悬挂式、张贴式POP广告;

③喷绘制作门头、室外广告、路边广告牌。

2.电视台、广播广告

（1）电视台、广播音乐歌曲广告:做儿歌化设计,曲调舒缓易唱

"60天更新鲜"（男童）

"60 天更新鲜"（女童）

"60 天更新鲜"（合唱）

"60 天更新鲜,更硬爽

柳泉 7.7 开创新鲜生活"（男声,浑厚）

（2）电影动感图像广告设计

①内容:

众人入店—先来瓶好啤酒—服务员上酒:一瓶加一杯—喝下一杯—赞叹:"鲜的啤酒"—看瓶—惊异:新鲜生活,柳泉的—感叹:"好啤酒,好名字,就要新鲜生活"—开瓶,配合自白:"柳泉一开,新鲜生活自然来"—众人持瓶,齐喊:"为新鲜生活的到来,干杯!"

②重点动作:

服务员托盘上酒设计;

开瓶影视动作设计;声音配合动作设计;

豪爽喝酒人物设计;

停止喝酒推荐柳泉独白设计:"柳泉一开,新鲜生活自然来"。

3. 报纸平面广告设计:三种广告风格设计,交替轰炸市场

（1）柳泉企业形象广告设计:

①图案:启用动感电视广告截图画面,并作焰火绽放点缀;服务员托盘上酒。

②文字:柳泉,2008,新年、新品、新气象、新服务。

③广告语:柳泉一开,新鲜生活自然来。

逢喜就喝 7.7,新鲜生活今日启。

（2）新鲜生活产品宣传广告设计:

①图案:包装箱平面设计、瓶子及标签

②广告语:选柳泉,喝新鲜;喝新鲜,选柳泉。柳泉 7.7 开创新鲜生活新纪元。

③产品文字介绍:

·新产品特点:

60 天召回;

新——独家首创瓶装鲜啤;

鲜——60 天保质,更新鲜;

生——独家首创生啤工艺;

活——独家首创保存活性酵母工艺。

·新产品卖点:

60>180 质量;

率先采用生鲜工艺,60 天换新,保留酵母活性;

喝柳泉,更新鲜。

（3）企业形象与产品糅合广告设计

①图案设计:启用动感电视广告截图画面——服务员托盘上酒为主体,以包装箱 4 个大字平面设计图案托底。

②广告语:逢喜就喝 7.7,新鲜生活今日启。

柳泉 7.7 开创新鲜生活新纪元。

选柳泉,喝新鲜;喝新鲜,选柳泉。

③卖点文字:

60>180 质量。

率先采用生鲜工艺,60 天换新,保留酵母活性。

(4)媒体选择

①电视

·新产品上市初期做产品广告投放,为期半个月左右时间。

·时段选择:新闻前;天气预报时间。

·中后期建立新鲜生活社会问题或娱乐电视栏目。

·电视黄金时段赞助电视剧播放,冠名"柳泉新鲜生活剧场"。

②广播

·硬性广告投放:已经设计的 15 秒广告在 11:00 和 17:30 投放。

·在 10:30 和 17:00 建立"柳泉新鲜生活时间"电台冠名栏目,设立于酒店互动的有奖问题电话竞答,指定酒店免费消费 N 瓶新鲜生活啤酒。酒店到时间在店内播放收听,记录与自己有关的消费信息。间接提高广告节目收听率。

③报纸由于企业身份、品牌形象原因,不可做小版面广告,只能做大版面广告,1/2 版是最小选择。

有《淄博日报》《鲁中晨报》《淄博晚报》三家大型媒体作为形象、大型销售活动的主要媒体可供选择。首次新品上市产品广告宣传,三家都上,后边跟进宣传以《鲁中晨报》为主,其他两家报纸为辅。

④《龙之媒》作为促销广告的侧重媒体

·考虑身份、形象,头版整版广告是必选,内页跨版广告更大气,冲击力。

·铜版纸印刷精美,富有冲击力。

·发行范围广,单期发行量仅次于《鲁中晨报》。

·费用低,并可以配合促销行动做重点投放。

报纸和《龙之媒》采用软硬广告结合方式投放。

⑤软广告文章:《完美的啤酒》《从"淡爽"到"活生生"》《不一般的鲜》《新鲜生活有个昵称——"鲜柳"》

⑥硬广告有三种:企业形象广告、产品广告、形象和产品糅合广告

(5)基础广告投放次序、频度策略

第一步,形象广告,配合同期上市促销措施;

第二步,产品广告,配合同期促销措施;

第三步,企业形象与产品糅合广告,配合同期促销措施——有奖答卷;

第四步,产品广告与企业形象与产品糅合广告交替投放,配合同期促销措施广告投放目的性一定要强、要明确,要根据活动目标消费者有针对性地选择媒体,配合每一次促销活动措施,投放适合的广告形式、内容,有计划、有套路投放,充分发挥媒体效能和广告设计

效能。

4. 车体广告

（1）线路选择

①跨区公交线路车：1 路、4 路、6 路、20 路、22 路、34 路、45 路、51 路、53 路、71 路、96 路、99 路、100 路部分线路。

②新线路环形线路公交车：88 路、90 路、138 路、42 路、91 路、94 路全选。

③区内公交车：2 路、35 路、89 路、137 路、222 路可全选，也可部分选择。

以上线路，根据广告经费投入，重点倾斜跨区公交线路车、各县市环形线路公交车。区内公交车可以作为补充性广告投入。

（2）喷绘不干胶制作

（3）平面广告制作

①图案：

区县公交车图案喷绘使用纸箱包装图案；

城市公交选择电视广告截图。

②广告语：采用产品与广告语合一设计，以下可以选择 1~2 条：

"新鲜生活 7.7。刚鲜的啤酒，我选择。"

"选柳泉，喝新鲜；喝新鲜，选柳泉。"

"新鲜生活 7.7，保鲜 60 天的瓶啤，逢喜就喝更加喜。"

"新鲜生活 7.7，保鲜 60 天的瓶啤。逢喜就喝 7.7，新鲜生活今日启。"

"新鲜生活 7.7，60 天保质，刚鲜冽！"

5. 路牌广告

（1）昌国路大型立交桥处，擎天柱巨幅广告牌：企业形象与产品糅合广告设计

（2）柳泉路、中心路两侧路牌广告：采用 POP 不干胶广告设计

6. 建筑物高处霓虹灯或者喷绘巨幅广告

（1）位置选择：火车站、汽车站、淄博商厦、银座王府井

（2）载体：巨幅喷绘形式

（3）平面广告设计：电视截图、报纸广告图案

7. 终端广告宣传

因店、因空间灵活处理。

（1）POP 广告宣传：门、玻璃、菜谱、结算柜台、酒品陈列柜台、样品菜陈列点菜处贴、挂、摆放设置

（2）啤酒陈列宣传：箱、瓶陈列

①空间位置选择：样品菜陈列点菜处、酒店门旁、上下电梯的出入口处，垛放"柳泉 7.7 新鲜生活"啤酒箱

②位置选择：酒品陈列柜台、吧台的端头 85~165 厘米处陈列摆放，占据头位、上位和黄金位，陈列瓶装"柳泉 7.7 新鲜生活"啤酒

③陈列状态：在冰柜或吧台"柳泉 7.7 新鲜生活"可以特制斜放支架瓶头相抵而放，支架向外的平面

8. 送货载体广告

(1)送货车：因车而异，灵活使用包装、报纸、POP 广告图案

(2)送货人员服装：工作服印字——新鲜生活，从柳泉开始

(3)柳泉的音乐标志资源播放

9. 手机短信广告

短信内容：过新年，柳泉新鲜生活好礼致意，(以下促销活动名称)。

手机号段根据活动受众特点选择。

10. 自身宣传资源发掘

自身就在主干道路旁，设计建立自己的建筑物广告牌或者擎天柱广告牌。

如果面对服装城、车站设立大屏幕广告更有利公司未来宣传的发挥。

这是一次长治久安的投资，也是在淄川建立真正根据地的策略。

(1)图案：在前面的形象广告平面设计中选择

(2)文字：柳泉的理念——一切为了消费者

(3)广告语

新鲜生活，从柳泉开始；柳泉，开创新鲜生活！

逢喜就喝 7.7，新鲜生活今日启。

选柳泉，喝新鲜；喝新鲜，选柳泉。

独特的鲜啤　完美的啤酒

柳泉新鲜生活啤酒，不一般的新鲜。

我们都知道，酒有啤酒、红酒、米酒、老酒、白酒之分。各种酒，在酿造工艺、酿造原料、酒色、酒精度数、口感等，各具特色，即使同类酒质，也各有不同。啤酒类也是如此。

啤酒作为唯一的低酒精度酒，需要特殊工艺处理、运输、保存，而明显不同于其他的酒，有发展酒精度越来越低化趋势。啤酒不仅保质需要特殊处理，想保鲜难度更大，尽管如此，柳泉人从没有停止一切为消费者着想的探索脚步。

新鲜生活啤酒，不经高温灭活处理，真正保留了原始啤酒的新鲜口感；60 天保鲜换新以及一系列渠道服务，使新鲜风味在啤酒被送到消费者餐桌前，进一步得到保证。可以说，在享受新鲜啤酒方面，柳泉新鲜生活啤酒实现了消费者与啤酒厂的零距离消费，让消费者喝到的就像从生产线刚流出来的啤酒。

60 天保鲜换新，是柳泉对经销商、对广大消费者的郑重承诺！

一切为消费者着想，柳泉做到了！柳泉新鲜生活啤酒满足了消费者的心愿，送给了消费者最爱！

一切为消费者着想，让家乡的父老乡亲喝到最好的啤酒，柳泉一直在努力，永远会努力！这就是柳泉人的追求！

柳泉啤酒电视、电台 15 秒广告语

一、方案一：核心内容

逢喜就喝 7.7，新鲜生活今日启。柳泉啤酒首创保鲜期 60 天新产品——柳泉新鲜生活，60 天更新鲜，60 天鲜于 180 天。喝新鲜，选柳泉。选柳泉，喝新鲜。

方案二：原版

喝新鲜，选柳泉。选柳泉，喝新鲜。

甲：老张，咱今天喝什么酒？

乙：现在喝啤酒就得选新鲜的，咱要柳泉。

甲：柳泉啤酒就特新鲜吗？

乙：没听说吗？ 柳泉啤酒首创的 60 天保鲜换新的啤酒。

甲：叫啥名字啊？

乙：柳泉新鲜生活！

甲：哈哈，柳泉一开，新鲜生活自然来。

旁白：喝新鲜，选柳泉。选柳泉，喝新鲜。

三、方案三：年轻化、压缩版

喝新鲜，选柳泉。选柳泉，喝新鲜。

甲：哥们儿，咱今天喝什么啤酒？

乙：当然喝新鲜的柳泉鲜啤啦！ 刚鲜了！ 喝啤酒就得选新鲜的。

甲：吹牛吧你，有那么好吗？

乙：当然了，那是柳泉首创的 60 天保鲜换新啤酒，叫"新鲜生活"。

甲：哈哈，好名字！ 柳泉一开，新鲜生活自然来。来，为新鲜生活的到来，干瓶！

旁白：喝新鲜，选柳泉。选柳泉，喝新鲜。

四、方案四：年轻化、改造版

甲：哥们儿，这次回家结婚喝的啥酒？

乙：那还用说，柳泉新鲜生活 7.7，60 天保鲜换新的啤酒，刚鲜了。

甲：我也喝过，确实刚鲜了。

乙：逢喜就喝 7.7，新鲜生活今日启。刚吉利了！

甲：那是。喝新鲜，选柳泉。选柳泉，吉利又新鲜！

旁白：喝新鲜，选柳泉。选柳泉，喝新鲜。

淄博啤酒市场调查数据

（括号内数据为被选择次数占总票数的百分比%）

1. 您经常喝哪几种品牌的啤酒？
   A. 柳泉（52）　　　　　　B. 崂山（54）
   C. 绿兰莎（74）　　　　　D. 青岛（20）
   E. 银麦（16）　　　　　　F. 蓝带（0）
   G. 其他（0）

2. 您选择啤酒时会倾向于选择_____？
   A. 本地品牌（44）　　　　B. 外地知名品牌（10）
   C. 无所谓（40）

3. 您喜欢什么口感的啤酒？
   A. 鲜啤酒（30）　　　　　B. 熟啤酒（20）
   C. 纯生（22）　　　　　　D. 干啤（8）
   E. 麦芽度低（18）　　　　F. 麦芽度高（30）
   G. 粟香（10）　　　　　　H. 麦香（44）

4. 您认为啤酒的保质期多久比较好？
   A. 越短越好（26）　　　　B. 3个月内（36）
   C. 6个月内（34）　　　　 D. 6个月以上（0）

5. 您尝试一种新产品的原因是什么？
   A. 广告宣传（58）　　　　B. 朋友介绍（20）
   C. 卖场、酒店促销（46）　 D. 自己喜欢尝试新产品（12）
   E. 随大流（8）

6. 您认为顾客选择啤酒时最关注什么？
   A. 品牌（24）　　　　　　B. 包装（10）
   C. 口感（58）　　　　　　D. 价格（60）
   E. 单瓶容量（10）　　　　F. 保质期（20）
   G. 售后服务（如酒瓶回收）（36）

7. 您这里有哪几种柳泉啤酒的产品？
   A. 没有（18）　　　　　　B. 普通柳泉（82）
   C. 柳泉7.7（32）　　　　 D. 柳泉原生（24）
   E. 金柳泉（32）　　　　　F. 其他（8）

8. 您这里哪种品牌的啤酒销售最好？
   A. 柳泉（26）　　　　　　B. 崂山（60）
   C. 绿兰莎（70）　　　　　D. 青岛（14）
   E. 银麦（4）　　　　　　 F. 蓝带（4）
   G. 其他（4）

9. 您对柳泉啤酒的印象怎么样?

A. 实惠(22)　　　　　　B. 口感好(20)

C. 喜庆(16)　　　　　　D. 利润低(40)

E. 包装陈旧(12)　　　　F. 档次较低(16)

G. 不注重终端维护(46)

10. 您认为柳泉啤酒要进一步提升销售最应当改进的是哪些方面?

A. 价格(20)　　　　　　B. 包装(16)

C. 广告宣传(40)　　　　D. 口感(16)

E. 销售终端维护(70)　　F. 促销活动(66)

G. 商家让利(46)

以下为统计图表。

1. 您经常喝哪几种品牌的啤酒?

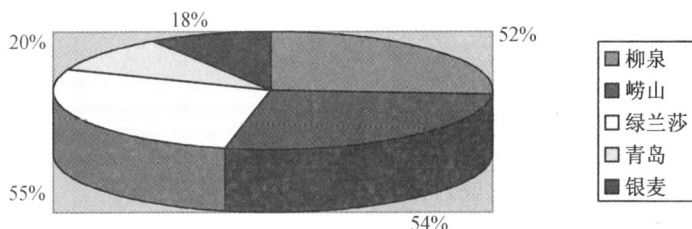

2. 您选择啤酒时会倾向于?

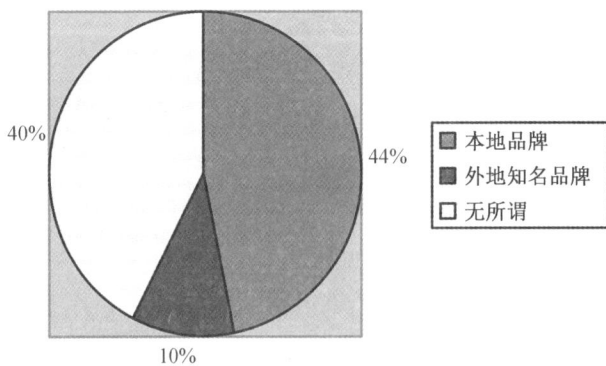

3. 您喜欢什么口味的啤酒?

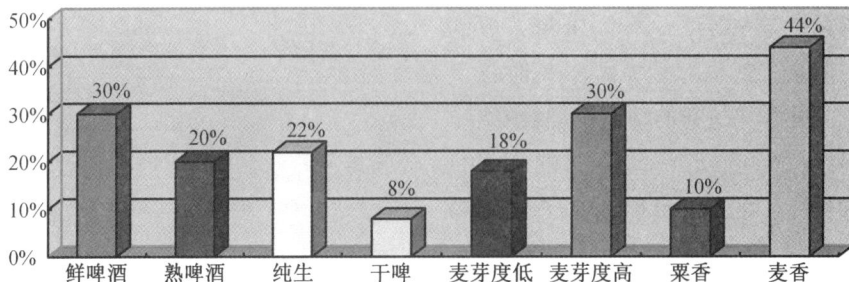

4.您认为啤酒的保质期多久比较好?

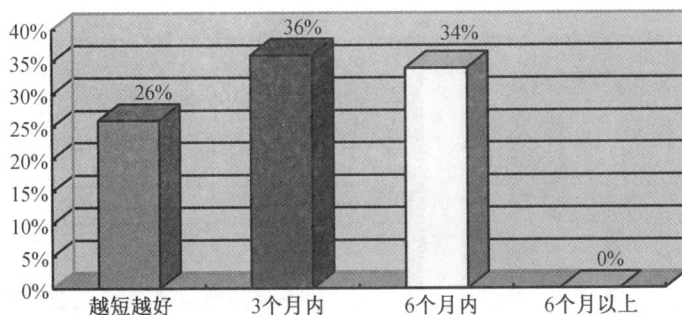

5.您尝试一种新产品的原因是什么?

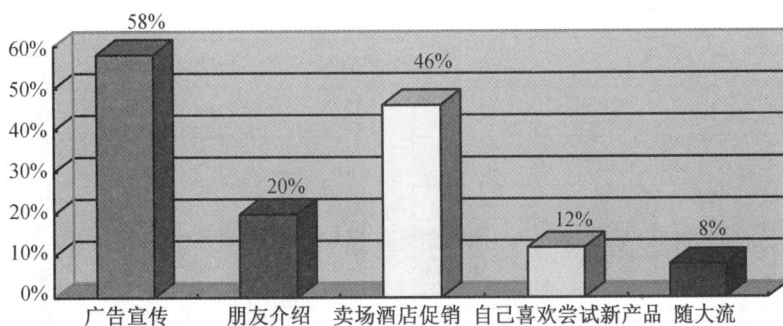

6.您认为顾客选择啤酒时最关注什么?

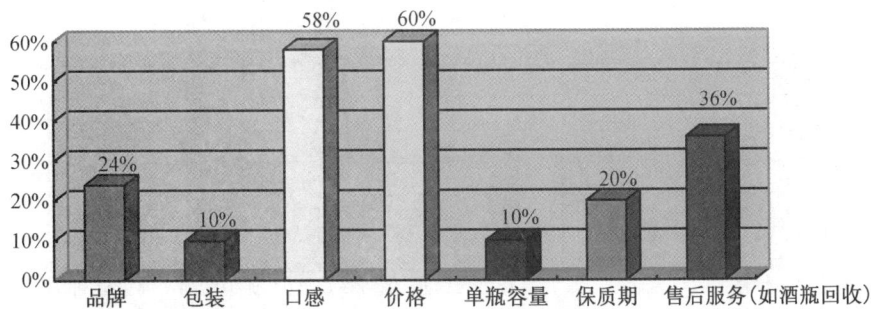

7.您这里有哪几种柳泉啤酒的产品?

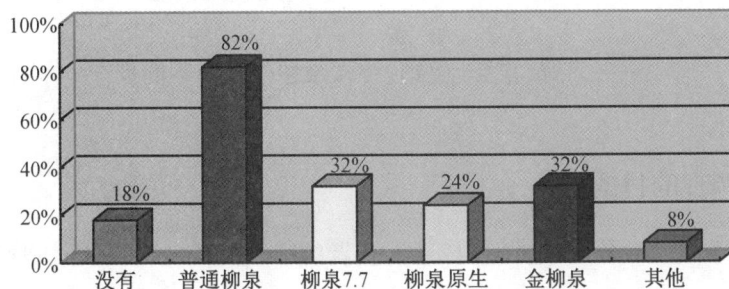

8. 您这里哪种品牌的啤酒销售最好?

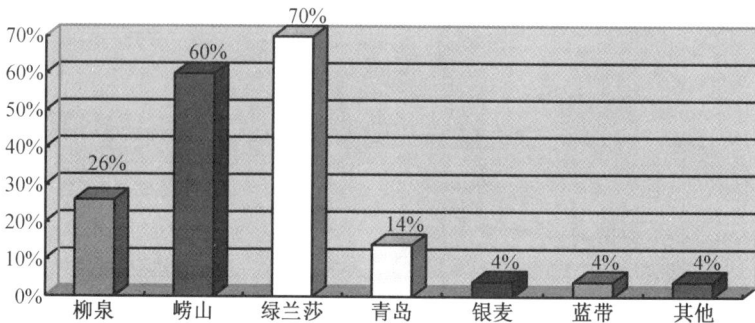

9. 您对柳泉啤酒的印象怎么样?

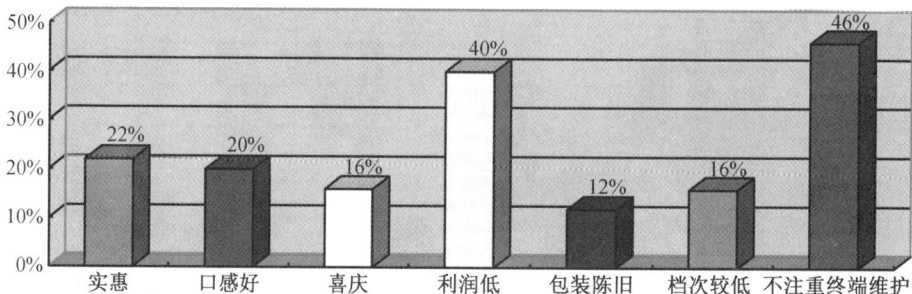

10. 您认为柳泉啤酒要进一步提升销售最应当改进的是哪方面?

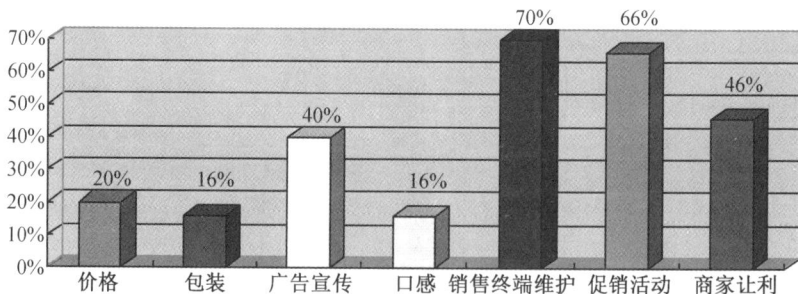

淄博啤酒终端市场调查报告

——产品、广告、促销、终端维护一个都不能少

一、问卷调查的目的

(1)针对社区啤酒销售终端,调查普通消费者的啤酒消费现状以及对啤酒消费的基本观点;

（2）调查当前社区啤酒销售终端的主要啤酒品牌的啤酒销售状况；

（3）调查柳泉啤酒针对普通家庭的基本销售状况；

（4）调查当前淄博普通消费者和社区销售终端对柳泉啤酒的看法和态度；

（5）调查柳泉啤酒终端维护的漏洞；

（6）调查得出柳泉啤酒下一步营销工作的重心。

二、调查范围

淄博市张店地区。

三、调查目标

社区普通销售终端。

四、调查方式

主要采用设计问卷，入室调查的方式。其中，采用询问法和观察法，积极地与被调查者交流，在问卷以外，得知其内心真实的想法。

五、统计方式

问卷分组抽样统计，反映的问题比较具有代表性和普遍性。

六、具体数据分析（括号内数据为被选择次数占总票数的百分比%）

1.您经常喝哪几种品牌的啤酒？

A.柳泉（52）　　　B.崂山（54）　　　C.绿兰莎（74）

D.青岛（20）　　　E.银麦（16）　　　F.蓝带（0）

G.其他（0）

从调查的结果看，目前淄博普通家庭消费的啤酒主要是绿兰莎、崂山和柳泉（分别有一半以上的被调查者选择），这也是近几年来的基本态势。但较前几年不同的是，绿兰莎的比重呈上升趋势而柳泉的比重却越来越低，不过仅从数据上看差别并不是很大，是让这种趋势继续下去还是扭转过来，现在是一个关键时期。只要我们找到柳泉出现的问题所在，并能够采取切实有效的措施，相信形势一定会好转的。

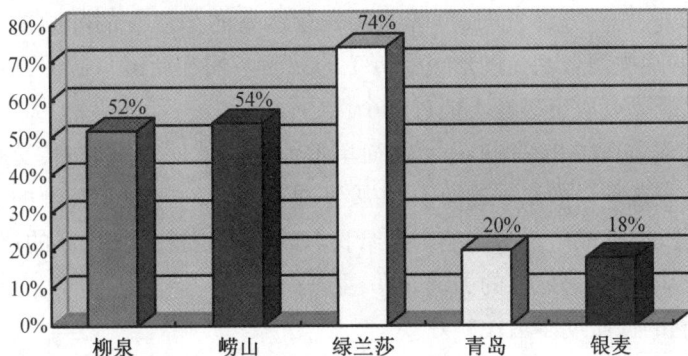

2. 您选择啤酒时会倾向于选择_____?

A. 本地品牌(44)　　　B. 外地知名品牌(10)　　　C. 无所谓(40)

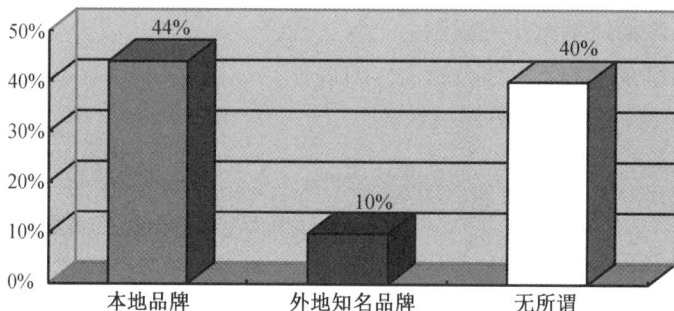

有只有10%的被访者倾向于选择外地啤酒品牌,这说明淄博的消费者的本地情节还是很重的,只要我们能认真地做好产品的生产及销售的服务等工作,相信广大的淄博消费者们还是会支持本地产品的。柳泉啤酒作为最具淄博特色的啤酒品牌,应该更清楚这一点,不只是为了促进柳泉的产品销售,还是对淄博消费者负责。

3. 您喜欢什么口感的啤酒?

A. 鲜啤酒（30）　　B. 熟啤酒（20）　　C. 纯生(22)

D. 干啤（8）　　　E. 麦芽度低(18)　　F. 麦芽度高(30)

G. 粟香(10)　　　H. 麦香(44)

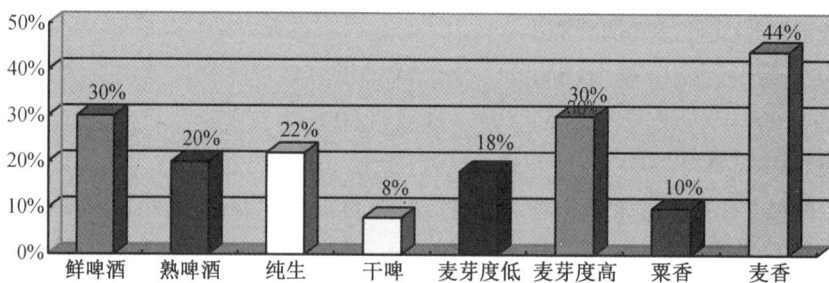

从调查结果来看,各选项被选择得比较均匀,大家对啤酒口味的喜好上存在着较大的差别。这一方面说明,推出一种新产品,单从口味上讲,只要别做的太离谱,其对销售的影响不会是最终要的。另一方面说明,鲜啤酒及麦芽度高的和麦香的啤酒被选择率较高,这说明现在市场上的啤酒消费潮流的形成受传统的饮酒习惯和新鲜口味的共同支配,推出一种新产品,口味上既要有所突破还不能过于个性。

其中,粟香和麦香啤酒的差距,并不能简单地说麦香就比粟香好喝、受欢迎,这只是目前的一种状态,造成这种局面出现的原因,主要还是市场上对于粟香啤酒的宣传还不够,且只有柳泉宣传,还没有形成广泛的影响。这给我们的启示是推出新口味的产品如何想办法形成广泛的市场影响力将是成败的关键。

4. 您认为啤酒的保质期多久比较好?

A. 越短越好(26)　　B. 3个月内(36)

C.6 个月内(40)　　D.6 个月以上(0)

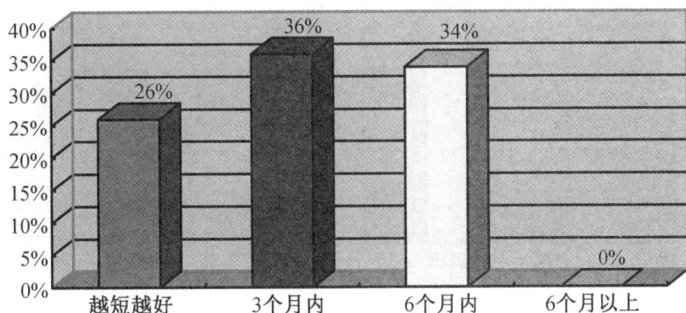

这个题目的统计结果有点出乎意料,没想到选择"六个月内"的比重会最高,而选择"越短越好"的比重会这么低。经过总结后发现,出现这种状况也是有原因的。首先说明,这肯定不是普通消费者选择的。由于这次调查的对象是啤酒的销售终端,他们对保质期的选择是站在经营者而非普通消费者的角度上,他们主要考虑如果时间太短,一方面,产品受保质期影响不好销售,另一方面,保质期太短使得调换产品的频率增加,还担心会因为调换商品不及时增加不少的麻烦。因此,公司要推出保质期在 60 天的新产品,渠道维护、售后服务和产品调换工作一定要配合好。

5.您尝试一种新产品的原因是什么?

A.广告宣传(58)　　　　B.朋友介绍(20)　C.卖场、酒店促销(46)

D.自己喜欢尝试新产品(12)　E.随大流(8)

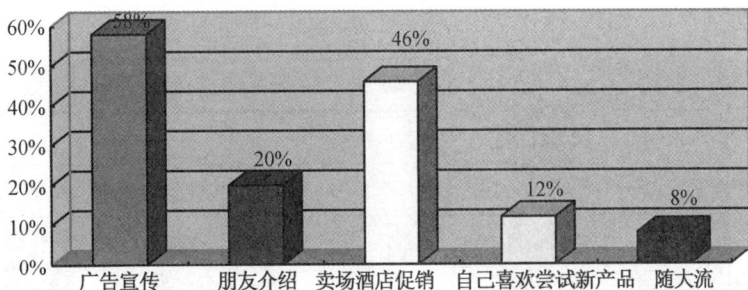

这个问题主要是想了解消费者尝试新产品的主要推动力。结果显示,广告宣传和卖场、酒店促销是选择最多的。而另外两方面,特别是促销活动上,柳泉啤酒做得很不好。因此,在新产品推出后,广告和促销活动绝对不能放松,特别是终端促销活动要一直地搞下去,不只是针对消费者,更重要的是针对终端维护。

6.您认为顾客选择啤酒时最关注什么?

A.品牌(24)　　　B.包装(10)　　　　C.口感(58)

D.价格(60)　　　E.单瓶容量(10)　　　F.保质期(20)

G.售后服务(如酒瓶回收)(36%)

在这个题目的选项中,最突出的是口感和价格,还有售后服务(如酒瓶回收)和品牌,这充分表明普通消费者在选择啤酒时,主要还停留在对啤酒的最基本口感和价格的要求上,只有在这两方面上做好了,才会形成进一步的品牌购买和品牌忠诚。因此,在做产品时绝对不能舍本求末,只有踏踏实实才能做好柳泉品牌。

7. 您这里有哪几种柳泉啤酒的产品?

A. 没有(18)　　　　　B. 普通柳泉(82)　　　　　C. 柳泉 7.7(32)

D. 柳泉原生(24)　　　E. 金柳泉(32)　　　　　　F. 其他(8)

还有 18%的被调查者那里没有销售柳泉啤酒的产品,暂且不去讨论这个数据存在多大的误差,但从调查过程中被访者对柳泉啤酒渠道维护和业务员的抱怨来看,柳泉的终端建设确实存在很多问题。另外,就算有柳泉的产品也主要是普通柳泉,普遍反映普通柳泉的利润太低且几乎没有促销活动和产品成列,很多被访终端对销售柳泉啤酒的积极性不高,这是造成柳泉市场份额下降很快的主要原因。

8. 您这里哪种品牌的啤酒销售最好?

A. 柳泉(26)　　　　　B. 崂山(60)　　　　　　C. 绿兰莎(70)

D. 青岛(14)　　　　　E. 银麦(4)　　　　　　F. 蓝带(4)　　　　　G. 其他(4)

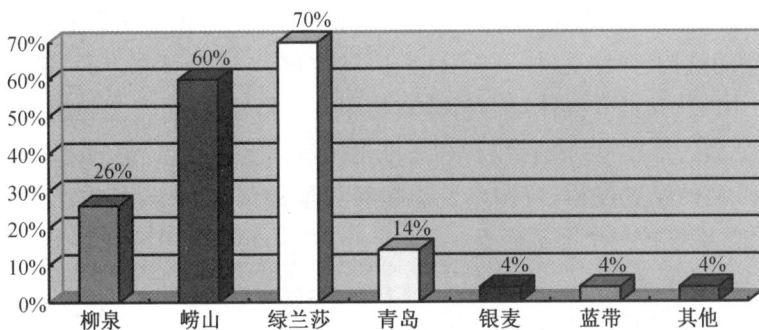

这与第一题的统计数据基本吻合,但柳泉的被选择率较第一题降低了一部分,根据在调查中的观察发现造成这种情况的出现的主要原因是终端销售商对柳泉啤酒存在的抱怨使他们在做选择时故意不选择柳泉。而消费者的选择往往受终端的影响很大,怎样利用好终端促进销售,这个问题是该好好地考虑了。

9.您对柳泉啤酒的印象怎么样?

A.实惠(22)　　　　B.口感好(20)　　　　C.喜庆(16)

D.利润低(40)　　　E.包装陈旧(12)　　　F.产品档次较低(16)

G.不注重终端维护(46%)

10.您认为柳泉啤酒要进一步提升销售最应当改进的是哪些方面?

A.价格(20)　　　　B.包装(16)　　　　　C.广告宣传(40)

D.口感(16)　　　　E.销售终端维护(70)　　F.促销活动(66)

G.商家让利(46)

第9题:

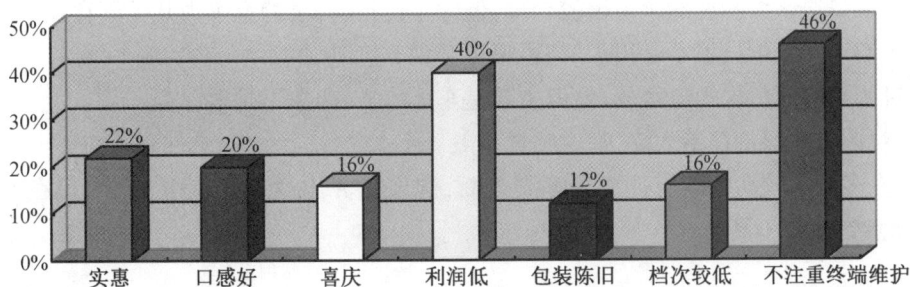

第10题:

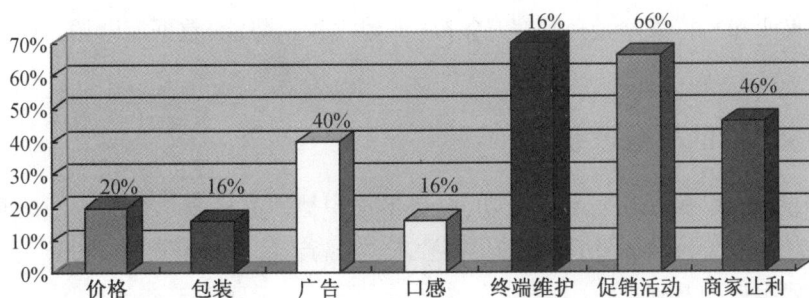

以上两个题目所反映的问题基本一致,也是柳泉啤酒现阶段所面临的且迫切需要解决的问题:销售终端维护、促销活动、商家让利和广告宣传。从统计据上看,销售终端这一起到"守门人"作用的特殊消费群体对柳泉啤酒的印象并不好,甚至产生抱怨,造成这种局面出现的最主要原因还是集中到终端维护和终端促销活动上。因此,销售终端是柳泉啤酒的症结所在。在今后的发展过程中,柳泉要想扭转目前的倒退状态,其中产品研发、广告宣传、活动促销和终端维护一个都不能少。

在调查中发现的问题:

1. 柳泉的铺货率还可以,但不如崂山量大。

2. 售后服务不及时不周到。可以说是相当差劲。

3. 有一个夜场烧烤,不愿卖柳泉,原因是:普通柳泉卖 3 元卖不动,卖两元则不挣钱,不如别的品牌,崂山卖三元消费者没意见,但普通柳泉卖三元就会嫌贵。普通柳泉基本属于最低的档次,价格很难上去。

4. 刘家排骨鸡(C 类店):7 月 14 日,几名老顾客在该酒店消费,竟然连续开出三瓶酸的柳泉啤酒,通知了柳泉的售后服务人员,此人(王烁)到此店后也尝出这几瓶啤酒酸掉了,于是拿了该店一瓶酒(柳泉新一代)说拿回去化验,并许诺五天内答复,但到了现在也没消息。该店的负责人很生气,表示不会再卖柳泉啤酒,并且抱怨柳泉啤酒的质量不好,经常出现有质量问题的情况。并且当晚的那顿饭顾客也没付钱,最主要是他们表示以后不再来吃饭了,这对酒店而言损失不小。崂山啤酒也曾出现过质量问题,但通知崂山后,他们的售后服务人员马上上门退货并道歉,不仅处理及时,态度也非常好。

5. 重庆老鸭汤(饭店),柳泉的铺货较多,在餐桌上摆放的是冰点柳泉,反映还可以。老板提出要厂家经常去回收瓶子。

6. 柳泉销售明显不如崂山好,泰山干啤的铺货也较多。

7. 商家普遍认为柳泉的价格比较合理,但除了价格,柳泉的竞争力几乎不存在。

8. 人们对新粟米技术不是很了解,也很少听说。

9. 对柳泉啤酒广告知道得较多,但主要是车体广告,印象不是很深刻。

10. 对柳泉的评价都不太高,都说感觉一般。

11. 许多档次较高的酒店被青岛啤酒买断,柳泉在 A、B 类店的铺货较少,但在 C 类店 7.7 和冰点销售量不高。

柳泉 7.7 上市推广策略

柳泉 7.7 上市推广策略是孙膑赛马策略,即建立营销势能,数据库营销,让消费者成为业务员。

一、柳泉 7.7 的战略思考

随着柳泉"淡爽"产品市场导入成功,顺势推出中档产品柳泉 7.7 具有战略意义,并趁机提高产品档次和价位,满足消费者的更高要求,实现产品结构调整,为 2006 年大幅度提高整体效益奠定良好的基础。

1. 上市策略

在上市策略方面,建议贯彻先造势、后上市的指导思想,建立营销势能,形成品牌拉力,顺势而为,大力推广。

2. 营销方式

在营销方式上全面导入差异化、精细化营销理念,将销售终端工作做细、做透,全方位拓宽销售渠道,多手段促进产品销售,尽量减少中间环节,使渠道扁平化,最大限度地调动营销人员的积极性,再辅以行之有效的广告推广和丰富多彩的公关活动,将柳泉7.7啤酒2006年度营销大战推向胜利的高峰。

3. 建立品牌

以品牌拉动为主,推动为辅,推拉结合。通过前期广告造势,提高品牌形象,不断塑造其中高档的品牌形象。使柳泉7.7产品在还没有进入酒店前在老板心目中已经树立起了中高档的产品形象。有了品牌的拉动力,从而造成一些酒店出现了没有货却有顾客点名消费的现象。

4. 广告宣传

培养铁杆酒迷,主动制造流量,拉动酒店进货。在产品宣传期以及进入终端后,必须人为地通过广告或其他形式制造旺销,最后产品才可能真正旺销起来,形成销量。

5. 样板饭店销售

采取80:20原则,首先占有中高端样板店,锁定中高档饭店进行铺货。要通过样板店的销售带动其他店的销售,造成营销主动。

6. 推广策略

以孙膑赛马策略,塑造产品差异点,包括产品及包装、业务人员、产品服务等差异化。柳泉7.7的差异点就是淡爽,通过产品口感和品牌文化差异的塑造与宣传,来塑造自己的独特优势,并以此来吸引消费者,拉动终端。

二、产品定位——塑造产品差异化

我们应该通过产品的创新,改善口感,满足消费者对淡爽口感的需求,实现产品的差异化,进而改善柳泉啤酒的产品形象。以此巩固与发展市场,这是柳泉啤酒2006年以及以后一个时期应该且必须完成的任务。不然,我们将无法面对竞争。

(一)产品定位

(1)成为淄博市场啤酒第一品牌。借助柳泉啤酒作为本地第一品牌的优势,借势造势,打造柳泉7.7全新淡爽形象。

(2)产品价格定位:中档,终端价格为5~6元。

(3)销售终端锁定:淄博市中高档A类、B类和少数C类店,以张店、淄川作为突破口,辐射其他区县。

1. 品名

柳泉7.7。

2. 柳泉 7.7 创意说明

（1）用数字 7.7 表明柳泉啤酒的麦芽度已经降为 7.7 度,淡爽的特点显得十分突出,是当前啤酒的流行口味——清爽、淡爽。

（2）现在大众消费流行 8 度或 8 度以下的啤酒,取 7.7 做产品名称,正好顺应这一消费趋势,而且把数字作为产品亮点。名称时尚前卫而又大众化,适合产品的中端定位。

（3）阴历 7.7 又是中国传统的情人节,无形中给产品带来了浪漫色彩。

（4）柳泉 7.7,该名称容易记忆、区别,较好地实现差异化,这一点是最重要的。

3. 包装设计

（1）包装

产品即最好的宣传媒体,包装是产品自带的促销媒介,又往往与产品品牌直接联系;精美的包装可以引起选购的欲望,因此我们在包装上多下功夫,寻求差异化的包装,充分体现柳泉啤酒的文化内涵。建议统一使用新瓶型、异型瓶、新包装和 VI(即企业的视觉识别系统),以及全新的品牌内涵和优质的差异化服务,进一步提升柳泉品牌形象,树立中档产品的优秀形象。

（2）设计

建议突出产品卖点：

①淡爽的口感;

②数字(7.7)作为产品名称的亮点。

4. 消费者定位

年龄在 20~45 岁,收入在中上等水平,富有激情和活力的中、青年人。

5. 区域及目标终端定位

淄博以张店、淄川为中心辐射其他区/县;目标终端,锁定中高档酒店。

（二）品牌理想

创造无限激情和活力。

（三）品牌个性

激情·浪漫·活力。

（四）品牌内涵

“柳泉,演绎激情浪漫故事”。

（五）品牌利益点

低糖,低醇,超鲜。不一样的激情与浪漫。

（六）品牌传播理念

以“柳泉,演绎激情浪漫故事”的全新品牌内涵及“激情·浪漫·活力”的品牌个性为核心作为品牌传播核心。

以“柳泉 7.7,演绎激情浪漫故事”,聊斋故事、聊斋故事画,“柳泉 7.7,低糖,低醇,超鲜”蒲松龄画像绿色琥珀色为主要传播元素。

（七）口感

柳泉 7.7 的口感为淡爽,可以迎合现代人追求的口感和一些时尚元素。

（八）麦芽度

柳泉 7.7 为麦芽度 7.7 度。

三、定价策略

（一）利润空间管理建议

有序地分配各级经销层次的利润空间,不但是厂家的责任,更是控制市场的关键所在。

1. 必须考虑经销商利益

将经销商(区域代理)利润拉齐。

2. 将优秀经销商的奖励换成销售政策补贴

如将利润差转换为"年终返利"或遵守厂方规定的"诚信奖"等,但是返利兑现条件一定要严格,对不按企业规定执行价格政策的经销商要进行制裁。

3. 市场稳定之后,将各种经销商的利润空间全部转换成厂方可以掌握的四类销售政策

（1）价格政策调节利润空间分配;

（2）返利政策调节利润空间分配;

（3）奖励政策调节利润空间分配;

（4）促销政策调节利润空间分配。

（二）建议价格(具体价格待定)

1. 区域代理价格(出厂价)

20~22 元/箱(一箱＝12 瓶)。

2. 进入终端价格(批发到酒店)

25~26 元/箱。

3. 零售价格

5~6 元/瓶。

四、深度营销策略——以产品建立营销势能,实行深度分销、深度助销

（一）深度分销、深度助销建议

1. 建设一支特殊的营销队伍——客户顾问队伍

树立业务人员客服新形象,强化售后服务。啤酒市场的产品日渐趋同,售后服务的作用越发凸显,柳泉啤酒只有不断加强营销服务,才能在提供优质产品的同时,取得更大的竞争优势,建立牢固的消费群体,进而实现利润诉求。

（1）在区域市场成立销售分公司或办事处,对每一个代理商都配备业务员,提高市场的控制能力。

（2）每一个代理商都配备业务员,对代理商在人力,物力,资金,客户资源等方面进行影响,帮助代理商尽快取得成果,获得双赢。使其能够迅速把握市场机会,抢占先机。

（3）通过对业务员的选拔、培养和激励,促进营销队伍的职业化,完成从机会型的"猎手"转化为精耕细作的"农夫",成为能为客户提供增值服务和有效沟通的客户顾问;同时建立学习型营销团队,实行内部信息与知识、经验的共享,不断提高业务素质和服务能力。区域经理采用竞聘上岗制度,业务员实行岗前集训,平时加强内部总结培训,使办事处营销人

员素质是所有营销人员中最高的。

2. 增加中间商的数量,砍掉不必要的中间商

(1)办事处业务人员协助及监督经销商(区域代理商),同时对于一些实力较弱的代理商可以进行大力支持和必要的培训。

(2)经销商(区域代理商)可以根据其控制中高档酒店的数量和区域,划定其代理区域,签约后,严格控制其销售区域,同时积极扶持区域代理商开拓终端酒店。

(3)砍掉二批及一些不必要的中间商,把优秀的二批升级为一批(区域代理商),使渠道扁平化,以增加办事处业务人员、区域代理商(一批)、酒店零售终端的利润空间及积极性。

3. 将代理商作为公司员工纳入公司管理

采取目标考核、目标管理、培训、激励等措施,加强对代理商的管理和考核。树立厂商一家的意识,把客户看成柳泉啤酒的一员,将客户纳入公司管理,使客户增强责任感和荣誉感,将一些重要客户聘请为企业的荣誉员工,参与企业的发展决策,使客户支持柳泉啤酒的事业最大化。每到中秋、元旦和春节等重要节日,公司领导都要带上礼品亲自走访客户,并且每到春节公司都会为每一位客户寄上一封热情洋溢、充满感激之情的慰问信,送上一份诚挚的问候、谢意和祝福。

4. 加大团队对所有成员的素质培养力度

加强培训,包括办事处业务人员、经销商、酒店服务员等的培训。

(1)定期对所有柳泉啤酒代理商及业务人员,举行座谈会及必要的营销培训,以增进团队凝聚力,同时厂家可以及时了解市场动态,做到出现问题及时解决。

(2)通过培训、实践指导等不同方式不断提高经销商市场运作能力,使团队内成员和企业的经营理念和战略保持一致,积极支持和配合柳泉 7.7 啤酒整体市场运作,积极开发市场。

(3)酒店服务员,是"一线"的销售人员,必须对他们培训产品卖点等知识,或通过招贴画等方式对他们进行培训。

5. 重视与终端酒店服务人员及酒店老板之间的互动沟通

充分调动酒店老板们的积极性,让他们成为柳泉啤酒真正卖酒的人。随时了解和记录竞争对手的新品的生产情况,竞品的陈列情况,铺货、销售的情况,然后将这些信息汇总给公司。公司根据每家店的实际情况,采取不同的方法去应对。同时,维护与酒店各个方面的客情关系,上到主管、经理,下到普通服务员。

6. 加强深度回访,当好客户顾问

制订严密的客户回访制度和详细计划,并严格检查落实,回访率要达到100%,不但要加强对自己所有的代理商、终端的回访,还要对竞争对手的批发商、终端零售商加强回访,在沟通中增进关系,培育合作机会;不断提高营销人员的服务意识和专业素质,当好客户顾问,努力解决客户的一切困难,尽最大能力满足客户的一切需要。

(二)渠道管理——合理控制营销的深度及助销的深度

1. 控制营销深度,降低营销成本

(1)在渠道深度上,建议取消二批,同时把优秀的二批经销商升级为一批,厂家(办事处)掌控一批,并协助一批掌控终端。对渠道的运作以掌控一批为主,并彻取消除市场混乱

的根源一二批这个环节,至于终端酒店可由厂家协助一批或直接由一批负责供货、服务和管理,这样厂家和经销商就能做到合理分工、各司其职,经销商愿意将自己所管辖的市场真正重视起来,尽最大努力去服务好、管理好其下属的终端,也就真正地将划定的经销区域视为自己的领地,这样厂家也就能集中精力来做品牌、做产品、做服务了,这样双方的效率和效益都达到了最大化。

(2)强化开发,不断抢占市场空白点,攻击竞争对手弱势市场,向市场覆盖率100%和市场占有率第一迈进,并向市场领袖地位冲刺,提高对整个区域市场而不是局部市场的掌控能力。

2.对有一定规模、效益好、信誉好的终端商重点培育,大力支持,全面服务客户

要加强终端商的培育,在促销、奖励等方面给予较大的支持,并有计划地将一部分终端商交给代理商配送,提高配送的及时性,同时充分调动办事处业务人员积极性。要对部分质量型(规模大、效益好、销量大)的终端和竞争激烈的非专销终端可由办事处直接掌控;要积极开发连锁式的大型终端(品牌连锁饭店),对部分此种终端实行向总店供货,由总店向分店分销。

从各个方面支持客户,给客户提供全方位的服务是提高客户对企业忠诚度的重要方面。对客户的服务主要从以下几个方面做起。

(1)为客户提供周到的营销服务

利用企业在营销方面的优势,加强对经销商及其员工的培训和指导,积极帮助客户运作市场,弥补客户因营销素质偏低的不足,提高客户的市场运作能力。企业主要协助客户做好市场调查、市场细分、产品组合、促销方案制订与实施、日常管理等方面的工作。

(2)协助客户做好配送服务

①要为客户提供方便的缴款、提货、运输等服务,使产品能够迅速地从厂家运送到客户的仓库内,尤其是在旺季的时候保证客户不断货;

②要在人员、车辆等方面给予客户必要的支持,保证客户能够迅速地将产品向终端分销。

(3)帮助客户做好网络管理

柳泉啤酒的营销人员要协助客户,尤其是一批经销商做好网络的规划和管理工作,对网络的层次、宽度进行科学设计和建设,并加强网络成员之间的沟通,做好成员之间的利益分配,提高成员之间的整体意识与合作意识。

(4)协助客户做好终端管理和促销

帮助客户做好终端网络的建设和维护工作,在目标终端的选择、数量的控制、产品的定位、配送、理货、回货、回瓶等方面做好工作,同时要防止串货;啤酒柳泉啤酒还要帮助客户做好终端的促销工作,通过种种有效的促销方式促进终端消费量的快速提高,只有终端消费量增强了,物流速度才能加快,单位时间内客户的利润才能实现最大化,客户对柳泉啤酒的忠诚度才能不断提高。

(三)实施精细化营销——经销商(区域代理商)掌控终端管理方案和指导手册

1.指导手册所要达到的目的

通过经销商对发往终端的啤酒的货物流向、流速和流量进行登记,协助经销商的同时

通过物流的掌控以达到"信息收集及时准确、控制串货、促使经销商主动掌控终端"等目标。最终形成良好互动的厂商关系,以及规范的市场、稳定的价格和品牌保值增值目的。

2. 方案的主要内容

由公司印制批发部"终端啤酒送货明细表",经销商每天必须对公司产品发往终端进行登记。公司业务人员于次日在经销商处收取前日的送货明细表,并根据该表的内容进行核查。通过送货明细表和终端实际的进货数量的对比,来监督检查经销商的货物流向。如果发现送货明细表和终端调查所得数据偏差较大,则对其进行相应的考核。

登记表示范如下:

××××啤酒批发部(经销商)终端啤酒送货明细表

日期:2006 年 1 月 18 日 000001

序列号	终端名称	电话	产品名称:柳泉 7.7	
			件/包	
01001	××大酒店	2547554	20	
01002	×××食府	1235485	15	
	合计		35	
1	经销商	前日库存		
		近日进货		
		近日销量		
		今日库存		

经销商签名:　　　　　　　　业务员签名:　　　　　　　　片区经理签名:

3. 方案操作流程

(1)经销商对当日终端啤酒流向和流量的登记,并按照表格的要求,如实地反映当日的进销存信息。

(2)业务人员于次日早晨在经销商处收取前日批发部终端啤酒送货表,并根据该表的反馈的信息,对比后根据登记表在销售点进行核查。

(3)办事处市场渠道专员对经销商的登记表进行抽查。

(4)根据终端反馈信息和登记表进行对比核查。

(5)根据对比核查结果对经销商进行相应的奖惩。

具体流程见下表:

	经销商	业务员	片区经理	办事处负责检查的人员	办事处
当日	填写终端啤酒送货明细表				

（续）

	经销商	业务员	片区经理	办事处负责检查的人员	办事处
次日 9:00		到经销商处收取终端啤酒送货明细表业务员联和办事处联。			
次日 9:30		片区晨会,业务人员表明有问题的送货终端。并将办事处交给片区经理			
次日 9:00—19:00		业务人员根据登记表进行核实	片区经理送登记表给办事处	办事处专人收取,并检查核实	
第三天					对经销商终端啤酒送货明细表信息登记汇总
每月					汇总该月的经销商终端登记信息,给经销商给营销中心

4. 方案操作的难点和保证

（1）难点

①对终端发货的登记工作量较大,致使部分经销商没有精力或者不愿意去做,可由办事处人员协助;

②业务人员和办事处专员的核查工作量较大,存在难度。

（2）三个保证

①保证经销商终端送货登记信息的真实性和及时性;

②保证业务人员和办事处负责检查的人员检查核实的及时性和准确性;

③保证经销商终端啤酒送货信息汇总的有效性和及时性。

5. 设立市场督察专员,市场督察专员的工作职责

市场督察专员负责对市场的调查,串货的调查与处理以及各种报表的真实性进行核实,对业务员的服务进行检查,同时可直接对经销商的登记信息进行检查和核实。专员的抽查具有随机性和不定时性。专员的检查必须要及时。

第一保证

为控制经销商登记信息的真实性和及时性,建议对于经销商返利的发放,以经销商登

记表的送货数量为依据。如果经销商不愿意登记,或者登记的数据中 10 家中出现 1 家不真实,则该天所有的经销商发货量的返利全部扣除。经销商每天必须对该天送货的数量进行登记,次日 9:00,由该负责区域的业务人员收取,并检查库存。未提交者,当天所发啤酒的返利全部取消。累计发现三次,登记信息不真实或未上交者,则罚款 200 元,并根据态度和情节实行停货以至于解除销售合同。

第二保证

(1)关于业务人员和办事处检查人员的工作流程的设计。

(2)关于节假日经销商终端登记方案的实施。

节日:有片区值班人员进行收取,并每日 19:00 之前送与办事处。

(3)对业务人员和片区经理的监督考核:

①将经销商终端啤酒送货明细表的真实性和业务人员、片区经理的工资挂钩,如果发现业务人员有包庇纵容现象,根据该项工资考核标准进行罚款。

②对于出现三次以上,违反办事处对终端送货明细表的监督规定的业务人员进行教育并上报营销中心通报批评。

第三保证

办事处对经销商终端啤酒送货信息的汇总,主要有两个作用:其一是通过周期数据的对比,检查经销商登记信息的真实性;其二是掌握终端啤酒销售的真实信息,为公司提供第一手资料。

五、柳泉 7.7 上市策略

先造势,并利用好政策,顺势促进首批进货量,拉动经销商大量进货,以调动经销商销售柳泉啤酒的积极性,对于进货量较大的经销商,可以采用物质奖励法和精神勉励法相结合的方式。

(一)进入酒店终端

1. 80:20 法则——盘中盘策略

在选择的多家终端中,一定要找到在目标市场终端店中数量上仅占 20%却起着 80%领导消费潮流的这部分酒店。同时公司需要将 80%的精力与资源用在这 20%的店上,而将 20%的精力与资源用在剩余 80%的酒店上。具体形象店和样板店的确立,要对酒店终端数据库进行综合分析。

在核心市场,如张店、淄川,建立 20 家形象店和 60 家样板店,建立店招,实现好的陈列,实现主推,力争在以上形象店中达到销量第一,并树立良好的口碑和品牌形象。

上述 20 家形象店和 60 家样板店选择标准应分为 A、B 两个等级。A 级店标准有:知名度高、信誉好;入场费用较为合理、县城主顾层次高;B 级店标准比 A 级稍逊一些,该类店大多以销量为主。

选好店后迅速建立庞大的餐饮网络体系,力争在 25 天内顺利进入终端。同时建立客户档案,并完成 70%以上的铺货率,严格控制终端供应价及零售价。网络覆盖周期以 25 天计算,分为三个阶段进行:第一阶段(1~10 天)网络数量 30 家;第二阶段(11~20 天)网络数量 20 家;第三阶段(21~25 天)网络数量 10 家。

为顺利达到铺货效果,可采取细分终端的策略,将终端分为营利终端、非营利终端、广告终端和竞争终端。结合现有的资源,按照每个终端的不同作用,在关键店实施重点铺货,巧妙地避开强势品牌的影响。在市场开拓期对终端商进行"月销售奖励"的措施,以带动终端商开展工作,促使销售量快速增加。可根据竞争对手情况针对终端客户开展"品牌专营奖励"和"品牌联谊会"等活动,从利益、感情两个方面给竞争对手设置壁垒。产品进店后就要做到生动陈列。在吧台头顶上正中间位置摆放产品,在吧台前或者出入口地方摆易拉宝,设置产品展示台,并让促销小姐在展台旁边进行介绍、推荐。店内张贴 POP 海报,让目标顾客在购买之前感受到产品及其品牌宣传,增加顾客消费量和购买率。有条件的店可以考虑装潢包间,在包间内发放印制精美的产品宣传画册等。

2. 新产品上市品鉴会(新闻发布)会

邀请淄博市各区县啤酒经销商、中高档酒店老板和酒水导购员等,进行联谊活动,发布柳泉啤酒产品信息,给对方留下一个良好印象,征求广泛的支持,为踏出第一步做好准备。

3. 进店有礼活动

在联谊活动之后马上把柳泉 7.7 啤酒产品送进酒店终端,并随啤酒产品附赠一些促销品,如酒杯、烟灰缸、台布或服务员比较喜欢的化妆盒、化妆品、首饰等。选择大的酒店,赠送展示柜,作为形象宣传。

4. 非常进店办法

如果有的酒店实在不愿意接受新品牌,我们还必须大面积铺货,可以将第一批产品免费送给酒店,每店 2~5 箱,"白送"一般会被接受(收条一定是要打的,按进货价打收条),并配合当地市场做品牌宣传,刺激酒店后续进货。

5. 多元化促销形成强大推力

前期工作都做完了,接下来就要促销了,而促销则是至关重要的销售工作。

(1)直接派品牌促销员。在该市场 20 家形象店内设专职促销,用口头传播方式,直接向目标消费群宣传、推介产品。

(2)在包间发展重要暗促。

(3)组织内线意见领袖,使柳泉 7.7 概念行为化。该内线意见领袖必须是该店主顾,可以将其聘为企业顾问。对于意见领袖要有一定的投入,要完成在该店的指名购买。操作时要注意:事前送酒,并送到其单位,然后带酒在该店消费形成领导效应,与品牌促销员里应外合促进产品动销。

(4)联合促销。可以是与酒店联合促销,例如,消费该产品 1 瓶,酒店餐费可以打 9 折,消费 3 瓶以上可以打 8 折;在三个月之内消费满 10 瓶,酒店可为该顾客发放银卡一张,长期享受 8.5 折优惠,消费满 30 瓶,发放金卡一张,长期享受 7 折优惠。还可以与夜总会、酒吧、KTV 联合促销,与这些渠道联合的理由是不少顾客用完晚餐后很可能还要到这些场所娱乐。总之,联合对象必须是与该产品消费相关联,而又互不构成竞争的单位和产品。

(5)抽奖促销。抽奖促销方式有三种:一是在产品包装(包括瓶盖上)印上获奖等级及所对应的奖品,顾客据此在消费产品后到指定地点领取奖品;二是由厂家统一制作刮奖卡,通过在终端售点开展现场促销活动,诱导顾客即兴购买和消费,并现场兑现奖品的一种方式;三是在产品包装内预装面额不等的现金或金币,顾客消费产品后随即就可获得奖励。

（6）瓶盖兑奖。

6. 加大品牌公关及推广形成适当拉力——核心消费群的人员推广

在终端大力促销的同时，有必要做一些品牌推广活动。这种活动主要包括核心消费群的人员推广，核心消费群主要是那些高收入人群。

（1）主要与买单层（富裕层）合作，采取在富人工作、生活、娱乐的地方做品牌推广。比如在高档会所、写字楼、售楼处、汽车美容中心、加油站等处展示产品形象，派发宣传册。

（2）攻克集团客户：柳泉7.7啤酒必须加强强势消费集团中核心人物的推广，从而拉动富裕层进行消费，培养长期忠诚的消费群体。特别加强部队、党政机关各部门的宣传与赞助联络。对政府及事业单位的一些大型会议或活动实行赞助，加强产品形象推广。以品鉴会、推广会为契机强力启动，真正开启"贵人带动富人，富人带动消费"的关系型营销全新模式。

（3）企业系统公关：各企业系统主要包括：银行、保险、房地产、电信系统，汽车运营等。与富裕层进行合作建立VIP俱乐部。在建立关系型渠道数据库基础上，从其内部筛选出一些消费领袖，不定期举行会员交流会，对其进行免费品尝赠送，VIP会员购酒时实行特供优惠价，不断加大关系性营销力度，从而建立会员制消费集团客户。

（4）开展事件营销：为进一步拉近与终端及集团用户的客情关系，开展一系列活动，如利用品鉴会、诗酒文化活动、联谊活动，邀请有影响餐饮店的主要负责人聚餐并赠送一些礼品，使他们达到对产品认识、认知和认同。选择政府性、公益性影响较大的活动，如工程工业庆典、竣工剪彩、表彰大会、一年一度的政府工作报告、文体活动、公益活动进行一些赞助。在一些权威消费者的婚宴、寿宴上大做文章。

（二）巩固酒店终端

1. 买断终端酒店的促销权，将目标酒店促销权的部分或全部买断，开展系统的促销活动，活跃柳泉啤酒品牌的消费气氛。

2. 在目标酒店配备导购小姐，作为是柳泉7.7啤酒啤酒销售的尖兵，对推广柳泉7.7、占据酒店终端起着举足轻重的作用。

3. 巩固目标酒店非常办法，也可以利用柳泉啤酒整个产品体系，买断酒店的经销权，而不仅是促销权，这样可以把其他竞品排除在外。

4. 征服酒店终端老板。可以实行批量奖励方法，具体方案要点是累计进货达到多少箱赠送彩电、手机等；不定期的酒店终端抽奖活动，中奖桌号可以免费赠送柳泉7.7啤酒或买单付账等；为酒店做店招、进行装潢、张贴海报、搞堆头促销、设计菜谱、进行广告艺术包装等。

5. 征服酒店终端服务员。不定期地为酒店服务员开展娱乐活动，进行广泛的沟通；在节日为服务员赠送小礼品（化妆品、小饰品等）；用开瓶费奖励服务员，刺激服务员开瓶。

6. 征服消费者。从公关、广告、促销、形象工程等多方面进行沟通。

（三）公关活动设计

通过有效的公关活动，增强内部凝聚力，强化与消费者的沟通，提高消费者的品牌忠诚度；进一步开展公关工作，稳固与扩大忠诚消费者队伍。

1.制造旺销

在产品进入终端后,不表示就可以销售了,进店后企业必须利用各种公关手段,人为制造旺销,最后产品才可能真正旺销起来,形成销量。

制造旺销可以按照以下流程进行。

(1)产品旺销信息的制造

可以采用以下两种方式。

①采用终端拦截人为制造旺销信息。终端拦截比较常用的方式是促销小姐推荐和服务员推荐,随着竞争手段雷同,从效果看服务员的推荐比促销小姐推荐的作用更大,企业可以在给服务员的暗促上下功夫。

②让产品在终端有充分的表演。产品在终端的表演主要采用多样的终端生动化形式,比如产品摆桌、带框海报、摆放易拉宝等方式,甚至用声音陈列即一旦有客人要该产品服务员就大声告诉吧台,让客人一进入酒店就看到产品、听到产品名,误以为该产品在店里是旺销的产品。

(2)形成市场力量的推荐率

这种力量的形成主要在终端服务员和领袖消费群中下功夫。如对终端服务员除了暗促以外,还可经常派厂家的陌生人到酒店假意就餐,询问服务员哪个品牌的啤酒卖得好,如果服务员回答是本厂家的产品,当场立刻奖励小礼品,久而久之服务员就会形成下意识,只要有客人询问就立刻推荐本厂家的产品,形成了市场的推荐率。对于领袖消费者,在摸排好当地领袖消费者的名单后可采用送酒、抵酒券等方式引导领袖消费者喝自己厂家的产品,对其他人群形成示范效应。

要想有长久的市场推荐力量,企业除了这些方式还应该持续地提供产品或销售方式的卖点,形成酒桌的谈资。

(3)消费者的主动点单率

通过领袖消费者群的带动作用,就会形成客人主动点单,为了这个主动点单能有长期循环,企业还要做好两个关键,即在现场制造诱惑,用人、氛围、产品说法来诱惑消费者购买,另外同时采用赠送联系卡、小礼品等方式让消费者能够再次购买,形成循环。

2.公关活动设计举例

活动一:柳泉啤酒庆祝元宵佳节全体职工聚会

(1)目的:借助新春庆祝元宵佳节之际,通过庆祝、聚会、娱乐,搭建企业与员工之间沟通的平台,总结2005年的成绩和经验,对优秀员工进行表彰奖励;传达2006年柳泉整体战略规划、形象规划,产品结构调整等,增强员工的荣誉感和自信心;加强员工之间的感情沟通,提升团队意识和团队凝聚力。

(2)时间:＿＿＿＿＿＿月＿＿＿＿＿＿日18:00—21:00。

(3)地点:柳泉公司或指定地点。

(4)活动议程:

①17:45签到;

②18:00点庆祝晚会开始;

③公司领导讲话;

④职工代表讲话;

⑤演唱(职工);

⑥快板书表演(专业);

⑦"三句半"表演(自演);

⑧互动提问节目时间;

⑨乐器演奏(专业);

⑩特邀表演;

⑪19:30 集体聚餐。

(5)备注:聚会活动前,提前通知每位员工,告诉他们活动的目的及大致流程,各部门准备好自己的节目,分组进行才艺比拼,对表现优秀员工给予奖励。演唱、快板书、乐器演奏这三个节目邀请专业演员表演;"三句半"由公司员工自编自演。

活动二:2006 年"柳泉 7.7"新品上市品鉴会

(1)品鉴会的总体规划和注意事项

①确定品鉴会日期、地点、新闻点等。

注意事项:与希望发布事件日期相配合,促进自身对外宣传,挖掘新闻点、制造新闻效应、注意避免与重大新闻事件冲突。该步骤应在正式品鉴会前 5 天完成,最迟 3 天,并在邀请函发布前预定会场,否则会影响下一步工作。

②确定组织者与参与人员,包括广告公司、政府领导、同行、媒体记者等,与品鉴会承办者协调规模与价格,签订合同,拟订详细邀请名单、品鉴会议程、时间表、品鉴会现场布置方案等。

注意事项:该步骤主要由主办者提出要求,承办者负责具体内容。

③按照邀请名单,分工合作发送邀请函和请柬,确保重要人员不因自身安排不周而缺席品鉴会。回收确认信息,制定参会详细名单,以便下一步安排。

注意事项:该步骤一定要计划周密,由专人负责,适当放大邀请名单,对重要人物实施公关和追踪,并预备备用方案,确保品鉴会参与人的数量和质量。

④购买礼品,选聘主持人、礼仪人员和接待人员,并进行培训和预演。设计背板,布置会场,充分考虑每一个细节,比如音响、放映设备、领导的发言稿、新闻通稿、现场的音乐选择、品鉴会间隙时间的娱乐安排等。

⑤品鉴会前,提前 1~2 个小时检查所有准备工作是否就绪,将品鉴会议程精确到分钟,并制定意外情况补救措施。

⑥按计划开始品鉴会,品鉴会程序通常为来宾签到、贵宾接待、主持人宣布品鉴会开始和会议议程、按会议议程进行、会后聚餐交流、有特别公关需求的人员的个别活动。

⑦监控媒体发布情况,整理品鉴会音像资料、收集会议剪报,制作品鉴会成果资料集(包括来宾名单、联系方式,品鉴会各媒体报道资料集,品鉴会总结报告等),作为企业市场部资料保存,并可在此基础上制作相应的宣传资料。

⑧评测此次品鉴会的效果,收集反馈信息,总结经验。

⑨通过此次品鉴会,和政府及各部门相关领导进行沟通交流,搞好关系,为企业的发展

提供保障。

⑩借助此次品鉴会,启动柳泉7.7淄博市场,提升柳泉啤酒的品牌形象和价值,提升柳泉啤酒在公众中的美誉度,进一步巩固企业形象。

⑪制造新闻效应,联系具有市场影响力的新闻媒体宣传报道,扩大柳泉啤酒的品牌美誉度。

(2)柳泉7.7新品上市品鉴会流程

①时间:2006年_____月_____日。

②地点:_____大酒店。

③邀请对象:各级政府领导、各级工商税务部门领导、经销商、酒店经理、部分消费者、市区级的主流媒体,电视台、报社等。

④活动目的:

a.加深厂家与各大酒店及经销商之间的关系。

举办联谊活动,更进一步加深厂家与各大酒店及经销商之间的关系,拉动新品柳泉7.7进货量。与经销商统一思想,有效宣讲企业的经营战略变革、品牌提升和市场运作策略、新产品的推广、价格政策的调整等营销计划。

b.了解经销商及终端用户需求。

通过座谈方式与经销商交流,了解经销商及终端客户目前对家具的各种需求和要求,加强与行业客户的沟通与联系,及时制定解决方案。

c.增强客户满意度。

根据客户提出的建议和要求,进一步规范售后服务。提高用户对柳泉产品的满意度,化解双方的矛盾和不满情绪;合理调整企业、经销商与酒店之间的角色关系,建立合作双赢的长久关系。

d.借助品鉴会,制造新闻效应,提升品牌形象和价值。

借助柳泉7.7品鉴会,联系具有市场影响力的新闻媒体宣传报道,扩大柳泉啤酒品牌美誉度,进一步巩固企业形象,提升品牌价值。

5.活动流程

a.14:30 工作人员到位;协作单位工作人员到位;完成各项准备工作。

b.15:50 主席台安装完毕;音响调试完毕;会场氛围布置到位;会标、条幅、巨幅彩喷画到位;贵宾休息室布置出,配好招待×××矿泉水;工作人员(含礼仪小姐)到位,按分工配合完成各项工作;会议备品准备到位。

c.活动物品检查:人员检查;物品检查;资料检查;礼品检查;会场检查;全程摄影、摄像协调。

d.签到:嘉宾签到;媒体签到;会场引导;资料分发。

e.16:00 嘉宾报到,迎接(发礼品券)。

f.16:00—16:30,茶歇/看宣传片。

g.16:30—16:35,嘉宾、记者分别入座(专人引导)。

h.16:35—18:30,品鉴会时间(可适当延长,据当时情况而定)。

- 主持人宣布品鉴赏会开始。
- 主持人介绍参加品鉴会的政府领导、嘉宾、媒体记者。
- 柳泉啤酒领导致欢迎词。
- 邀请政府领导致辞。
- 表演：乐器表演、模特表演、歌舞表演。
- 品评、座谈、庆祝交流、就餐。
- 结束。

i. 18:30 会议结束,赠送礼物。

j. 车辆调度。

（3）品鉴会相关执行细案

①现场布置、物品到位、相关参会人员到位

a. 酒店门口设"柳泉啤酒"的专门迎宾,会场设置专门的服务和接待人员。

b. 配有签到台、签到本、笔和专门人员,柳泉啤酒副总经理在此迎接。

c. 会场主题横幅："柳泉7.7新品上市品鉴会"。

d. 重要领导应专人引领到前排就座。

e. 制作两个易拉宝：关于柳泉啤酒的品牌内涵"柳泉啤酒演绎激情浪漫故事"以及柳泉啤酒上市的新啤酒,摆放在酒店大厅,来宾进来以后能直接看到,放置在比较醒目的地方。

f. 现场用电视放映柳泉啤酒的专题片,电视放在主席台的左侧或右侧,内容关于淄博亚洲啤酒有限公司获得的荣誉和新产品介绍等。

g. 品鉴会现场的桌子上,放有公司和新产品介绍的资料。

h. 每个餐桌都配有专门的服务人员,在来宾就座以后,倒上茶水。

②拟订需要邀请的政府及相关领导、嘉宾的名单,按邀请人员名单,制作请束,并在开品鉴会的前一天或前几天,就给各位领导发请束,以便各位领导、嘉宾在时间安排上有所准备,能应邀参加。

③购买礼品（另定）。

④相关费用：酒店餐饮的费用,购买礼品的费用,所在酒店开会的费用,请演员的演出费用。

⑤邀请淄博的专业主持人和模特队,以便提高此次活动的质量。

邀请媒体

媒体类别	媒体名称	投放形式
网站	淄博信息港	新闻报道
	淄博新闻网	新闻报道
电视台	淄博新闻频道	新闻报道
	淄博科教频道	新闻报道
	淄博生活频道淄川电视台	新闻报道

（续）

媒体类别	媒体名称	投放形式
报纸	淄博日报	新闻报道
	淄博晚报	新闻报道
	鲁中晨报	新闻报道
	淄博声屏报	新闻报道

活动三："柳泉 7.7 啤酒"户外大型宣传活动

"柳泉 7.7 啤酒"啤酒淮安户外大型促销活动可以选择金帝广场或其他人流量较大的繁华地段举行。

现场可以安排大型文艺演出、啤酒比赛、啤酒文化介绍、有奖问答。现场众多参与、互动型活动,吸引市民关注和参与。

可以设计以下节目:

①双人吸管啤酒比赛;

②"柳泉 7.7"啤酒小姐向市民介绍柳泉啤酒品质;

③"吹瓶"比赛;

④"柳泉 7.7 啤酒"文艺演出。

活动四："柳泉 7.7 啤酒"大型试饮活动

建议:时间定在夏季,办事处人员组织并实施。

活动可以在全市范围内进行免费赠饮活动,让淄博市民在感受到新柳泉 7.7 啤酒广告带来的视觉冲击后,了解到真正的柳泉啤酒,并且在炎热的夏季亲自体验柳泉啤酒的淡爽,并由专人讲解柳泉啤酒相关的内容,让消费者真正地感受到柳泉的激情、浪漫、活力的个性,演绎激情浪漫故事的品牌内涵。

活动五："柳泉 7.7 啤酒"酒楼免费培训

（1）培训目的

通过由柳泉啤酒提供免费培训的服务,签订培训协议,减免进店进场费用;同时达到深入酒楼内部、建立良好客情关系并有效宣传产品及服务的目的。主要意图当然是在酒楼强化公司形象、产品印象以及业务员的客情关系,同时强化柳泉啤酒的一些相关推广、促销活动内容,使酒楼员工更愿意、更明白地推介本公司的产品及相关服务。

①A 类培训

a. 培训对象:楼面部长、经理等。

b. 培训课程:管理技能、服务技巧、沟通技巧、推广技巧、菜系知识、酒类知识、淄博亚洲啤酒有限公司、品牌、产品知识等。

c. 培训形式:结合渠道拓展的需要,集中多家酒楼的楼面部长、经理等统一培训。

d. 培训的价值提升:可以联合餐饮行业协会推出"餐饮、服务业职业经理人培训班",邀请知名的培训讲师系统地进行培训,对于成绩合格者还颁发结业证书。同时,通过培训班,建立酒楼、咖啡厅、酒吧等的部长和经理的档案,并为日后的公关、联谊活动打下基础。

②B类培训

a.培训对象:主任、领班、服务员等。

b.培训课程:服务技巧、沟通技巧、产品推介技巧、菜系知识、酒类知识、淄博亚洲啤酒有限公司、品牌、产品知识等。具体课程须结合酒楼的实际情况选择,避免与店内自身培训内容的重复。

c.培训形式:店内培训,以幻灯放映、提问互动、小奖品鼓励等相结合的方式。

③C类培训

a.培训对象主任、领班、服务员等。

b.培训课程:简化培训课程,直接进行酒水推介技巧、酒类知识、淄博亚洲啤酒有限公司企业、品牌、产品知识等培训。

c.培训形式:同上。

d.培训时间:尽量在1~2小时完成培训,安排在14:30—16:30。

(2)C类培训教材案例

酒水销售的重要性及柳泉啤酒产品的推介。

课程设计原理:尽量通过能引起酒楼老板兴趣并能真正起到帮助和改善酒楼员工服务的内容作为培训课程的切入口,由此引出与柳泉啤酒产品相关的内容,达到双方对于本次培训的期待,满足双方的需要。避免只讲柳泉啤酒的产品与服务。

①课程内容提纲

a.酒楼在销售什么?

顾客进门之前考虑:档次、环境、菜系、特色、服务、其他。

顾客进门之后考虑:吃什么饭菜、喝什么酒水。

b.酒楼销售的弹性主要体现在哪些方面?

餐馆为什么往往也叫酒楼?由此引出酒水销售的重要性。

饭菜与酒水的消费比例如何?是否经常遇到一桌顾客酒水消费大于饭菜消费的现象?

提高单次消费额的机会:增加酒水消费。

c.为什么要喝酒?

了解顾客喝酒的原因,能更好提高酒水服务质量。

无酒不成宴:私人交往、公务应酬、家有喜事、团体庆典等。

主动需要:喜悦、悲伤、公关等。

被动需要:应酬。

目的:情感交流。

d.什么是酒?

——带酒精(乙醇)的饮料。

——情感催化剂。

e.酒的分类(尽量避免太多技术性的分类知识,主要通过与日常销售相关的分类来介绍酒的常识)。

各种酒的分类。

啤酒与其他酒水的差异。

啤酒的分类:按产品档次分、按酒精度数分、按香型分等。

柳泉 7.7 的卖点等。

f. 增加酒类消费的文化背景。

劝酒:中国人的好客,在酒席上发挥得淋漓尽致。人与人的感情交流往往在敬酒时得到升华。中国人敬酒时,往往都想对方多喝点,以表示自己尽到了主人之谊,客人喝得越多,主人就越高兴,说明客人看得起自己,如果客人不喝酒,主人就会觉得有失面子。

劝人饮酒有如下几种方式:"文敬""武敬""罚敬""回敬""互敬""代饮"等。

"罚酒":这是中国人"敬酒"的一种独特方式。"罚酒"的理由也是五花八门。最为常见的可能是对酒席迟到者的"罚酒三杯"。

饮酒行令,是中国人在饮酒时助兴的一种特有方式。

总的说来,酒令是用来罚酒。但实行酒令最主要的目的是活跃饮酒时的气氛。何况酒席上有时坐的都是客人,互不认识是很常见的,行令就像催化剂,顿时酒席上的气氛就活跃起来。

行酒令的方式可谓是五花八门。最常见,也最简单的是"同数",现在一般叫"猜拳"。

g. 酒文化、典故等。

酒的历史、名人与酒、喝酒为什么要碰杯、酒与健康(葡萄酒公司应重点介绍)等。

h. 酒水(啤酒)服务技巧。

取酒、开瓶、倒酒等。

倒酒的礼仪。

i. 增加酒水销售的技巧。

顾客重复购买 / 顾客相关购买 / 顾客推荐购买。

了解本店所有酒水品种规格及相应价格(含白酒、红酒、啤酒、饮料等),最好能倒背如流。

抓住目标消费群,尤其高峰期中要抓住重点顾客(包房)。

抓住正确推介时机:一般在点菜后。

了解顾客之间的大致人事关系及重要人物,必要时进行公关,初步建立客情关系。留意客人点菜(消费水平),客人间的称谓,判断消费类型:公费、私人聚会、商务宴请或其他,应推介何品种及度数,若判断不出,可由价位高的向价位低的一一简述,及时观察客人反映。

注意酒的添加,随时注意需要添酒的客人,杯空及时为客人添加酒。添加后若酒所剩无几,主动询问客人是否还要加几瓶。

随时注意新到来的客人。

客流高峰过后,一边交叉服务,一边接待新到客人。待客人快要结账时请"谢幕",即对客人边打招呼边致谢,随后可了解一下饮者对饮品的意见或建议,也可拉拉客情闲聊几句,时间不要太久,也可边送客边谈,待客人走后,可做好该客人特征或称谓、饮用量及品种记录(小笔记本)。

回头客:每日养成记笔记的习惯,每日积累 1~2 个客户资料,一个月你就有 30~60 个熟客了,当回头客来时,热情打招呼(趁其不注意翻自己笔记,能记住姓更好),按其消费习惯,直接称谓推酒,如"杨总,您来了! 今天4个人是先来1瓶还是2瓶××酒?"

j. 推介过程中的语言技巧。

通过一个小故事来说明,如:两家小店服务员的启示。

有两家相隔不远的小店,经营面、粉之类,每天结账时,乙店总要比甲店多出百十元。

甲店服务员:加不加鸡蛋?

乙店服务员:加一个鸡蛋还是加两个鸡蛋?

k. 如何应对服务过程中的一些事件。

顾客要陪酒怎么办? 顾客邀请出去玩怎么办?

上班时发现存货不足怎么办?

酒水不小心弄脏了客人衣服怎么办?

客人对酒质量有意见怎么办?

当客人问及一些酒类的专业术语,而你不知怎样回答时,怎么办?

如客人说:"上次喝你介绍的酒喝吐了,这次不敢喝了。"怎么办?

"价格高,太贵!"怎么办?

"你这酒,没有名气,我不喝!"怎么办?

l. 本公司及相关产品、服务介绍。

公司介绍、产地、生产厂家、品质、品种、规格、度数、价格、包装等。

m. 如何引导客人喝本公司的酒。

介绍本公司产品的特点、特色、获得的荣誉、促销内容、独特服务等。

n. 关于本公司产品常见疑问解答。

②培训活动的开展及管理

a. 以C类培训为例,一方面,需要在公司总部通过实践、总结并逐步形成相对固定的培训教案,并有专门的培训师。另一方面,必须将常用课程对内部员工进行培训,主要对象为区域经理、促销督导、终端业务员等。

b. 区域经理必须有能力将课程带到区域市场进行推广,有能力对区域市场中的促销督导、终端业务人员进行培训并检核培训效果。

c. 各级相关的员工对于全部培训课程的了解和理解,能在具体工作中积极有效地对酒楼客户进行推荐。

d. 根据职位的不同,要求掌握相关的课程内容并能讲解。如终端业务员和促销督导必须掌握C类培训内容,区域经理必须掌握C类、B类培训内容,而公司总部的相关人员除了必须掌握C类、B类培训内容之外,还能组织好A类培训。

e. 根据酒楼终端的重要性分类,可以由区域经理、促销督导或终端业务员对相应酒楼进行培训。而A、B类培训则可由区域经理组织,公司总部支持,有计划地在各区域巡回开展。

f. 以区域市场为单位,制定相应的培训计划,监督并检验培训的执行情况;总部应将培训工作的开展、完成情况列入工作考核指标。

活动六:"柳泉 7.7 啤酒"社区小型路演宣传活动

通过路演的方式与消费者保持零距离,具有较强的互动性,能吸引众多的消费者积极参与,同时通过路演还能进行现场品尝和促销。

①路演活动思路和原则

针对目标消费者的爱好而开展内容丰富、特色显明的路演活动,调动消费者的参与热情,增进消费者与品牌的情感交流和共鸣,最终提高消费者对品牌的忠诚度,实现持久消费,促进市场的巩固和拓展。

根据整体思路制订的活动原则为:

1. 针对性原则,活动要吸引目标消费者;

2. 连续性原则,各区域市场不间断提开展;

3. 效益性原则,严格控制活动成本,充分发挥活动效果。

②路演活动内容定位与形式

淄博市啤酒消费者主要是年龄在 18~45 岁的中青年消费者,他们更热衷于现代的流行文化,尤其是普遍爱好流行音乐。城市消费者大多数有固定职业和工作时间,只有在周末和节假日才得以休闲。所以,活动内容以流行文化为主。

由公司策划部、销售分公司和高校演出团体共同制订演出内容,主要以流行音乐、游戏、小品为主,在城市流动演出。

③路演活动实施过程与控制

a. 时间选择:周末或节假日的 9:00—11:00 或 19:00—21:00。

b. 地点选择:城区各社区,搭建中小型简易舞台提前与有关部门联系,尽量争取到免费使用场地。

c. 演出内容策划部、销售分公司和演出团体共同制订演出节目单。

d. 演出宣传:提前在演出地张贴海报、散发传单或悬挂条幅"广而告之",让群众知道柳泉啤酒为回报消费者,开展送文化活动,写清时间、地点和节目内容,并突出表达"免费观看",而且可现场品尝和参加抽奖,以吸引广大群众参与。

e. 现场宣传与促销:现场悬挂"柳泉啤酒向淄博乡亲父老问好"等宣传条幅,散发有"柳泉 7.7"字样的小气球、开瓶器、遮阳帽等;

在演出前由节目主持人代表柳泉啤酒致辞,对广大消费者表示感谢,并简要对淄博亚洲啤酒有限公司和产品进行介绍。

在演出中安排现场品尝和饮酒大赛,对获奖者奖励数量不等的啤酒或广告伞、小家电等;鼓励观众上台即兴演唱流行歌曲,参与者均赠送柳泉 7.7 啤酒。

f. 其他事项:路演活动要提前报计划至策划部,经销售公司总经理批准后方可执行;请当地公安部门或聘请保安人员维持现场秩序,防止出现安全事故;当地经销商要在场地选择、舞台搭建、宣传促销等方面积极配合,并利用社会关系协调好有关部门,确保演出顺利进行;请当地有关新闻媒体到现场进行采访报道,扩大宣传范围和效果。

④路演活动绩效考核与评估

由公司策划部制订路演绩效考核标准,主要内容包括:观众人数、演出次数、费用、宣传、促销、组织等方面,各项 10 分为满分,管理中心对路演活动进行全程跟踪,按照标准进行监督和考核。

各分公司演出后要写出书面总结,分析演出成功与不足,并提出相应的改进措施。策划部根据考核结果和总结对演出进行全面评估,并按百分制打分,对低于60分以下的费用由销售分公司承担。

策划部通过考核和评估对路演进行动态管理,及时发现问题,并采取有效的改进措施,使路演活动开展得红红火火,有声有色,极大地调动了消费者的情绪,有力地促进了终端消费,为柳泉7.7啤酒迅速占领淄博市场做出应有的贡献。

活动七:柳泉7.7小型订货会

为促进首批进货量,可以用物质奖励和精神勉励法,对于进货量大的经销商,采用奖品激励方式,订单可在会场上分发,并直接在酒会上回收,所有订货的经销商都有机会抽奖,而且当场兑现,现场气氛活跃,激发经销商互相攀比的心态,以达到迅速提高订货量。

(1)会议目的:有效传达柳泉啤酒2006年战略思想及新变化,介绍柳泉7.7啤酒,统一战略思想并提高经销商信心,最终达到刺激经销商加大首批进货量的目的。

(2)会议地点:可选择中高档酒店。

(3)会议参加者:柳泉啤酒部分领导、营销部人员、柳泉啤酒经销商等。

活动具体安排与品鉴会流程类似。

活动八:我与柳泉有奖征文活动

以柳泉7.7DM特刊为平台,通过有奖征文的形式,使柳泉啤酒与经销商、消费者之间形成互动。同时,设立不同档次的奖品,以调动参与者的积极性;对经销商来说,也可以利用自己的作品介绍自己与柳泉啤酒故事,同时对自己的酒店起到一个宣传的作用。

六、数据库营销——让消费者成为业务员

数据库营销的主要目的:

(1)避免盲目开店,便于确定形象店和样板店;

(2)找出让真正卖酒的人——酒店老板、服务人员,加强沟通和培训,让他们熟知柳泉7.7产品卖点并主推柳泉7.7;

(3)找出谁是喝酒的人,也就是目标消费领袖,让他们在餐桌上替柳泉7.7做宣传;

(4)稳固与扩大忠实消费者队伍。

(一)数据库前期准备工作——搜集和掌握数据

(1)终端数据库

现有数量、变动数量、经营数据、老板喜恶、其他关键人物、供货关系、结算习惯、影响或辐射能力等。(具体内容如:法人、注册资金、地址、联系电话、联系人、经营面积、年/月销售额、酒类年/月销售额、当地业内排名等。)

(2)消费者数据库

领袖人群:数量、习惯、分布等;跟随人群:数量、习惯、分布等;影响因素:环境、口碑、知识、媒体、政策、关系、促销、口味等。

(3)竞争者数据库

直接竞争者—战略意图、主要战术、威胁点、可利用的机会、发展等;间接竞争者—战略

意图、主要战术、威胁点、可利用的机会、发展等;潜在竞争者—战略意图、主要战术、威胁点、可利用的机会、发展等。

(4)在我们的目标消费终端酒店中,锁定其能培养成为样板店的终端酒店,并建立数据库

掌握了这些数据,业务人员就对整个市场有了清晰的了解,如同画了一个当地市场情况的地图:

①哪些终端是我们一定要花钱买店的终端、哪些是可以通过其他形式进入的终端、哪些是可以放弃的终端;

②对重要的领袖消费者我们甚至可以做到列出名单重点公关;

③对竞争对手可以有的放矢地打击,这样才能做到真正的销售上强调的"一店一策"。

(二)酒店的调查及数据库的建立

建立的酒店数据库后,通过对酒店资料的综合分析,避免盲目开店,便于确定形象店和样板店。每准备开一家店必须有一个详细的销售方案,把每家店看成一个独立的市场来做,这个店的容量、竞争情况、消费者情况、终端的突破点、企业收益等必须考虑清楚。

通过终端酒店数据库,确定谁是真正为柳泉啤酒卖酒的人,并加强与其沟通。

(1)酒店调查的内容

①基本资料调查包括负责人及背景,酒店的所有权,主要部门负责人、位置、交通状况;

②规模方面的调查包括营业面积、包间和散台数、员工多少等;

③消费档次方面包括装修情况、餐具好坏、停车位、经营菜系、有无最低消费等;

④管理水平方面服装是否统一、服务是否规范、有无保安人员;

⑤信誉状况包括结账是否按时、有无账务纠纷;

⑥生意状况包括月、年啤酒销售额,客人平均消费力、上座率,翻台数;

⑦竞争状况包括主销啤酒,有无谁买转场,有几家促销人员、有无厂家联合搞促销活动;

⑧费用状况包括进场,混场促销、专场促销、买断啤酒供应权、暗促销等费用。

(2)调查步骤

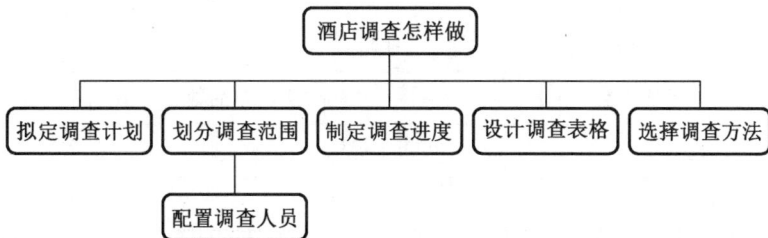

①拟订调查计划:根据柳泉 7.7 产品中档定位确定调查对象,主要调查淄博市各区县中高档酒店。

②划分调查范围:划分调查范围是根据当地酒店分布的地理位置,把要调查的酒店分成几个区域,如东南西北四个区域,然后每个区域分派不同的业务人员开展调查。

③制定调查进度:制定调查进度是指向参加调查的人员规定完成初次、再次、最终确定的时间进度,以方便业务工作的顺利推进。

④设计调查表格。

⑤选择调查方法。

餐饮售点进场资质调查表

酒店 基本 情况	酒店名称			地址			营业执照	
	法定代表人		电话		业务 联系人		电话	
	经营面积	平方米	楼层	层	是否连锁	□是 □否	门店数	家
	散台　张	包间　个	停车位	个	平均 上座率		店铺	□自有 □租用
	主菜菜 别及菜系			月营业额			月酒水营业额　元	
	酒水消费档次		元/桌	酒店档次　□豪华 □大型 □中档 □中低				
	结账日期			结账信誉	□优	□良	□较差	
	主要竞品			竞品入 场方式				
	竞品促销人员	□无 □有____人		已上促 销品牌			主要促销方式	
	特别描述							
初次 拜访 结果	对方提出进场费金额		元		进场单品数　个		进场品种	
	入场销售方式			可否上促销	□是 □否			
	费用金额(元)							
	其他条件							
	上述条件接受	□是 □否		可接受进场费金额　元				
	备注: 　　　拜访人签名:　　　日期:							
再次 拜访 结果	对方提出进场费金额		元		进场单品数　个		进场品种	
	入场销售方式			可否上促销				
	费用金额(元)							
	其他条件							
	上述条件接受	□否 □是		可接受进场费金额　元				
	备注: 　　　拜访人签名:　　　日期:							

（3）对调查资料整理并分析,建立数据库

①根据酒店的档次、生意状况、啤酒消费能力将酒店分为特级、A 级、B 级、C 级;

②根据结账信誉及经营风险程度将酒店分为优、良、差三个等级;

③根据竞品在酒店的竞争状况及酒店提出进场等条件将酒店分为首批洽谈进场酒店、第二批洽谈进场酒店、最后洽谈酒店等。

④根据上述三个分析内容再结合本公司的营销目标可初步确定哪些酒店可做,怎么做、什么时候做,从而进一步再制定具体开店计划和开店的进度。

⑤确定终端老板、吧台、促销服务人员,并进行定期沟通及回访,让他们真正成为柳泉7.7 卖酒的人。

（三）建立消费者数据库,培养目标消费群及消费领袖

柳泉 7.7 作为一款中端啤酒品牌,其目标消费群体相对较为集中,且多为社会中上层人士。为此,我们需重视、培养、维护这部分目标消费群,使之成为柳泉 7.7 的消费领袖,起到提升柳泉品牌附加值和拉动消费的作用。

（1）目标消费群、消费领袖的甄选渠道

①各级政府职能部门;

②政府性质或民间创业协会如:消费者协会、餐饮协会、同乡会、俱乐部、沙龙等;

③外地政府驻当地办事处机构;

④银行、金融、证券系统;

⑤工商、税务系统;

⑥房地产系统;

⑦电业、水利部门;

⑧部队系统、军队,包括武警(黄金部队、水利部队);

⑨新闻媒体:电视台、报社、知名广告公司、策划公司;

⑩重点石油、化工企业;

⑪大专院校、出版社、科研机构;

⑫IT 行业;

⑬社会名人:球星、艺人、书画家、风云人物等;

⑭移动公司 VIP 客户。

（2）寻找目标消费群、消费领袖的方法

原则:以点带面,重点突破。

①锁定各目标消费群、消费领袖经常光顾的场所;

②通过各餐饮店大堂经理、客户经理寻找目标消费群;

③通过柳泉啤酒"促销人员"对柳泉品牌文化的传播,锁定目标消费领袖;

④通过政府官员及各界社会名流的口碑宣传,带动并影响从而锁定其他的目标消费群;

⑤通过合作伙伴的各种社会关系,确定目标消费领袖。

（3）培养目标消费群、消费领袖的方法

①在目标消费群经常光顾的场所设置终端宣传;

②在目标消费群集会活动时,免费赠送品尝用酒或印有我公司形象的高端礼品;

③对一些特殊目标群(如各界名人)、组织、各类型的活动(如义演)进行冠名宣传或实物馈赠;

④建立目标消费群后,实行跟踪联络,并适时引导消费者;

⑤利用节日集会向目标消费群赠送礼品或品尝用酒;

⑥通过消费领袖的影响,带动培养目标消费群。

(4)巩固和维护与目标消费群的客情关系,使之成为柳泉啤酒向市场挺进的一支排头兵

①定期派专人对目标消费群的客情回访;

②在特殊节日(如生日、节庆日、特殊纪念日)向目标消费群进行回访或馈赠;

③在固定场所对特殊目标消费群宣传 VIP 服务(可与餐饮联合执行,如优惠价等);

④对特殊消费群(如个体、企事业单位)进行免费相关宣传报道,建立良好的市场互利关系。

七、队伍培养与团队建设

优秀的产品,必须由优秀的人才进行营销。建议:人力资源部,2006 年通过网络媒体、报纸媒体、人才市场广泛招聘营销精英,不断吸引更多的营销精英加盟柳泉 7.7 营销团队,并且逐步淘汰一些不合格的营销人员。同时,通过业绩考核和营销培训逐步提高团队的整体素质。打造淄博啤酒行业第一营销团队。

(一)规范营销队伍的系统培训

培训的方式和具体的实施要结合队伍的条件和实际工作要求展开,具体有以下内容

1. 入职培训:让新员工了解企业的理念文化、发展历程、相关政策、制度及公司各部门的职能和运作方式;

2. 管理技能与商业知识培训:如领导技能、管理技术、公文处理、合同管理、计算机办公自动化、财务基础知识、商务实务、心态调整和沟通技巧等,提高营销人员的基本素质和业务技能;

3. 岗位培训:由各级营销经理对其下属就日常工作进行指导、帮助和培训,如岗位的技能、营销策略和政策的讲解、业务流程和管理记录等一系列培训。一般培训的形式可采用内部交流,经验分享及案例分析教学,聘请专业技术人员、专家学者讲课,组织参加外部的公开培训班等。

(二)注重一线营销经理的培养

深度营销强调每个区域市场的精耕细作和获得优势,其直接责任者便是承担区域市场管理工作的区域经理,所以,强有力的一线营销经理的成长是企业营销队伍能否建立起来的关键。公司必须在以下方面加强对他们的培养:

1. 注重企业文化和理念的传播,加深对组织愿景的理解,只有通过他们的传播和沟通,才可能使远离企业的各一线业务人员加强对企业的认同;

2. 大多数一线营销经理是在优秀业务员中提拔上来的,普遍面临向有效管理者转化的问题,企业应当加强管理知识和技能的培训,进行个性化的具体关怀和指导;

3.针对一线经理年轻、渴望发展的愿望,在职业发展、个人成长、物质激励等方面进行合理有效的激励。随着能力的提高,不断赋予更大的责任和权利,促使其不断进步,所谓"机会牵引人才成长"。

(三)加强一线营销团队的组织和建设

深度营销强调营销队伍实现有组织的努力,发挥团队协同效应,提高组织整体的业绩表现,所以一线营销团队的建设是企业营销力的基本保证。团队建设的具体措施为:

1.建立基于团队协同效率的工作流程和管理规范,尤其是在目标管理和激励机制方面,注重对团队整体的考核和奖罚,而不能仅仅激发个人英雄主义;

2.团队成员一定是在才能上互补的,业务员的合理配置和分工协同是整体效能最大化的前提,如足球比赛成功的原因主要就是如何最合理地配置运动员。老业务员熟悉市场、经验丰富、沟通能力强,宜承担市场的开拓工作,而新业务员技术过硬、积极性高、服务能力强,可以维护成熟市场等;

3.团队精神≠"集体主义",团队内要区别对待,发扬个性,团队成功的关键是:目标任务完成的保证就在于发挥每个人的特长。

八、广告及公关宣传策略

(一)广告及公关宣传整体策略

1.整合广告及公关资源,利用广告媒体高密度高强度的宣传攻势,达到先造势后上市的目的;以拉动消费为主,推动为辅助,顺势而为。

2.搞好柳泉7.7啤酒终端生动化营销策略,宣传工作做细致,在营销技巧上不断创新,要有新意、有内涵、有层次,要充满情感、尊重和关怀,与"以消费者为中心"的生动化传播策略保持一致。

3.媒体在市场中更多地扮演了杠杆的角色。搞好与媒体的关系,巧妙借助电视台报纸、网络等媒体的力量乘营销促销活动之势炒作,效果也非一般硬性广告所比拟。

4.上市的成功并不代表着产品永远红火下去,品牌价值需要不断地积累,市场还需要更多和消费者进行沟通和交流的公关、促销互动,需要进一步打造产品的亲和力。在更高的角度上,需要更多的推广活动来进一步确立产品的高档定位和更高的品牌形象。

5.通过高效的品牌传播,使品牌的知名度、美誉度不断提高,最终使品牌的忠诚者的群体最大化,忠诚的持久性最大化。

(二)广告定位

1.广告定位(电视、POP、报纸、DM广告、户外广告、网络广告、交通车体广告等):

(1)塑造"激情·浪漫·活力"的品牌个性,以产品创新回报消费者,报纸广告多以软文形式出现。POP则体现身份的象征和品位的象征;

(2)提高消费者忠诚度,与消费者真诚沟通;

(3)宣传产品品牌内涵——"柳泉,演绎激情浪漫故事"。

2.广告对象定位:年龄在20~45岁,收入在中上等水平,富有激情和活力的中青年人。

3.核心广告语:"柳泉,演绎激情浪漫故事"。

建议广告宣传可选择以下侧重点:

(1)柳泉 7.7,新口感、新形象;

(2)柳泉,演绎激情浪漫故事;

(3)柳泉 7.7,激情、浪漫、活力;

(4)柳泉 7.7,淄博人创造的故事;

(5)柳泉 7.7,激情浪漫的故事,激情浪漫的感觉。

(三)基础工作(现在—2006.1.19(阴历 12 月 20))

1.VI 形象规划设计完成;

2.产品啤标、包装设计制作完成,开始生产;

3.电视角标、广播台广告文稿设计完成;

4.报纸及软文、硬广告设计完成;

5.海报 POP 设计、制作完成;

6.横幅和吊旗设计、制作完成;

7.酒店店招、灯箱、户外广告、车身广告与外媒体设计完成;

8.手提袋设计完成;

9.宣传册设计制作完成;

10.网站设计完成。

(四)广告计划(2006 年 2 月 5 日(正月初八)全面启动)

1.电视广告(以角标广告为主):

(1)利用电视的影响力进行品牌知名度和品牌形象的诉求;

(2)淄博电视台科教频道、生活频道、经济频道、优秀电视剧等,历来是淄博市收视率最高的,能迅速完成品牌塑造,提升品牌知名度;

(3)可以考虑做角标广告;

(4)可以配合某个活动,做一些告知性的说明。

2.电台广告

(1)建议宣传重点:

①柳泉 7.7 全新上市;

②柳泉啤酒个性:激情、浪漫、活力;

③"柳泉,演绎激情浪漫故事";

(2)通过广播与消费者进行互动性的交流,塑造品牌的亲和力:

①交通文艺广播电台 FM100(整点广告);

②FM92.6(半点广告)

(3)柳泉 7.7 啤酒电台广播稿(FM100、FM92.6)如下。

①

男声(喊):"我要——柳泉 7.7!"

女声(喊):"我也是柳泉 7.7!"

背景音乐:模拟酒吧的现场气氛。

问:"柳泉 7.7 是什么?"

答:"柳泉 7.7 不是上市了吗?"

广告语：柳泉 7.7——低糖、低醇——带给我们激情、浪漫、活力的啤酒。

结束语：柳泉—演绎激情浪漫故事。

②

女声："您想更有激情吗？"

男声："您想更有活力吗？"

男女合声："您想拥有浪漫吗？"

大家一起高兴得喊："柳泉 7.7 啤酒隆重上市了！"

柳泉 7.7 啤酒——让我们轻松拥有激情、活力与浪漫！

广告语：柳泉—演绎激情浪漫故事。

③

小王："小李，你说现在约会一般喝什么酒好呢？"

小李："当然是啤的！健康时尚又不影响工作。"

小王："那你说哪种啤酒更好呢？"

小李："柳泉 7.7 刚上市，很适合追求激情浪漫的现代人。"

小王："是吗？谢谢了。"

广告语：柳泉—演绎激情浪漫故事。

3. 报纸广告：软文＋硬广告交替。软文和硬广告相结合，展现柳泉啤酒 2006 年全新形象。以及柳泉 7.7 隆重上市，对产品特点进行较为详细的说明，充分展示企业及产品优势，为造势奠定基础。

(1) 淄博晚报 1/4 版；

(2) 淄博日报 1/2 版；

(3) 鲁中晨报 1/4 版；

(4) 时间安排：自正月初八开始，每周两期连续一个月报道；

(5) 配合电视广告，立体轰炸。

4. 柳泉 7.7《龙之媒》DM 特刊：

(1) 介绍柳泉全新的产品、品牌形象、柳泉文化，啤酒文化，啤酒的常识以及娱乐趣味性节目等；

(2) 在各大酒店发行，供消费者在就餐前阅读；

(3) 建议大小为：4 开，20 000 份，在淄博各区/县中高档酒店发行。

5. 户外广告：

(1) 以"柳泉，演绎激情浪漫故事"的品牌内涵及"柳泉 7.7 隆重上市"为主题，配合其他媒体以户外广告的方式对消费者进行反复冲击，以求最佳冲击效果；

(2) 地段：淄城路规格：200 厘米×90 厘米；

(3) 在新品上市前完成。

6. 店面招牌：店招已经成为当前重要的户外宣传媒体。

建议：按照柳泉 VI 形象规划纲领统一设计酒店店招。

7. 店面横幅：

(1) 建议在经销上市之前，统一在经销柳泉啤酒的酒店前悬挂"柳泉 7.7 隆重上市"

横幅;

(2)区域:(淄博市各区县)张店 200 家,淄川 150 家,其他区县 100 家。

8.手机短信广告:

(1)精确锁定消费者,定额、定向、定条发送给目标客户,100%阅读率;

(2)简单的短信问候,同时体现柳泉啤酒对消费者细微的关心。

柳泉啤酒新年短信祝福语

1.新春佳节已到,柳泉 7.7 特赠幸福红包一只,内有幸福万两、快乐万两、红运万两、黄金万两、笑容万两,祝君开心!钦旨谢恩!

2.新春到来喜事多,合家团圆幸福多;心情愉快朋友多,身体健康快乐多;一切顺利福气多,狗年吉祥生意多;祝您好事多!多!多!柳泉 7.7 给您拜年了!

3.新春佳节到!柳泉啤酒向您问个好!身体倍健康,心情特别好;好运天天交,口味顿顿妙;家里出黄金,墙上长钞票。柳泉 7.7 给年拜年了!

4.新年好!柳泉啤酒给您拜年了!感谢您过去的一年对柳泉啤酒的厚爱与支持!我谨代表柳泉啤酒全体员工,祝您:新年快乐!合家欢乐!万事如意!柳泉七点七新品隆重上市了

5.柳泉啤酒祝君一帆风顺,二龙腾飞,三阳开泰,四季平安,五福临门,六六大顺,七星高照,八方来财,九九同心,十全十美!柳泉 7.7 新品隆重上市了!

6.愿好运像地雷,时常给你踩到;厄运像流星雨,永远淋你不到;财富像垃圾,随处可以捡到;幸福伴你一生像苍蝇一样盯着你不放!柳泉啤酒祝您新年快乐!

7.狗儿到,红运照,烦恼的事儿往边靠,祝君出门遇贵人,在家听喜报!年年有此时,岁岁有今朝!柳泉啤酒祝您新春快乐,阖家幸福,万事如意!

8.柳泉啤酒祝你您狗年红运,运筹帷幄,执子之手,与子偕老;祝你立业成家,有佳人相助,筑功成名,名扬四海。柳泉 7.7 新品隆重上市了!欢迎品尝!

9.POP 海报

(1)以柳泉 7.7 隆重上市及"柳泉,演绎激情浪漫故事"品牌内涵为主题。

(2)向消费者传递柳泉新形象,传播柳泉文化。

10.网络媒体——网站

(1)建立公司网站,利用网络媒体宣传企业崭新的形象。

(2)利用网站,建立企业与内部员工、企业与经销商、企业与消费者之间的沟通平台。

11.软文设计(报纸和 DM)

(1)软文 1

文化铸就品牌实力成就魅力

壮大实力,成就魅力

淄博亚洲啤酒有限公司是一九九四年七月二十一日由菲律宾著名华人侨领陈永栽先生的亚洲啤酒(中国)投资有限公司与原淄博啤酒厂合资创建的中外合资企业。公司现有资产近1.4亿元人民币,占地面积约73 334平方米,员工700余人,其中:技术工人556人,大专以上学历的工程技术人员44人,现设备生产能力10万吨,年生产麦芽的设备能力1万吨,系中国500家最大饮料制造企业之一。酿酒设备除具有国内先进水平外,还有两条世界先进水平的啤酒灌装线,以及全套美国进口的二氧化碳回收设备。

公司啤酒均选用澳大利亚优质麦芽、新鲜的大米及优质颗粒酒花为主要原料,全面采用绿色生产工艺精心酿制而成。同时,亚啤公司投入三千万元对工艺设备进行改造,推行了酿造隔氧、二氧化碳备压二次抽真空灌装等先进工艺控制手段,最大限度保证了啤酒的新鲜。"柳泉"系列啤酒,泡沫洁白细腻,酒体清亮透明,口味纯正爽口,以上乘的品质赢得了广大消费者的认可和青睐。

水不在深,有龙则灵

山不在高,有仙则名。水不在深,有龙则灵。有了蒲松龄,增添了淄博人文化上的自豪。蒲松龄自号"柳泉居士",并在柳泉设茶采风,为创作《聊斋志异》积累素材。当亚啤人认识到品牌的意义后,首选的是"柳泉"。

品牌融入文化内涵,这是亚啤人打造品牌的成功之举。亚啤位于蒲翁故里,开发聊斋文化资源,得天独厚。亚啤人以蒲松龄《聊斋志异》这一全国人民家喻户晓的故事,作为品牌文化重要资源加以提炼和升华。首先,蒲松龄激愤人生,针砭现实,寄托精神上的追求、向往;小说中洒满了他的激情、孤愤、同情、钟爱。其次,《聊斋志异》中数量最多、成就最高的是描写男女情事的爱情小说,使作品充满了浓郁的浪漫气息。

亚啤人经过深度挖掘品牌文化价值,提炼柳泉的品牌文化内涵为"柳泉·演绎激情浪漫故事",为产品差异化策略奠定了重要基础。同时,提炼柳泉的品牌个性为"激情·浪漫·活力",与啤酒最大消费人群——年轻人的性格特征珠联璧合相得益彰。

精细管理,质量为先

啤酒已成为人们饮食文化中不可或缺的饮品。喝啤酒早已成为人们的一种时尚。淄博亚啤的目标就是让淄博的父老乡亲喝上优质新鲜的啤酒,并让淄博人以喝柳泉啤酒为自豪。为了实现这一目标,他们咬住质量这一环节不放松。啤酒的生产过程非常复杂,从原料的进厂到成品啤酒的出厂,要经过三十几道工序,要抓好质量,就要从每道工序、每个工艺指标抓起。"小事成就大事,细节成就完美",这是亚啤人从上到下抓产品质量的感言。

"质量为先"在亚啤不仅仅是一句口号,还是亚啤人的立业之本和品牌最重要的支撑。他们建立了一整套严谨可靠的质保体系,坚持下道工序对上道工序质量否决权,层层把关保证质量。在检测上,对生产中的每个环节,都要进行跟踪检测,中心化验室每天要拿出上百个化验数据来指导生产;每批酒在出厂前,还要最后经过全面的分析化验,以确保其产品完全合格。酿造工艺和严格的技术管理,为柳泉啤酒的质量提供了可靠保证。

在省市质量技术监督局及卫生防疫站的抽查中,柳泉啤酒的产品合格率均为100%。在山东省啤酒感官鉴评会上,柳泉啤酒连续4年名列前茅。柳泉啤酒被评为山东省轻工名牌,企业荣获山东省第五届消费者满意单位称号,分别被指定为"淄博国际陶博会""聊斋文化旅游节"专用啤酒。

营销精细化,做强品牌

现在啤酒企业大多数的渠道模式是经销商制度,依靠经销商层层分销,这种经销模式不但很难将市场做透做精,而且企业对终端的控制力度也较弱。因此,严重地影响啤酒市场的穿透力和渗透力。2006年,柳泉啤酒,除了以产品创新来回报消费者之外,在营销模式上将全面推行深度分销和深度助销模式,缩短渠道,实施扁平化管理,使企业在保持与经销商战略伙伴关系的基础上提供给经销商和消费者更好的服务,帮助经销商做大做细市场,获得速度竞争优势。新的渠道模式将会使通路更加扁平化,将自己的影响渗透至零售网络,以达到营销通路成本最小、效率最高,使市场竞争力得到最大提高,进一步将品牌做强做大。

永远追逐消费者的满意

消费者的满意,永远是亚啤人追求的目标。这个目标激励着企业不断创新与发展。底蕴深厚的"蒲文化",使柳泉啤酒和淄博人具有一种天然的亲和力。浓郁的地方文化色彩,使柳泉啤酒在家乡人心中独具魅力。柳泉啤酒这个品牌,已经真正走入了千家万户,走入了淄博人的心中。

2006年,柳泉在产品结构调整后,产品档次将得到进一步提升,会有更多的精品全新上市,口感更加淡爽,可满足不同消费者的需求。柳泉将以全新的品牌形象,"激情·浪漫·活力"的品牌个性,诠释柳泉品牌文化内涵——"柳泉,演绎激情浪漫故事"。

让我们共同祝愿柳泉啤酒明天会更好,成为淄博人的骄傲和自豪。

(2)软文2

讲述柳泉经销商自己的故事:

我支持柳泉啤酒

我是众和快餐店老板,与柳泉啤酒结缘,那是三年前的事情了。

三年前,我刚来淄博创业,就和柳泉啤酒打交道。那时候快餐店刚开始流行,很多人还不知道,业务员多次来我店耐心细致地介绍这种产品的质量、口味,还帮我经营策划快餐店的生意,这种敬业精神深深打动了我,也坚定了我把店开好的决心,从那时起,我就接受了柳泉啤酒。

在我们之后的交往中,我和柳泉啤酒建立起深厚的友谊,在快餐店发展过程中,我还享受到柳泉啤酒的促销政策等销售方式为我带来的种种利润。回想起来,柳泉啤酒是第一个在淄博开拓促销技巧,建立竞争市场;第一个为消费者着想,将啤酒换成塑膜防爆保鲜装;第一个实行"召回承诺制",保证使消费者喝上新鲜的啤酒,那是一种对顾客的承诺。这一个个"第一",足以说明柳泉啤酒走在了啤酒行业的前列,从中我看到了柳泉啤酒更加美好的前景。

我作为一个外地人,对柳泉啤酒这些年的支持表示深深的感谢,同时也为自己能成为柳泉啤酒的经销商,感到自豪和骄傲。

（欢迎柳泉经销商踊跃投稿）

（3）软文3

从柳泉啤酒的名字看品牌的文化内涵

淄博亚洲啤酒有限公司经过近十几年的发展,已成为年产啤酒10万吨,全国最具现代化水平的啤酒生产企业之一,在省市质量技术监督局及卫生防疫站的抽查中,柳泉啤酒的产品合格率均为100%。在山东省啤酒感官鉴评会上,柳泉啤酒连续4年名列前茅。柳泉啤酒被评为山东省轻工名牌,企业荣获山东省第五届消费者满意单位称号,分别被指定为"淄博国际陶博会""聊斋文化旅游节"专用啤酒。柳泉啤酒之所以能得以十年辉煌,享誉四方与其始终坚持品牌经营是分不开的。

21世纪的经济是名牌的经济,争创名牌战略是市场经济发展的内在要求,品牌经营是实施名牌战略的必要条件,已成为现代企业在市场经济竞争中取胜的一把利剑,良好的品牌是一笔无价的资产,1998年世界第一品牌可口可乐的价值已达到838.45亿美元,也就是说如果在一夜之间该公司将不复存在,单凭"可口可乐"四字仍可得到838.45亿美元的贷款,现代消费不仅仅是物质的消费,消费者逐渐注重精神上的消费,名牌企业的经营,不但是在经营一种商品,还是在经营一种文化,世界名牌可口可乐体现了一种自由、活泼的青春文化,万宝路塑造了一种粗犷、豪迈的美国西部牛仔文化,正是因其独特的无国界的品牌文化内涵深深地吸引了消费者,所以才风行世界,经久不衰。

品牌运营在国外已有上百年的历史,虽在我国还是刚刚起步,但发展得很快,国内知名品牌增长很快,但许多企业在品牌运营过程中对延伸品牌的文化内涵却不够重视,例如我国第一品牌"红塔山",它到底在宣扬着一种什么文化呢? 能给人一种什么样的品牌联想呢? 很难回答。一个国家的兴衰及其经济发达程度与品牌关系甚大,世界经济强国,无一不是品牌大国。正如薄一波同志在《把争创名牌这件事办好》的讲话中所说:"名牌,是民族工业的精华和骄傲,是国家经济实力的一个重要标志"。美国注册的商标有200万个,驰名商标上千种,德、日、韩也是品牌大国。从国内看,知名品牌不仅能够决定一个企业的兴衰,而且能推动一个地区乃至全国经济的发展。

品牌的一半是文化,文化内涵的深厚与否,决定着品牌的感染力和吸引力,文化是品牌的灵魂,它代表着企业的一种精神,是企业文化的外在体现。

淄博亚洲啤酒有限公司在筹建伊始,就非常注重品牌文化的作用,并在此方面下了不少工夫,在啤酒品牌的命名上真可谓用心良苦,生产什么牌子的啤酒一时成为公司关注的焦点,品牌融入文化内涵,这是亚啤人打造品牌的成功之举。蒲松龄自号"柳泉居士",并在柳泉设茶采风,为创作《聊斋志异》积累素材。淄博亚洲啤酒有限公司位于蒲松龄故里——淄川,开发聊斋文化资源,得天独厚。当亚啤人认识到品牌文化的意义后,首选的便是"柳泉"。

亚啤人以蒲松龄《聊斋志异》这一全国人民家喻户晓的故事,作为品牌文化重要资源加以提炼和升华。首先，蒲松龄激愤人生，针砭现实，寄托精神上的追求、向往；小说中洒满了他的激情、孤愤、同情、钟爱。其次，《聊斋志异》中数量最多、成就最高的是描写男女情事的爱情小说，使作品充满了浓郁的浪漫气息；亚啤人通过深度挖掘品牌的文化价值，提炼柳泉的品牌文化内涵为"柳泉·演绎激情浪漫故事"。

丰富、深厚的品牌内涵所体现的文化氛围，对消费者产生强大的吸引力和亲近感、认同感，增强了消费者对品牌的忠诚度，激发了消费者对柳泉的偏爱和消费倾向。柳泉啤酒声名鹊起，享誉四方。

当然以命名来提高品牌的文化内涵并不是盲目的，而是应建立在科学的基础上。

首先，拥有适应市场的高质量产品是创名牌的前提和基础，产品没有消费需求，质量不过关，就是起再好听的名字，名字的文化内涵再深，品牌也是没有生命力的。"质量为先"在亚啤不单单是一句口号，还是亚啤人的立业之本和品牌最重要的支撑。他们建立了一整套严谨可靠的质保体系，坚持下道工序对上道工序质量否决权，层层把关保证质量。在检测上，对生产中的每个环节，都要进行跟踪检测，中心化验室每天要拿出上百个化验数据来指导生产；每批酒在出厂前，要最后经过全面的分析化验，以确保其产品完全合格。酿造工艺和严格的技术管理，为柳泉啤酒的质量提供了可靠保证。

其次，品牌的名字应给人一种美的享受，如吉祥如意的祝福、奋发图强的精神力量、情真意切的浪漫情怀，而不能使人产生不愉快的感受，如曾以"土匪"命名的酒，终因其名字能使人产生不愉快的感受，终草草收场，以失败而告终，试想谁愿意把自己比作可恶的土匪呢？

再次，品牌的命名应与民族传统文化完美结合。每个民族都有其独具特色的传统文化，品牌名字所体现的文化内涵如果和传统民族文化产生冲突，将会起至适得其反的效果。如可口可乐公司的饮料品牌"雪碧"，其英文名字是"SPRIT"，本意是"精灵"，而其中文含义还有"妖怪""魔鬼"等不符合中国人审美观的意义，与中国民族文化发生冲突，好在可口可乐公司认识到这一点，在其进入中国市场时放弃了英文名字，而把其音译为中文"雪碧"，给人一种"清凉""纯洁"之美感，因而一举成功，否则一定会受到中国人的排斥而遭惨败。如以"菊花"命名的品牌在中国可体现出"健康长寿"的文化内涵，而在日本则会给人一种不吉利的感受，因为菊花在中国是健康长寿的象征，是看望长辈的好礼物，而在日本菊花开放的季节正是祭奠亡灵之时！可见不同民族对同一事物的理解是多么的不同。

（4）软文4

员工风采——优秀文章选登

企业需要什么样的人才

如今,企业间的竞争越来越激烈,而企业间的竞争实际也是人才的竞争,企业拥有了好的人才,既已占有一定的优势,那么,企业应需要什么样的人才、不欢迎什么样的人呢? 从工作到现在,我认为企业需要以下几种人。

企业需要够约束自己的人,今天我们社会讲自由、民主,但我们需要的每一个人,却应该懂得控制自己,会自我控制与自我约束。

企业需要意志坚定的人,不会因为小小的挫折就丧失了信心,而是意志坚定的去面对挫折、失败,从哪里跌倒,在哪里爬起。

企业需要创新的人,要能经常提出创新意见,使企业不断进步。

面面俱到、小心谨慎的人也是受企业欢迎的,因为每项工作往往牵涉到很多人,并牵涉到不同的部门,如果员工工作细心,能够面面俱到,就能够比较顺利地完成要做的事情。

企业需要以"服务人群,贡献社会"作为自己抱负的人,一个人如果没有服务的观念,他/她很难把自己的能力贡献出来。

企业需要无私的,不会利用工作来满足私人野心的人。有的人假公济私,表面为公司做事,实际上是为了私人野心。我们需要的是通过工作来实现企业发展的人。

企业需要能够抓住机会,思很敏捷的人,因为机会是很快就会消失的,如果不能够马上抓住,将给公司造成很大损失。

企业需要具有勇气与有决断力的人,一个人既要能够向环境挑战、向工作挑战,同时还需要有一种果断的决断能力。

企业需要有独立个性的人,每个人都有不同的个性,不要把自己的个性消掉,笼统地去迎合别人,独立特性的人一向是讨人喜欢的,当然每个人既要保持自己的特性,但也要顾全大局。

企业需要不会因为工作卑微而感觉痛苦的人,人虽有不同的工作,但每一个人的人格是平等的,而不要区分什么高低贵贱。

企业拥有好的人才会飞速发展,因此企业不欢迎光说不做的人;不欢迎自尊心太强的人,他与人格格不入,不能与人融洽相处;不欢迎大小事情都想插手的人,什么事都想参与的人,往往什么事也搞不好;不欢迎对事情分不清轻重缓急的人;不欢迎神经过敏,喜欢猜疑、喜欢夸大的人;不欢迎只顾眼前利益、不顾全大局、缺乏远见的人;不欢迎做事情粗心大意、给工作帮倒忙的人;不欢迎工作很主观,不能与同事配合的人;不欢迎工作马马虎虎,做好做坏无所谓的人;不欢迎缺乏责任感的人。

淄博亚啤发展到今天,就是因为它拥有了各种各样的人才,并为他们提供了任其发展的空间,在这样宽松的环境下,一定会吸引更多的有志之士加入,祝淄博亚啤的事业更加蒸蒸日上。

柳泉啤酒营销策划

一、柳泉产品分析

1.产品价格

目前柳泉啤酒产品价格结构价格空间是在1.5~6元,属低档、中低档、中档产品,市场广阔,消费人群巨大,是啤酒消费者里人群最大、人数最多的消费产品类型,市场巨大,潜力无限。

2.产品生产技术品质

柳泉啤酒产品品质结构是低档、高档并存。传统性的低档啤酒是最大众性的消费品,是零售的主流啤酒,质量指标各生产厂家区别微乎其微,是宣传、价格、推销力度影响销售的产品类型;升级技术产品是与著名啤酒生产企业的高档啤酒同级技术产品,不存在产品技术质量差别,然而我们的价格却是他们的中档产品价格。

3.消费者口感

主流啤酒的口感不高于、不次于所有竞争对手的同类质量技术产品,而且价格低,在市场上相对于其他品牌高档啤酒具有可替代性。

二、柳泉市场分析

(一)淄博地区整体啤酒消费市场态势特点

1.中低档消费市场大。这是中国市场普遍存在的现实,是任何一种消费品生产商都不容忽视的。基数庞大,消费惊人,也是中外各行业客商费尽心思想要占领的市场。

2.城市农村消费能力差别少,目标消费群体分散、庞大,这是淄博不同于其他城市非常另类的区别。农村工商业发展旺盛,工业化程度高,居民收入高,农业产业依赖度低。

3.消费人群不高度集中(相对于其他城市),城市集中功能弱化。消费者城外居住、聚集区块状切割多,呈块状松散分布。依靠商业区、工业区脱离城市多点居住、聚集,不集中。

(二)市场销售优势

1.产品高质、高端、低价。消费者消费时,低付出、高享受、节约金钱的同时,提高生活质量。

2.地域优势:地方啤酒品牌,先天具有地利、人和优势。

3.低价产品销售网络经营时间长,网络分布密集,影响深、广。

(三)市场销售劣势

1.企业在啤酒市场低档产品生产企业印象较深,消费者评价低,影响其他产品销售。

2.处于行业内产品质量、市场地位、品牌形象消费者意识弱势地位。

3.中档产品销售缺少专一销售店,缺少硬性市场销售。

4.同类产品市场竞争中处于国内大品牌和地方名品牌双重挤压下,生存空间较差。

三、柳泉 2008 目标机会分析

随着 2007 年柳泉啤酒销售量的扩大和利润的增长,2008 年是柳泉啤酒的稳步经营年,淄博市场覆盖和市场销售份额占有率的提高是柳泉啤酒今后销售的重点关注指标。为达到此目的,除了管理、服务程序的完善、跟进属内功修炼外,市场主攻方向的确认、营销策略做到取长补短是重中之重。

目前,柳泉啤酒低档产品充斥农村市场,已经接近饱和,再做市场寸进要付出很大努力。但是柳泉在农村缺乏中高档消费群体需求的产品供应局面比较突出,这部分市场主要被外来大牌啤酒生产商占据,解决、刺激此类消费人群的需求,是实现中档柳泉啤酒在农村销售量和利润增长的一大市场空白空间,是完成 2008 年销售量的增长目标的最大突破空间。

与农村相比,柳泉啤酒竞争态势在城市更加严重。品牌消费观念、发达的交通条件、众多的啤酒销售供应商、人群地域模糊性特点等,使得柳泉不占有任何天时、地利、人和优势,同时由于品牌消费观念的影响程度深刻,所以中低档依然是 2008 年的城市销售重点。在城市,维持现有的市场的基础上再做进一步的扩大市场的营销定位,依然是 2008 年的重要工作内容。

四、实现目标战术要点分析

1. 凸显价格优势

柳泉啤酒在处于国内大品牌和地方名品牌双重挤压的生存环境下,竞争工具唯一的利器只有价格。价格是在品牌劣势下唯一可以与大品牌竞争的工具。在啤酒品质与大品牌啤酒生产商相似的同时,点明消费价格,凸在消费享受性价比,让消费者欢欢喜喜省钱,明明白白消费,便便易易享受高档啤酒,这是开辟市场、扩大销量的关键。

2. 强调口感比较

随着人们收入的增加,消费水平的提高,品质成为消费者选择产品的重要因素。柳泉啤酒的中档、中低档产品品质有着高档名牌啤酒类似的品质,让消费者明白低付出高享受是实现柳泉扩大啤酒市场占有率的重要战术。

3. 发挥地域地理优势

柳泉啤酒处于淄博地区的中心位置,高效利用本土优势是打击外来竞争的最好武器,"新鲜生活"啤酒就是这种武器。加强"新鲜生活"营销是应对外来品牌在淄博市场竞争角逐的战场主力。这是柳泉啤酒应对淄博整个市场竞争的奇兵,2008 年"新鲜生活"的营销将是柳泉啤酒进军中高档啤酒消费市场的尖兵。

4. 充分利用亲情人脉网络

本土企业具有外来品牌不可企及的人脉先天优势——政府政绩、地方税收、劳动就业,在政府中影响巨大,做好此项攻关是完整取得本土优势的另一个方面。加强政府消费攻关,是 2008 年新鲜生活啤酒打开中档、中高档啤酒消费市场的捷径。

5. 占领相对空白市场

出于成本、费用、服务原因,低端消费是外来品牌很难有所作为的市场,但是又是一个

很大的市场,在这一竞争领域,本地企业具有天时、地利、人和的优势,做到绝对、稳固占有低端市场的前提之下求发展,是本地企业防守反击的最佳策略。

五、营销策略——继续执行互动营销、娱乐营销的群众化营销路线

1. 农村酒店促销

(1)在农村酒店实施喝 4 瓶普通柳泉,赠送 1 瓶"新鲜生活"品尝的市场刺激措施,实施期到六月结束,实施旺季前市场启动。

(2)农村酒店消费满 100 元,8 折购买一箱"新鲜生活"啤酒,酒店与柳泉一举两得双收益,也有利于农村消费销售工作的开展。

(3)开瓶费促销——刺激酒店老板及服务人员推荐消费。

2. 定向优惠促销、扩大影响

喜事特价供酒——新鲜生活,让"新鲜生活"实至名归,扩大新鲜生活影响。

(1)公司自己运作,设立喜事项目销售专项人员。

(2)凭结婚喜帖,新鲜生活啤酒 n 折隆重送酒上门,贺喜行动。

(3)可与婚纱影楼合作,借势扩大婚庆用酒特价宣传。与婚纱影楼建立战略合作关系,占领婚庆啤酒消费。

3. 加强加大人力营销力量,奇正结合开拓市场

正规销售辅以反向促销,双管齐下开发酒店客户。

(1)增加正常营销人员力量,加大开拓市场力度。

(2)在消费者中,招聘反向促销人员,成立新鲜生活消费企业组织联盟,在没有"新鲜生活"啤酒供应的酒店点名消费,促进中档啤酒市场开发。

4. 农村城市化市场开发

每个乡镇政府驻地、重要工业村落买断重点酒店啤酒供应权,垄断该店啤酒消费,同时也扩大了市场,引领了当地的啤酒消费时尚。在城市、农村同步推进,继续实施柳泉啤酒 B、C 类酒店销售方案。方案只可以在乡镇政府驻地、工商企业密集区域实施,否则事倍功半,不会有理想效果。

5. 啤酒广场活动宣传、促销

主题思想:少花钱,高享受;不一样的价格,一样的品质享受。

方案另立。

6. 品酒引导消费

(1)柜台品酒

在酒店的柜台设立新鲜生活接待酒,以见面欢迎酒的方式让客人品尝,以此引导点酒消费,这是此法的亮点。另外,此法还可以让更多的消费者尝到新鲜生活啤酒,甚至能让别的啤酒的铁杆支持者也尝到,这也是此法的最成功之处。

(2)席次品酒

在酒店,根据座席特点,在接待客人前摆放、赠送一或两瓶品尝酒。

当客人在等人、等菜时饮用、品尝,让"新鲜生活"成为喝酒前主要谈话内容,甚至成为酒席间的谈资之一,扩大新鲜生活影响。这是此种方式的最妙之处。

此法适用面广,效果普遍,建议可以扩大到所有加盟店推广。促销推销也可以借用此方法。

7. 柳泉啤酒开瓶有奖

普通柳泉啤酒举行百万瓶啤酒消费中奖活动,小奖品以"新鲜生活"代替,大奖可以以电动车、笔记本电脑发奖,既做到促销,又做到启动"新鲜生活"市场,一举两得。

8. 举办自己的啤酒节与柳泉文化广场

啤酒大赛,文艺演出、美食街舞、轮滑双人自行车表演等可以组合进行,也可以单独选时间进行

9. 举办街舞大赛、轮滑大赛、双人自行车大赛

设比赛大奖,与消费者互动、娱乐,达到销售宣传目的。

10. 举办"柳泉新鲜生活"问卷有奖答题活动

突出新鲜生活啤酒的品质、技术档次问卷内容。

11. 举办"柳泉新鲜生活之夜"联谊联欢会,与企业同乐

与忠诚消费者在企业举行、电影、舞会、茶话会联络感情、加强沟通,紧密业务关系。

六、传播策略:凸显优势,实现小品牌、大市场

1. 广告语

擦亮眼睛消费,不要被高价高质蒙蔽双眼。

用舌心消费,低价≠低质,柳泉新鲜生活啤酒。

低价高质享受,柳泉——您贴心的朋友。

2. 墙体广告:农村最好的消费广告载体

柳泉新鲜生活啤酒,开辟小康生活新纪元。

办喜事,找柳泉,新鲜生活喜事特价酒。

3. 条幅广告:墙体广告补充

在一些没有可供墙体广告宣传的关键路口,可以以条幅广告代替墙体广告补充宣传。

4. POP 广告

以"新鲜生活"的内涵为表达,设计欢乐喜庆的 POP 广告,悬挂、张贴在城市、农村超市、酒店。

5. 报纸广告

以口感、品质为主打内容,对新鲜生活、7.7 啤酒以口感为主题包装宣传。

喝啤酒,首先是要喝得舒服、爽口,然后才是追求消费的档次、品位。

6. DM 广告

与报纸广告同样主题内容,以口感、品质为主打内容,对新鲜生活、7.7 啤酒以口感为主题包装宣传。

7. 广播电台广告

以 15 秒以上的广告时间为宜,太短容易被忽略,达不到广告宣传目的。

选柳泉,喝新鲜;办喜事,找柳泉。柳泉新鲜生活喜事特价酒,开辟小康新鲜生活新纪元。热线电话×××××。

8.电视广告

（1）以公益广告形式凸显柳泉的亲切形象

柳泉新鲜生活啤酒提示您,啤酒要用舌心消费,不是价格消费。

（2）以激情、豪迈的广告形式凸显新鲜生活的诱惑

家庭、好友聚会的情节,展示新的生活内容。

七、攻关策略

1.在城市继续推进培养忠诚消费者行动,并将此方法应用于农村市场开发。

2.与重点客户建立消费关系纽带,培养忠诚消费者与反向促销者。抓住了他们,就抓住了农村消费时尚、消费市场的咽喉。

八、当前要务

1.准备一款"非卖品"新鲜生活啤酒。

2.组建或者雇佣一支促销锣鼓队伍。

柳泉啤酒广场策划方案

"新鲜生活"啤酒推广娱乐为媒开展"新鲜生活"娱乐营销。

一、前言

对于当前啤酒行业内企业的竞争,公司不能只靠宣传自己啤酒的价格、品种来参与竞争,其结果往往达不到预期的效果,所以我们要组织一些有足够影响力的活动进行宣传。从这点来看,我们就需要打造出自己的长期的展示平台——啤酒广场。

二、市场分析

一个新产品进入市场,从市场启动、预热、推广、市场成熟往往需要长期的过程,对于啤酒而言,一个新产品问世,想要迅速得到消费者认可,想要迅速占领市场,没有比举办啤酒广场更轰动、更容易让大众消费、喜欢、钟爱的方式了。

这是一个除了白酒以外,柳泉啤酒独占的啤酒消费场所,消费者只有被动接受。你可以想喝任何啤酒,但是这里只有柳泉啤酒。

三、营销策划

1.本次促销活动目的:提高我们啤酒广场在地域的市场竞争优势,扩大社会知名度,提高社会美誉度,提升广场形象;加强广场员工的企业忠诚度和向心力;提高全员服务意识、工作积极性;展现公司的饮食文化底蕴。进一步发现和解决先期存在的各种问题,提高广场的知名度。

2.本次促销活动时间:2008 年 4 月 28 日——奥运会结束。

3.地点:广场或者公园;张店义乌小商品城;淄川服装城西柳泉斜对面或者河边

4.参与人员:广场全体员工,前来消费的顾客等。

5.营销主题:提高知名度;让顾客满意;文化的创新;提升管理和服务质量。

四、具体方案策划

1.服务态度要求——微笑

在活动期间,所有广场服务人员微笑服务,细致耐心,让顾客乘兴而来,满意而归,提高顾客的感觉消费价值。所有参与企业、摊贩,都必须如此,一旦发生顾客投诉,则无条件退出广场活动。

2.特价——柳泉啤酒

买一赠一,买一瓶"新鲜生活"赠一瓶普通柳泉啤酒。

买三赠一,买三瓶"新鲜生活"赠一瓶柳泉7.7啤酒。

3.刺激抽奖

凡在本广场消费五瓶的顾客,获得一次抽奖机会,现场刮刮卡抽奖。

奖项设计:百万瓶新鲜生活设一组奖。

大奖奖品以家庭实用物品为主。

详细情况另议。

4.文化营销

借活动之机,向顾客宣传柳泉的啤酒文化,增强广场在目标消费者中的影响力和知名度。

活动方式有:有奖问卷答题和现场有奖抢答。

5.供应丰富的酒肴、食品

与酒店合作,提供丰富多样的特色菜肴、食品。

与食品商合作,提供丰富的成品包装食品、酒肴出售柳泉啤酒、各类食品等,游客可以在这里品尝到柳泉啤酒的各个产品。

6.丰富多彩的文艺表演、互动节目

在广场上修建趣味互动区,游客可以在此与趣味模型一起互动游戏,在活动前期和活动期间向游客免费发放广场消费指南地图。可以选择以下节目容:

①街舞表演;

②模特表演;

③单人轮滑技术比赛;

④双人轮滑技术比赛;

⑤京剧;

⑥淄博地方戏曲——吕剧、五音戏;

⑦柳泉之花——选美比赛;

⑧民间吕剧爱好者比赛;

⑨民间京剧爱好者比赛;

⑩卡拉OK娱乐:歌手、群众;

⑪喝啤酒比赛;

⑫品酒比赛；

⑬柳泉奥运。

五、传播策略

1. 电视、报纸、DM 招商公告

2. 广场活动内容广告

3. 气球条幅

4. POP 张贴广告

六、危机处理预案

1. 设立柳泉咨询服务台的咨询员、医药箱为游客提供更多帮助和便利

2. 备用急救车

3. 防火设施

七、当前要务

1. 场地

2. 招聘现场服务人员

3. 酒店、小吃、食品生产商招商

4. 工商、税务、城管、消防、治安协调

5. 大屏幕电视(根据情况决定数量)：新闻、资讯、比赛、文艺节目、奥运比赛

临沂计划生育专科医院
市场分析及策划方案

临沂计划生育专科医院市场分析：挖掘优势、顺应民意、凸显差异塑造专业品牌。

1. 调查目的：了解临沂计划生育专科医院（简称医院）在患者心目中的印象、评价，以及患者对该医院的认知程度与自然期待、医院的患者定位、医院的市场地位等。

2. 调查时间：2008年1月17日至1月19日，在临沂市区进行了本次调查。

3. 调查对象：主要为从事商业工作的人士、机关人员、大学生。

4. 调查方式：随机调查与深度访谈。

本次调查，共发出问卷100份，实际收回100份有效问卷。通过本次调查发现，该医院存在以下几个方面的问题。

一、知名度不高

通过调查发现，该医院的知名度不仅不高，而且调查对象了解程度也很混乱。调查结果中，直接选择知名度不够高选项的占50%，尽管关于医院名字调查的答案中知道者比例很高，达到48%，还有听说过的。但是，由于大多数知道者、听说过该医院的市民并不确切，很模糊，令此数据的含金量大打折扣。

调查过程中，临沂市市民对医院的名字认知很不确切，大多数选择知道选项和听说过选项的调查对象都是在与调查人员交流确认后，才确定自己知道或听说过，即使被调查对象工作地点与医院很近也是如此，认识也很模糊，可见在临沂市的宣传力度有多么浅显。

二、专长医疗科目知名度很低，并且很乱

通过调查了解到，该医院的特色医疗项目在临沂市民的印象中很混乱，尽管妇科被认为专长的高达85%，但那是在不知道选什么的情况下，选择最佳答题答案被选中的，"专科特色不清晰"在8选1选项中以14%的选中率高居第二位。

该医院的专业是生殖系统疾病，包括男科、妇科等与生殖系统相关的疾病科室，可以说不但很全面，而且都很专业，但往往宣传也被此影响，没有了主次轻重，显得既像专业医院，又像综合医院，没有鲜明的专科重点宣传。

三、优势资源知名度很低

该医院有临沂市"意外妊娠援助中心""生育绿色通道定点医院"两个金字招牌，然而二者的知名度不知名率分别高达87%和82%，充分说明这两块金字招牌，没有得到有效宣传，

从而借势提高医院知名度,带动医院的整体业务增长和医院的品牌建设。在挖掘利用这两块金字招牌,充分调动其本身资源和附带资源上,医院还有大量的公关、宣传工作需要进一步加大、加强。

四、专家团队没有获得社会给予专家级的评价认可

通过调查发现,医院的专家队伍的医疗水平社会打分很低——实力一般被选择率高达35%,有待提高被选择率高达27%。专家医疗水平消极的、负面的评价总和竟高达62%。医院评价调查项:专家队伍强大被选择率6%;专家团队不强大被选择率也是6%。以上情况充分说明,要么专家医疗技术存在问题,要么宣传造势方法、力度存在问题,以医院的情况分析,应该是后者可能性较大。

五、定位模糊

定位模糊表现在两个方面,一个是资源优势,另一个是专家优势。资源优势中,又有三个资源:临沂市意外妊娠援助中心、临沂市计划生育"甜蜜工程"生育绿色通道定点医院、全国百姓放心生殖医学专科示范医院等。

总之,优势没凸显,总体来说就是相对临沂医疗市场优势医疗科室不突出,宣传没有重中之重项目,没有推出压倒其他所有医院的优势医疗项目。突出证据就是以14%居第二位的"专业不清晰"评价。第一位是以50%被选择率的知名度不高,也同样能反映出这一缺陷。没有特色的事物,哪能被人记住呢?更别说记忆深刻了。

尽管医院妇科的被选择率高达85%,但是结合50%的知名度不高评价,调查中,调查对象答题时不知道选择哪一项,最后通过推理选择妇科,85%这个数字很不可靠,不是纯粹的认知数字,想当然的倾向选择、推理选择占了绝大比重。这个85%不是医院定位的凸显,而是民众根据医院的名字反映出的意识的凸显。

六、患者对医院的认知、期待定位与医院自己的定位不一致

调查数据表明,有85%的市民认为医院的专长是妇科,这与实际情况有极大的出入;另外有97%的市民认为医院最适合做的仍然是妇科,而医院现在做的是多路出击,多科并举,与民意不相符。医院规模大,后盾坚实,技术水平高。即使真实,但是由于医院开业时间短,在市民的认识中资历浅,还不能以大医院自居,要寻求在市场点的突破,而不是面的突破。现在走的面的突破发展之路,注定营销宣传效果事倍功半。

现在,医院的定位是男女生殖系统疾病科室多而全,宣传多管齐下,重点科室一个都不少地宣传。但是医院忽略了市场细分,没有进行市场切割营销,不仅忽略了民意,还存在宣传力量分散,没有形成局部优势的问题。临沂市民就诊首选专科医院的选择率高达84%,人民医院在市民心中获得的首选率又高达65%,而临沂计划生育专科医院的不专科不综合、没主打特色医疗项目的市场定位造成营销得不到专科的优势选择率,又被综合医院、人民医院像大山一样压住,营销成果可想而知。

七、市民到医院就诊倾向选择率低

在市民就诊倾向选择调查中，尽管该医院的被选择率达到21%，位居第二，但是与第一位的临沂市人民医院的65%相比，还相差很远，这其中也还占了选项位置、调查的优势，所以21%并不乐观。尽管中西医结合医院只有4%、妇幼保健院只有13%，真正就诊选择该医院不一定会高他们多少。

八、下一步工作重点

顺民意，打造妇科品牌医院。

发挥资源优势，带动其他科室发展。

发挥资源优势特点，调动政府宣传力量，与企业自己宣传双管齐下，塑造优势资源品牌

附：市场调查项目及调查数据结果

1. 请问您知道临沂计划生育专科医院吗？　　　　　　　　　　　　　　　（　）

　　A. 知道48　　　B. 不知道25　　　C. 听说过28

2. 您知道临沂计划生育专科医院的医疗专长吗？　　　　　　　　　　　　（　）

　　A. 内科10　　　B. 妇科85　　　C. 感染科13　　　D 男科5

3. 您对临沂计划生育专科医院的整体印象怎样？　　　　　　　　　　　　（　）

　　A. 很好12　　　B. 好34　　　C. 一般32　　　D. 不知道22

4. 您认为该院的医疗水平如何？　　　　　　　　　　　　　　　　　　　（　）

　　A. 很好10　　　B. 好34　　　C. 一般20　　　D. 不知道35

5. 您认为临沂计划生育专科医院的服务态度如何？　　　　　　　　　　　（　）

　　A. 很好40　　　B. 好39　　　C 一般34　　　D 不好11　　　E. 不知道2

6. 如果您周围有人患妇科疾病您会推荐到哪家医院治疗？　　　　　　　　（　）

　　A. 临沂市人民医院65　　　　　　B. 临沂计划生育专科医院21

　　C. 临沂市妇幼保健医院13　　　　D. 临沂协和医院1

　　E. 临沂中西医结合医院4　　　　F. 外地其他医院1

7. 您在选择医院的时候最注重哪方面？　　　　　　　　　　　　　　　　（　）

　　A. 治疗技术82　　　B. 护理水平1　　　C. 服务态度19　　　D. 收费情况12

8. 你觉得妇科疾病到哪种医院就诊更可靠？　　　　　　　　　　　　　　（　）

　　A. 专科医院84　　　B. 综合医院6

9. 您对临沂市计划生育专科医院专家队伍的整体印象怎么样？　　　　　　（　）

　　A. 实力强大8　　　B. 实力较好31　　　C. 实力一般35　　　D. 有待提高27

10. 您知道临沂市计划生育专科医院是意外妊娠援助中心吗？　　　　　　（　）

　　A. 知道13　　　B. 不知道87

11. 您知道临沂市计划生育专科医院是生育绿色通道定点医院吗？　　　　（　）

　　A. 知道18　　　B. 不知道82

12. 用一句话评价目前临沂计划生育专科医院最合适的是：　　　　　　　（　）

　　A. 专家队伍强大6　　　B. 服务态度良好13　　　C. 医疗设备先进12

D. 基础设施完善 8　　E. 知名度不够高 50　　F. 专科特色不清晰 4

G. 专家团队不强大 6　　H. 服务有待改善 0

13 您认为临沂市计划生育专科医院最适合做的是：

A. 妇科 97　　　　　　B 男科 5

临沂计划生育专科医院策划方案

临沂计划生育专科医院策划方案：发挥优势，重新定位，以差异树立品牌，以品牌赢得未来，以妇科为方向，走特色专科医疗之路。

一、市场分析

临沂市位于山东省东南部，地处中国南北过渡、陆海连接地带，是鲁南苏北重要的交通枢纽。距日照、岚山、连云港三大港口百余公里，距青岛港 260 千米，北京至上海的高速公路纵贯全境，临沂飞机场是鲁南最大的航空港，已开通至北京、上海、广州、济南、青岛等航线。辖兰山区、罗庄区、河东区和临沭、郯城、苍山、莒南、沂水、沂南、平邑、费县、蒙阴，共三区九县。行政区划内有两个省级开发区：高新技术产业开发区和经济开发区。临沂市形成了以轻工、纺织、食品、建材、木材、机械、医药、化工、电子为主的门类比较齐全的工业体系，是中国长江以北最大的商品集散地。全市已建立各类市场 1 000 多处，专业批发市场 200 处。商品辐射全国 26 个省市，年成交额 380 亿元，规模和效益位居山东第一位，列全国前三位。

1. 妇科医疗市场巨大

临沂市兰山区、河东区、罗庄区三区常住人口约 200 万，市内常年流动人口约 30 万。巨大的人口基数，以人群贫富公认比例 8∶2，有达到 180 万的中低端收入人群，中低端妇科医疗市场巨大、突出。

全市已建立各类市场 1 000 多处，专业批发市场 200 多处，巨大的人口基数，带给医疗卫生行业巨大的商机。巨大的商业市场，带来了大量从业人员、流动人口、定居人群的富集。

2. 妇科比男科市场具有明显优势

妇科包含人流、产科、妇科、不孕不育、子宫肌瘤、生殖器官炎症等，而男科只有前列腺疾病可为大病，约占男科就诊比例的 90%。

临沂市立医院每年产科 3 亿营业额；临沂市妇幼保健院每天 30 万营业额；中医院产科每年 5 000 万营业额；中西医结合医院每天 4 万的营业额；华东医院每天妇科 5 万营业额，而男科只有 1 万，可见妇科市场之巨大。

男科市场狭小，竞争较大，有 6 大医院以及众多小医院同时宣传争夺受心理因素影响，男性相对女性不主动就医，男科整体营业额与妇科相比，相差悬殊，宣传效果、攻击效果事倍功半。

3. 启示

临沂市妇幼保健院每年收入 1 亿以上，每天平均有 30 多万的收入，市场巨大，攻坚成果利润丰厚，并且此市场中低端尚无品牌医院，为我们医院的发展提供了空间。

4. 定位模糊

目前,临沂市所有医院的定位都比较模糊,谁及早定位,及早实施,谁就在此市场可以获得位阶优势,就会获得宣传的地位优势。唯有妇幼保健院定位清晰,但是这也是遗留品牌,不是目前经营定位的结果。

5. 临沂市所有医院都没有采取"医院根本性成长战略"

各大医院,都是短线操作,粗放医疗服务,缺少专业化、精细化治疗形式,这是医院差异化立院发展的机遇。

6. 病种宣传上,尚无一家真正具有优势的医院宣传

这是一个难得的病种科室发展机遇。谁做好,谁就取得优势品牌。我们医院可以在妇科中择一病种,立此项目,树立治疗典范,策动深层振动影响效应。

7. "计划生育专科医院"——品牌认知具有天然优势

通过对到我们医院就诊患者调查发现,路过医院进来就诊的特别多,就是因为信任医院的计划生育专科医院的牌子。

8. 协和医院、华东医院、中西医结合医院在专家团队建设及宣传方面有一定的基础

如协和医院主打北京协和专家,华东医院主打 146 医院专家等。他们因此切割出了部分市场,占有了一定的市场先位竞争优势,对我们医院的成长造成了一定程度的威胁。

二、医院定位及定位分析——妇科

综上所述,医院的经营方向需要转型,市场定位应该是妇科。

1. 是市场认知的选择

在完成的市场调查中,有高达85%的市民认为我们医院的专长是妇科,尽管在调查中,调查对象答题时不知道选择哪一项,最后通过推理选择妇科,85%这个数字在反映医院状况上很不可靠,里边想当然的倾向选择、推理选择占了绝大比重,但是这个85%却是民众根据医院的名字反映出的临沂市市民的意识凸现。

医院就诊的男女比例是女多男少,大约二八开分。考察医院的广告投放,男科妇科大约八二开分,这就明显说明市场认可、认知力量的强大。"顺水行船,既疾又快;顺风而呼,又快又远",顺势而为做妇科是医院的最好选择。

2. 是市场认可的选择

在完成的市场调查中,有高达97%的市民认为我们医院最适合做的仍然是妇科,这是历史优势和目前临沂医疗卫生市场上少有的名字优势。具有此优势的医院,目前只有妇幼保健院。

3. 顺民意,顺时势

打造妇科品牌医院,是我们医院快速发展的最佳选择。

临沂市计划生育专科医院不仅是计划生育机构的组织,还是临沂市意外妊娠援助中心、生育绿色通道定点医院,如果再有良好的专家级口碑,可以征服所有临沂对症患者的心。

4. 品牌资源优势

临沂计划生育专科医院,让人自然而然地想到是一家妇科医院,这是品牌优势。从妇科患者初诊统计来看,大多数患者是 B 超、早孕、不育不孕、乳腺等,就说明该医院在患者心目中就是一家妇科医院。因此,我们的市场定位只有一个——妇科。

三、目标市场定位及分析

1. 中低端市场

目前医院不具有品牌、专家、疗效优势,因此,目标市场应该是中低端妇科市场。其中包括农村妇科市场、工商业者、工薪阶层、大中专学生等。

2. 商务人群

临沂市是全国著名的第三大商品集散地,流动人口约有 30 万,商务人群约有 50 万。他们是我们的目标人群,是受广告影响最大的人群,比较容易占领的患者资源,尤其我们医院是"意外妊娠援助中心""生育绿色通道定点医院"更容易打动患者的心。

四、目标人群就诊特征分析

医院的目标人群是中低端消费群体、商业流动人口、农村人口,她们有着与高端消费人群完全不同的特点。

1. 心理方面

目标人群注重寻找可靠、放心的医院,这是她们选择医院的出发点,而不一定是名牌大医院。通过调查发现:人们在求医时最看重的是医疗技术。这部分人群的物质基础相对薄弱,向往大医院,但是不一定选择大医院。

2. 需求方面

服务对医院的长远发展来说很重要,我们的目标群体也是十分看重的,如果有一家医院拥有良好的技术服务态度友好,那么这家医院就会成为他们的首选。这在目前也正好适合我们医院的特点。如果再有优质的服务,对目标群体而言那是锦上添花的收获。

3. 价格方面

就医价格与目标群体的消费水平有关,因此医院的定价策略要有考虑。

总之,疗效好、服务好、省钱是目标群体的最终需求。对我们医院而言,这些都是应该努力做到的事情。

五、差异化、差异塑造——极力壮大专家团队,大力树立妇科专业形象

通过本次市场调查发现,医院的专家队伍的医疗水平社会打分很低——专家医疗水平消极的、负面的评价总和竟高达 62%。临沂市民承认医院专家队伍强大的只有微弱的 6%,这其中还包含了自身调查的赠送评价。与此同时,临沂协和医院主打"家门口的北京专家医院",华东医院也以"146 医院专家"作为专家队伍的主打,都一定程度地增强了自身在消费者心中的影响力。以上情况充分说明,医院专家医疗队伍存在问题,专家包装宣传也存在问题,想要发展,首先要扭转此严重局面,壮大专家队伍并加大力度宣传医院的专家。

结合到医院就诊的患者女多男少的情况,专家评价差的原因应该是缺少妇科专家,妇科是我们医院人才战略的盲点。医院可以邀请省立医院以及齐鲁医院的知名妇科专家前来义诊会诊,借此打响知名度和影响力。并与各地市知名妇科医院建立人才流动机制,增

强医院专家实力和在人们心中的影响力、冲击力。医院需要增加妇科专家人数，提高妇科专家质量，扩大妇科专家队伍，打造临沂市最强的妇科专家医院形象，打造符合临沂市民认知、认可的计划生育专科医院地位，让临沂市民心中的位次领先意识，成为真正的位次领先优势，使我们医院的品牌成为临沂市真正的妇科品牌。

六、差异化、差异塑造——完善科室，妇科专业化设计，治疗精细化，大力树立妇科专业形象

实行人无我有，人有我精的策略，在临沂市实施差异化办理妇科医院的战略，在妇科治疗方法上可做精细切割，科室可做精细划分，切割出一片精细治疗妇科疾病的空白市场，使医院在此领域做到位置领先，取得局部优势地位。

结合目前临沂市医疗市场所有医院都没有采取"医院根本性成长战略"特点，各大医院都是短线操作，粗放医疗服务，缺少专业化、精细化、呵护化治疗形式，以快速赚钱为目的的现状，差异化建立并塑造我们的妇科，以专业化、精细化、呵护化治疗方法细分科室，让就诊患者从心理到生理感到医院对她们的关爱和精心治疗，生出真正的感激、感恩之情，实现医院的品牌升级。

这种人无我有，人有我精的策略，可以扩大实施到妇科的各个病种的治疗过程。充分体现我们医院与其他医院的差异化，是我们医院在当前竞争激烈的医疗市场生存和发展的根本。

七、差异化、差异塑造——引进中医，发挥中医优势，中西医结合治疗，大力树立妇科专业形象

中医在妇科、产科等具有西医无法企及的优势疗效，如果没有中医辅助，那是一个很大的缺陷，这一点在药典和教科书理论上，都有着充分的论证。所以中医一定要引进，中西医结合治疗之路不仅要走，还要走得更坚实、更好。中西医结合医院妇科每天的营业额达到4万元就是很好的事实证明。没有良好的疗效，是不可能取得如此业绩的。

八、差异化、差异塑造——将产科做出来，做上去

产科是个大市场，也是高利润市场，有能力要尽快做，无能力要尽快收集资源做出来、做上去。我们医院是临沂市生育绿色通道定点医院和"全国百姓放心生殖医学专科示范医院"，本身名字又是计划生育专科医院，具备得天独厚的资源平台可以将产科做好、做大。

仅仅市人民医院产科每年就有3亿元营业额，中医院每年也有5000万元营业额。经营发挥空间也较大，体检、B超、孕产妇心理咨询等，可操作项目多，适合精细化建立科室。针对这个市场的攻击战也是大有可为。

九、差异化、差异塑造——以人流为市场，突出差异，大力树立妇科专业形象

临沂计划生育专科医院是临沂市确定的意外妊娠援助中心，医院可以以此为媒介，与计划生育部门联合，实现差异化立院，进行差异化宣传，走差异化竞争之路。

通过市场调查得知，市人民医院人流数量50人/天，妇幼保健院40人/天，中西医结合

医院15人/天,华东医院13人/天,而只有6人/天,的中心经营成果名不副实,有巨大发展空间。

十、营销战略与策略

(一)营销战略

差异切割,差异塑造,差异传播,占领市场制高点。

(二)战略目标

将妇科做到临沂市治疗最专业、服务最好、收费最合理的专科专业医院。

(三)具体的营销策略

1. 打造影响力

长期不断邀请省立医院、齐鲁医院等知名医院的知名专家前来会诊、义诊,增强临沂市计划生育专科医院在人们心中的影响力。

2. 集中资源,科学合理地设计、组织、宣传妇科,成就妇科品牌

医院必须集中一切资源做重点突破,然后扩大战果,纵深发展,占领更多、更大的地盘、阵地。医院需要结合医院目前妇科诊疗项目的优势,集中医疗力量建立差异化治疗方案,集中宣传力量进行差异化凸显宣传,塑造医院形象,带动全盘医疗项目全面发展。

编制系统的、有中心的、连贯性的宣传设计、广告投放计划,进行有中心、有目标、强化性的宣传,树立医院自己的妇科品牌。

3. 建立人员推广体系

建立企划部、客服部、市场部。

(1)企划部职能

①战略研究。负责外部政策、行业信息的调研分析工作,负责编写行业研究报告;负责组织相关部门对竞争对手进行监控,编写分析报告;组织制定医院的年度经营目标与计划,并组织计划分解与考核指标落实;负责对下达的各类计划执行情况(进度和质量)进行监督和考核,根据实际情况及时进行调整;保障医院日常运行的稳定、规范,为医院提供可持续发展的战略。

②流程、制度建设。负责为相关部门提供及时准确的数据与资料;负责医院内部各项管理政策、制度的编制、下发,并跟踪与修正;负责监督、协调医院各部门工作;计划考核管理。做好医院的计划管理与考核工作,确保医院顺利实现既定的经营目标。

③信息平台建设。负责医院信息制度建设和考核工作;负责内外部信息的搜集、分析、为医院的管理者提供决策依据;负责医院信息渠道的规划与运行情况的检查;负责与外部信息机构的联络、外部信息资源的整合。负责医院信息化平台的选择、实施和推广工作;负责医院不同信息平台的整合与接口工作;负责医院流程的电子化;为各部门信息化提供技术支持和技术培训。为医院提供信息支持,保障医院信息流通的快捷、安全、有效。

④制订人力资源战略。制订相应的人力资源规划,并组织落实。为医院可持续发展提供人力支持;为医院日常运行提供全方位的后勤支持。

把握医院形象中广告设计制作方向。对医院的整体形象调查,及时反馈。

（2）客服部职能

未来医院的竞争,将是"以病人为中心"的全方位服务理念的竞争。客服中心的建立,不仅意味着医院全面服务行动和意识的提升加强,还是医院的一项很好的品牌工程和美誉工程,成为医院竞争的利器。

客户服务中心职责范围。

①客户服务中心通过向社会公布的中心电话号码,接受健康咨询、预约专家、预约检查、预约居家医疗护理、邮寄检查单、电子邮件联络、客户电话回访等形式多样的"诊前—诊中—诊后"服务。

②负责入院患者的全程服务。对来院患者诊疗过程中,有需要帮助的,及时提供帮助,特殊患者需陪同检查治疗的要予以陪同。当门诊各科室有患者需要住院时,马上通知客户服务中心,由中心派专人帮助患者办理入院的各种手续、送到病房、交给主管医生和护士。

③熟悉各科室医疗技术与服务信息,为患者提供更优质的咨询和导医服务。为患者分发各种检验、检查单,指导患者复诊,需要补报告单者,即与相关科室联系,不能让患者来回办理。协助办理各种诊断证明书。有需要邮寄或者电话通知的,要在结果出来一小时内办理完毕。

④熟悉各科专家的专长、出诊时间以及专科出诊时间;掌握各科常见病的分诊和防治知识;了解常做的检验报告的数值和临床意义;与各科室做好沟通,密切配合。

⑤凡有需帮助办理出院手续的患者,协助办理出院手续。对有特殊情况需要马上离院的患者,可由患者本人或其家属签一份委托书,并留下押金条和需付出院款项等,约好取发票的时间和方式,患者可先离院。由中心代办出院手续,然后按约定的时间或者方式交到患者手中。

⑥主动与各科室做好沟通协调工作,遇到顾客投诉,要及时向门诊部主任、相关科室主任和当事人反映,争取将问题及时解决。

⑦对离院的特殊患者进行电话回访,将收集到的信息反馈到相关部门。

⑧做好医院各种宣传资料的发送工作。

⑨每周填写《医院患者服务意见表》,将一周内患者对医院的意见和建议进行整理归类总结,一份送门诊部,一份市场营销部。

客服中心是保持医院与患者联系的桥梁,客服中心通过接听医院的咨询电话,统计患者资料,建立医院患者数据库,定期对出院患者进行电话回访甚至深入患者家中的回访,监督医院的各项医疗服务措施的执行,及时反映医院存在的问题,为医院在医疗、管理、服务方面提供改善的意见和可实施方案。

（3）市场部职能

①制定年度营销目标计划。

②建立和完善营销信息收集、处理、交流及保密系统。

③对消费者购买心理和行为的调查。

④对各竞争医院的战略规划、就医价格、促销手段等进行收集、整理和分析。

⑤对竞争品牌广告策略、竞争手段的分析。

⑥做出市场预测,提出未来市场的分析、发展方向和规划。

⑦促销活动的策划及组织。

⑧建立有效合理的人员推广机制。

4. 定价策略

价格是目标群体十分关心的因素,因此医院的市场定位及其定价策略决定了价格要低于妇幼保健院。价格是市场竞争中最有效的手段。我们定价略低一些,可以低大约10%,再有效利用 VIP 卡,实施部分患者再优惠的政策,从整体市场中切割出来,实现我们医院的市场占有。

5. 促销策略

①对于较为偏远的乡村到来的患者可以给予八折优惠。

②市区 24 小时救护车接送病人,电话约诊,上门服务。

③来治疗的患者,统一发放医院的宣传资料,使之成为医院的义务宣传员。

④充分利用已经发出去的 VIP 卡,作为吸引患者的主要利器,以实现重点突破。

⑤报销偏远患者的部分路费,方便患者前来就诊。

十一、传播策略

整合传播策略,集中资源,宣传妇科,树立临沂计生专业妇产科医院的形象。

1. 核心广告语

看妇科,到计生,(临沂计划生育专科医院)。

做人流,到计生,(临沂计划生育专科医院)。

生孩子,到计生,(临沂计划生育专科医院)。

2. 辅助广告语

"一所公立的现代化妇科医院

一所九大医疗卫生机构权威认证的妇科医院。

一所三十九位知名专家教授临床施治的妇科医院。

一所数万名康复患者爱心推荐的妇科医院。

——这就是临沂计划生育专科医院"

①电视:采取多种形式的宣传手段,角标、电视剧(特别是韩剧)中插广告、冠名大剧场等。

电视剧中插广告设计:在每天 20:00—21:30,播出剧插广告,"5 秒品牌+15 秒妇科广告"。

"5 秒品牌"文案:"看妇科,到计生。临沂计划生育专科医院,专业妇科,值得信赖。"

"15 秒妇科广告"文案:(可设计独白亦可配有图片)

"看妇科,到计生。临沂计划生育专科医院,专业妇科,值得信赖。这里是临沂市意外妊娠援助中心,这里是临沂市生育绿色通道定点医院,这里是"六联基因助孕"基地,这里是值得信赖的公立机构!看妇科,到计生,临沂市计划生育专科医院。"

②广播:频度要密,主要宣传——人流手术及治疗乳腺疾病。要突出。

可以整点、半点各播放两次,主要播放 5 秒品牌广告+30 秒具体广告。

整点广告 30 秒,宣传医疗项目。

半点广告 5 秒,宣传医院形象,以广告语为主。"看妇科,到计生,临沂计划生育专科医院,专业妇科,值得信赖"

妇科疾病多是慢性的、不大不小影响生活的疾病。策动患者看病,需要润物细无声地打动宣传,强化认识来完成,所以互动很重要。

形式:健康在线咨询和健康生活讲座。时间定在白天的中午或 19:00—22:00。

③报纸:新闻性报道、专家专访、热点新闻炒作,专注妇科、产科。

在临沂市,我们发现医院广告宣传还没有控制很严格,这是我们医院的极大、极好的宣传机会,这个机会时间不会很长,稍纵即逝。抓住这个机会,将新闻性报道、专家专访、热点新闻炒作大规模启动起来,做专家、妇科重点包装宣传。

选择临沂市主流媒体,建立长期合作方式,有计划、成套路、周期性宣传。

④车体广告:研究城市公交线路,选择繁忙路线的公交车,从内到外张贴计划生育专科医院的妇科广告宣传。选择以经过火车站、长途汽车站线路为主,线路长为辅,针对流动人口、中低端消费人群宣传。

车体侧面文案:看妇科,到计生,临沂计划生育专科医院!

(印章):

·公立机构 值得信赖

·临沂市生育绿色通道定点医院

·临沂市意外妊娠援助中心

(车尾文案):看妇科,到计生,公立机构 值得信赖!

(下面是医院地址和电话)

⑤路牌广告:长期买断、占领临沂市繁华大街的路牌广告阵地.目前,临沂市刚起步,成本会很低,尤其是路旁线杆几乎是空白。以全部广告语为主,不断重复、强化宣传。

广告语:

·看妇科,到计生,临沂计划生育专科医院!

·公立机构 值得信赖

·临沂市生育绿色通道定点医院

·临沂市意外妊娠援助中心

⑥墙体广告:重点在农村的村头路口、道路两旁高耸平整处,采用白底红字。

广告语:看妇科,到计生,临沂计划生育专科医院。

每月印制 6 万份 DM 杂志,广泛发行至各机关企事业单位、商家、市场、大中专学校。

考虑在 9 个不同主题的宣传,可以比较系统和全面地对我医院的整体形象和所经营的项目细致地做介绍。

a.形象篇:根据整体宣传定位体现标本兼治,概念不可以模糊,要和医院诊疗紧密结合,以"临沂市首家生殖专科医院"为中心。

b.专家篇:"聘请××医院专家坐诊"突出专家的照片、职称、头衔、简历、专著等。这里要确保是真正的专家,可以夸大宣传但不可以失真。

c.医护篇:"爱心"、"仁心"、"亲情"、"友情"以医生护士形象为宣传点,感人至上,树立医院整体医护在百姓心目中的良好形象。

d.医技篇:主推医院独有的强项医疗项目。主要介绍医院手术的先进性、高安全性、高成功率。

e.价格篇:可以控制成本的疾病公布最高限价,让百姓看得起病,不再使用"最低价格""低价位"等宣传语。

f.疗效篇:借鉴医药广告特点,以大量的诊断治疗案例,说明诊疗效果。解决存在百姓心中的疑虑,让他们看病更安心。

g.科教篇:对我院主要治疗的病症进行科普宣传,讲解它的发病原因、治疗方法、愈后调养知识。

h.社区篇:根据社区活动,采用纪实报道的形式,凸显医院在地面营销活动中受到的广泛关注度。

i.活动篇:根据医院在不同时期所搞的社会性公益活动或者是大型义诊活动,进行跟踪报道。

所有系列篇内容可长可短,需要重点介绍的专家篇、医技篇、科教篇、社区篇等都要根据当时活动和医院的整体宣传策略进行调整。形象篇、医护篇、价格篇、科教篇就可以每一篇幅做出固定的样式,不定期在媒体上发放。

在平面广告的媒体投放上不必做到遍地开花,而要斟酌各个媒体的特点优势,有针对性地选用,加强每次广告的整体宣传质量。

⑦医院自身外部形象的改变:楼体广告,充分利用,可将具有含金量的两大牌匾扩大、再扩大,置于楼体上方,一目了然。

a.医院西墙壁广告牌有待重新设计,使内容及颜色与目前定位相符合。东墙空白位置也可酌情利用。

b.医院内部POP广告要做,张贴,悬挂牌,把医院设计成温馨的家。

c.建立自己独有的推广网络体系:发挥自身优势,与计划生育部门联合宣传、营销。

十二、公关策略

在整个营销体系中,广告只是单方面可以提高医院的知名度,而公关活动是医院树立良好形象的关键,不仅可以相应提高知名度,还可以树立大众值得信赖的美誉度,并取得直接的经济效益,更有利于医院的发展壮大。

公关活动主要分为两大模式:一是政府公关活动;二是民众公关活动。

1.活动实施六原则

(1)活动辐射区域时效互不重叠的原则

活动辐射区域时效互不重叠是为了使活动再"多点开花",彼此呼应的同时,又使资源得到最合理化的配置,而不至于浪费。如:凡在近几周内在该社区进行了推广活动,该社区周边社区的推广活动即顺延到其他社区推广完毕。

(2)合理使用媒体的原则

因为活动本身具有"超级终端"的意义,信息的到达率将会非常高。但为了在活动前期达到"一石激起千层浪"的效果,还是有必要在活动前后和活动进行期间做必要的充分的媒体炒作。为此,医院需要选择受民众关注程度较高的媒体。

（3）针对目标患者的原则

所有的活动都必须始终贯穿"针对目标患者"的原则。在保证活动长远效果的同时又注重时效，即医院管理部门都必须对每一次的活动进行绩效评估。因此，在系列促销活动开始前必须对服务人员进行严格的选拔和系统的实效培训，并在活动结束后进行总结，使下一次活动更完善。

（4）有的放矢的原则

针对高、中、低档不同的患者给予不同的诉求点，根据不同的诉求点来确定活动的主题。

（5）空间上、形式上高、中、低档立体攻势的原则

地面推广并辅以新闻媒体、电台广播、气球条幅等全方位宣传的形式在各社区进行系列活动。

（6）亲情服务的原则

参加活动工作人员的亲情服务，对于扩大医院市场占有率和提升医院品牌形象、增加医院的美誉度、提高居民的忠诚度将会起到直接的作用。

2. 政府公关

（1）与当地各政府机关尤其学校、妇女组织搞体检、联谊活动。通过直接和间接的广告宣传、公益活动，向目标群体和大众传播商业信息，通过实际影响、大众媒体的传播使医院的品牌深入民心。

（2）与红十字会、民政部门合作爱心救助活动，为一些贫困的农民或需要救助的弱势人群提供帮助，博得民众的好感和爱戴。

（3）与当地媒体共同创办百姓生活栏目，反映百姓生活中的点点滴滴，凡是与医疗有关的问题均可以由医院专家来做相应的解答，增加医院专家在百姓心目中的地位和可信度。

（4）与计划生育管理部门合作，进行宣传、义诊、援助。

（5）努力争取成为新农村合作医疗报销医院，吸引广大农村患者前来就诊。

3. 农村大众公关

（1）走巡回义诊路线，在操作过程中增加技术含量，小型诊疗设备、现场医生和网上专家共同诊治。走遍临沂市区的各个村镇，常年不懈。

（2）举行感恩老区专家义诊。

（3）可以在较为偏远的乡镇征集幸运者，为其免费医疗，扩大影响力，提高知名度和美誉度。

4. 社区活动策略

社区作为医院营销的主要阵地，绝对不可以忽视。通过在社区的调查了解，社区是医院的宣传盲区，说明以往的工作方法存在问题。改变传统社区工作方法是当务之急，重新规划社区义诊活动方法，改变过去派医生护士到指定社区进行义务的诊疗服务的传统做法，变被动为主动。可以通过两次传统方法后，与社区居委会建立互动关系，征集、建立居民备案医疗卡，医院在固定时间对某社区开放，让患者享受更好的诊疗服务。这样，不仅达到活动目的，还能调动社区居委会的宣传力量，达到以往宣传达不到的目的。

（1）活动方式

①活动主题：妇科健康免费检查。

②活动时间：医院自己确定。

③活动对象：临沂市各个居民小区，间隔式选择操作。

对居民小区的选择要综合考虑到小区的建立时间、主要居住人群、小区老龄化程度以及小区的整体收入水平。以保证此项活动能够更好地达到短期和长期的目的。

④活动地点：在社区简单体检过滤健康居民，有问题的进一步体检到我们医院；健康讲座在选定的居民小区进行。

⑤活动目标：搞社区活动是一种很好的传播途径，既可以扩大知名度，更重要的是能建立起很好的美誉度。因此，社区推广活动应以追求社会效应最大化、培养居民信心为主，吸引患者治疗为辅。通过社区义诊活动来宣传、美化医院在市民心目中的地位，实现擦亮品牌目的，在居民心中种下"种子"。

⑥活动内容：

免费体检：本次活动以妇科免费检查治疗与专家进社区进行健康讲座相结合。以关注妇女健康为切入点进行宣传。

·对外宣传免费检查的项目包括：主要为子宫肌瘤、附件炎症等常见病，可以在行动上表现更利民，获得更多居民好感。

·健康讲座：生殖系统疾病的预防及治疗和生活习惯与身体健康的关系。

免费体检治疗和专家讲座相互配合。专家进社区讲座活动在前，免费体检活动紧随其后，以讲座促进体检，更好地贯彻此次活动的意图。

（2）现场布置

现场悬挂活动主题横幅。

制作活动背景墙、现场医疗咨询区布置。

活动宣传展板布置（病历宣传样板、健康教育样板）。

形象宣传品（画册、X展架、现场POP等）。

（3）活动组织安排

工作重点：工作人员的选择、人员服装/绶带准备、站位、工作职责、宣传单的调配。

A 室外阶段：9：00—11：00咨询医生及护士提前到位，活动按时展开。

B 室内阶段：15：00—17：00。

为了提高人们对健康问题的关注程度，特别是对妇科疾病的预防和治疗的关注，医院与居委会合作开展"健康专家送上门"服务，通过专业知识的介绍，改变人们对妇科小疾病的忽视，倡导"用健康的生活习惯抵制疾病发生"的健康理念。告知公众要养成合理健康的生活习惯，了解妇科疾病的预防和治疗。

凡来参加讲座的居民，都会得到一张体检卡，凭借此卡可以参加接下来医院体检活动，医院均为其优惠提供一切咨询、检查、治疗服务，并免费为每一位患者建立健康档案、定期回访，如来我院就诊一律全免挂号费（专家、特诊科除外）。

5. 医院内免费体检治疗活动

（1）配合社区行动

活动时间确定在专家进社区活动结束 3 天后。一方面给打算前来体健者准备的时间，另一方面也不会因为时间拖得过长让公众产生怨言。

每次免费体检活动确定时间为一天。凡在这天不管是前来医院就诊的还是持体检卡前来体检的，一律免费检查并提供一些初步治疗的方案和药物。

活动时间分为：8:00—11:40；14:00—17:30。

活动当天，导医台负责体检登记、发放体检序号、体检顺序的合理调度及医院内秩序的维持等工作。

（2）优惠诊疗社会互动行动

①活动宗旨：惠所当惠，只给真正需要优惠的群体。

②操作的方法：可以是不定期或者周期性定期开展活动。

③目标人群：选定没有医疗保险的社会目标群体，提供相应证明后，超低价位诊疗。

下岗失业人员携带下岗失业证；农民携带户口本；外来下层打工者携带身份证、介绍信。

④感动行动：诊疗结束后，发放生活手册，指导其正确的生活习惯和就医保健时间。

沂蒙红嫂系列食品整合营销方案

沂蒙红嫂系列食品整合营销方案:沂蒙红嫂,传统健康,食品专家,重塑品牌形象,借鸡生蛋式营销。

一、项目背景分析

市场环境 SWOT 分析

(一)优势

1."沂蒙红嫂"产品选择

辣疙瘩炒肉丝

传统名菜——辣(疙瘩)丝(成本极低,不炒,纯粹发酵产品,可做技术包装宣传)

初步产品设计沂蒙无公害地区盛产的疙瘩菜、辣疙瘩菜精心制作辣疙瘩炒肉丝、辣(疙瘩)丝

2.生产及配套设施完善,原料资源充足,质量高

沂蒙山地区污染少,可供选择的无公害农产品充足。

3.淄博及各地区食品销售市场网络都比较健全、密集

各地都有密集的、多渠道的分销网络资源可供选择。

4.淄博龙之媒公司拥有培训销售队伍的良好经验

5.以特色产品打开市场

"沂蒙红嫂"有深厚的历史、文化背景以及广泛优质的原料产品空间,其后续产品推展空间巨大。

(二)劣势

1.小食品市场竞争激烈,新产品被消费者接受阻力巨大

解决方法:保证产品品质及货源充裕,以健全、统一的价格体系为基础,产品卖点突出:奇、享受、神秘。

2.陌生品牌,消费者认知度低

解决办法:有效广告投放的策划,促销活动大面积展开为基本出发点,突出重点产品,以点带面。创造特色名品带动其他产品销售;以创立名牌产品,带动名牌企业建设的成长途径,再以名牌企业形象向社会投放更多的公司产品,拉动企业利润增长。

3.面对庞大的众多的市场分销网络,渠道选择是对营销成果的巨大考验

解决办法:名品搭配大众口味产品;产品包装、质量差异化供应不同的经销商和不同的销售网络。

（三）机会

"沂蒙红嫂"具有让中国人感动、温馨的文化内涵,蕴含巨大的感情牌、宣传牌商机

食品供应太多、太乱、太滥,消费者求新、求奇、求异、猎奇消费心理浓厚,恰当地引导、利用是火爆营销的关键。

消费水平日益提高,食品质量、档次成为购物的首要考虑因素。

春节到来,购物旺季——食品类新品上市的最好时机。

大型会展的参展可加速招商及销售。

（2）本品价格适中,口感好,适用于各阶层、各个档次、各种口味的需求。

（3）口味多样,适合全国各地销售。山东人自古喜爱吃咸菜,辣疙瘩炒肉是符合山东人口味重的习惯。

（四）威胁

（1）食品市场门槛低,生产销售相对简单。

（2）市场商超为主的销售渠道,其他品牌,如"老干妈""巧媳妇"等食品强势品牌占领着市场的绝对领导地位。

（3）市场上的辣疙瘩炒肉丝的品种虽然不多,但一旦打响"沂蒙红嫂"后,市场将出现各种鱼龙混杂、质量好坏不一的品牌,将会造成负面影响。

二、消费者分析

（一）沂蒙红嫂——辣疙瘩炒肉丝

目标消费者:高端人士、上班一族;餐饮消费者;在校学生;家庭主妇。

1. 动机

（1）食用方便:罐头包装,一拧就开,很符合现代快节奏的社会生活环境。

（2）经济实惠:普通产品平均3.5元/100克的价格完全可以接受。

（3）营养健康:爽口、肉香、营养、好吃、卫生。

2. 购买决定

（1）购买者一般是本人或亲人、朋友。

（2）受广告的影响、受朋友亲戚的推荐。

（3）食用上的需要。

3. 购买频度

（1）家庭来不及炒菜时,可做菜下饭;上班族在办公室可食用。

（2）习惯在外出旅游时方便食用。

（3）上班族快餐需求。

（4）当成礼品拿去孝顺老人、爱护孩子。

（5）快菜酒肴。

三、发展战略定位

1. 沂蒙红嫂"比菜香"品牌战略

（1）重点工作:ISO9001 HACCP ISO14001 认证;有毒有害物质化验室检测;开发新奇食

品塑造名牌产品,利用别人的销售网络快速占领市场,销售带动现有的普通产品销售,追求利润最大化,积累原始资本,以求企业更大发展。

(2)注意问题:本期前期以产品实物宣传为主,前期只有现场广告效果会达到事半功倍效果,尤其展销会上广告投放效果显著,其他多数广告方式效果事倍功半;销售网络铺开,市场销售和生产进入良性发展后,媒体广告作用才会显露,并且不会造成生产销售混乱。

2. 中期执行名牌产品带动塑造名牌企业战略

(1)重点工作:广告、营销宣传主次位置处理、更迭、升级分寸把握;建立自己的销售网络和产品物流集散中心;保鲜库;产品研发中心;开发国际市场。

后期执行名牌产品、名牌企业互动交叉宣传,互相促进带动企业营销发展。

(2)重点内容:以名牌企业的市场效应优势,名牌产品带头,以点带面带动企业其他产品销售;以品牌为主导资本扩张,老区联合,精神相通,发展各个老区的地方特色食品,红遍各地的老区,红遍全国。

四、品牌塑造产品塑造

塑造"沂蒙红嫂"健康、活力的品牌形象。

挖掘产品文化内涵,与红嫂形象有机结合;博爱——沂蒙红嫂所体现的是一种革命精神,一种支持革命、献身革命、爱党爱军的形象,说到底是一种仁爱之心。在产品中可以体现对消费者生活的关怀,对消费者健康的爱护。而且沂蒙红嫂的故事更容易激起消费者的品牌认同感。

中国第一道方便菜,挖掘产品风味深层卖点,引领小食品消费时尚。

方便面的诞生,方便了一批时间少,缺乏精炒细做条件的人群。同样沂蒙红嫂可以定位于中国第一道方便菜,目标市场也重点瞄准这一人群,同时居家自用与饭店使用也是不可忽略的市场。

(一)市场定位

产品的市场定位:"方便菜";价廉物美;符合社会各层次、各种口味食用。

沂蒙红嫂的产品主要有辣疙瘩炒肉丝、豆豉、地瓜干等;核心产品为辣疙瘩炒肉丝;针对市场现状,将辣疙瘩炒肉丝定位于沂蒙红嫂的市场领导者。

(二)市场细分

根据市场的需求以及目标市场的确立,沂蒙红嫂的主要目标市场是大型商超、社区便利店、食品专卖店等;也可以进入酒店销售。

五、营销策略

(一)产品策略

商品条形码:申请自己的专用条形识别码,适应超市销售渠道要求。

1. 采用沂蒙山山泉水、渤海湾优质海盐、沂蒙辣疙瘩绿色蔬菜精心腌制后,同上等肉丝炒制。

口味有:香辣、五香、鱼香等;辣丝只做一种传统原味——辣、甜、微酸。

2. 中、小容量包装,精装,简装,零卖;大容量包装,精装礼品装。

3. 加工的整齐部分瓶装,制成高档产品;长短不一,成品进行袋装,做大众消费产品。

4. 辣丝不单独销售,缺货式供应销售,只在套装礼品中销售,提高档次,带动其他产品销售,同时提高其他厂家的竞争难度。

5. 保健包装:利用现有或者更高级别的中医专家论证保健功效,做无公害、保健、养生功能包装,增加产品高级亮点,更好地适应大众传播。

(二)价格策略

差异化包装,辅以差异化定价。根据市场情况合理定价。

高档、低档产品价格策略,高档礼品化销售,低档大众化普及销售,避免中档。

高档产品获取超额利润,从而降低低档产品成本,便于推向社会大众,赢取广泛的社会美誉度,同时又促进高档产品的销售。定价根据实际再做确定,此处不做确定。

高、低收入适用2:8法则,消费心理也同样适用。

(三)产品差异化包装策略

1. 袋装

(1)小袋100~500克设计多种差异化包装方式,提供给不同类型的经销商。高端消费群的经销商提供小包装、礼品装,大众消费终端的提供大包装及组合装产品。

(2)高端小包装精美透明,内装菜漂亮整齐。

(3)普通大包装取长短不一者,作为高档产品的遗留部分填充。

2. 瓶装

方形透明玻璃瓶取同样长度成品整齐装入,只做成高档礼品包装。

3. 礼品装

瓶装走精品路线,大包袋装走普通礼品路线。精品装、普通产品组合包装,质量不同,产品相同。

(1)主推产品包装:各种口味齐全,但是,辣丝只有一瓶,命名——众星捧月(白色,名副其实)。

(2)次推:无辣丝的做辣炒肉丝全家福包装。

(四)市场保护策略

由于技术门槛低,容易被跟风和仿制,所以,商标注册、生产工艺专利申请、包装设计专利申请是一项势在必行的竞争措施,这样的定位可以同其他同类产品区别开来。

商标认证:方便菜比菜香。

生产工艺专利认证申请。

包装物外观设计专利认证申请。

借势、借力实现借鸡生蛋式销售,迅速打开市场;利用现有的高效市场销售网络,执行名牌战略,一举定乾坤,确立同类产品市场霸主地位。

高校市场前景广阔,早餐时大部分学生都有食用咸菜的习惯,即使在午饭,晚饭时也有一部分学生购买咸菜搭配使用。可在学校张贴广告,并设置校园代理商进行销售。

社区超市及小卖店,这一部分主要是针对居家自用的人群,前期可以较低的价格进行产品铺货,迅速抢占市场。

早餐店及各种饭店可作为配菜,满足人们需求,饭店主要以中低档为主。

六、促销策略

1. 营业推广

零售,自己的对外销售窗口和各销售终端摆设销售;

2. 人员推销

阶段性于各大中型超市进行人员促销和其他促销行动(如节假日、销售旺季等);

3. 校园战略

消费者包围终端,刺激终端合作。

4. 文化公关策略

(1)可在每年的建党节,建军节与政府机关及其他事业单位合作举办活动,同时吸引媒体报道,扩大社会影响。

(2)"沂蒙红嫂"犒军公益——在高级别军部促销宣传,赋予历史以新时代含义,一举多得。

(3)各个旅行社、机关、事业单位建立团购合作,开拓高端客户市场。

(4)系列促销活动。

劳动节、国庆节、春节等各个节日促销。

5. 礼品宣传促销策略

给公司客户、准客户、合作伙伴、朋友送礼品装产品,打开高端客户消费市场。

6. 渠道策略

渠道一:授权大型零售商超,借助其完善的销售网络,直接完成由出厂到终端的流通,如政通超市;其他如大润发超市、银座、商厦等。

渠道二:通过中型销售商进行销售。

渠道三:通过批发商批量向各小型零售商配送、铺货。

渠道四:通过批发商向各大、中、小型零售商进行销售。

7. 招商代理

鉴于市场启动前期,财力、物力、人力较为薄弱,采用一般的招商模式。考虑前期的投入想尽快地予以回收,为了回避风险,选择通过招商方式来快速回笼资金。

基本方法是:通过《鲁中晨报》《淄博晚报》《龙之媒 DM》等专业媒体发布广告,提炼产品的所谓热点或卖点,吸引各地经销商。

8. 与酒水商合作

以促销的方式将产品带进酒店

9. 与销售点合作

业务人员与经销点谈判销售合作的方式

10. 促销

与超市合作,在某一时间段购物满一定金额有奖宣传活动在大型商超前举行免费品尝的活动。

11. 旅行社合作

带到专卖店,与导游合作,返利,以礼品包为主。

12. 企业员工福利、食堂提供

深层渠道分销策略:根据终端特点,确定具体细节

渠道五:人流量大处,早餐工程车、医院门口、社区便利店等。

渠道六:建立旅游景点、铁路、航空适销对路的销售网络,让各地旅客品尝认识是第一位,招商内容在包装中同时体现。

渠道七:淄博的高校市场,如山东理工大学、淄博职业技术学院、山东水利学院等。可通过校园代理的方式销售。

13. 会议策略

商品交易会、订货会。

七、广告传播设计

(一)产品包装设计:让产品说话,让包装说话

1. 产品文化

(1)沂蒙红嫂故事,带动沂蒙地区可食用的地方野菜产品:苦菜、香椿芽、桔梗等。

(2)以"红嫂乡情、绿色健康"为主题。广告诉求:健康、自然。

(3)沂蒙红嫂食品,新奇好滋味。

(4)旧时关爱子弟兵,如今博爱天下人。依此做新旧文化理念连接。

2. 产品包装

产品的质量是最根本的广告宣传,产品的外观包装是最直观的、宣传频率最高的广告。

(1)高档包装:包装设计上糅入文学性、艺术性、抽象性,提高文化消费韵味,满足高档消费者文化、感官、层次享受。

(2)包装图案设计:青山绿水一点红。

①建议选用青山绿水为背景——突出清新、自然、健康、无污染.

②一点红——以健康、清新、美丽的身着传统沂蒙红装的少妇为新时代红嫂的表达;背面以无公害、营养、保健特点作文字表达,满足消费者诉求。

(3)包装文字设计

①营养数据。

②理疗功能。

(二)广告设计

1. 广告定位

沂蒙红嫂:以诉求"绿色食品""比菜香""沂蒙特产食品"为其诉求内容。

2. 广告语设计

特点突出;诱惑性;有韵味;易记难忘,朗朗上口。

(1)包装广告与宣传广告共用

"想不到的味道

—吃难忘的滋味

无法言喻的舒爽感觉

——沂蒙红嫂"

（2）促销广告语（POP 广告）

"方便菜,方便更滋味香,就是比菜香

有了比菜香,吃饭就是香

顿顿比菜香,营养又健康

传承红嫂精神,关爱您的健康"

"您是否为没有时间精炒细做而烦恼? 您是否为总吃方便面感到无奈? 快节奏的生活,忙碌的工作使您感觉做饭成了一种负担,如果有一种产品简单快捷,却又能跟妈妈做的菜相媲美,那该多好啊。沂蒙红嫂"比菜香"产品的上市,让您的梦想成为现实。"

（4）平面广告设计（报纸）

视觉形象识别:使用红嫂的剪影形象视觉形象识别。

（5）POP 广告设计

广告:旧时关爱子弟兵,如今博爱天下人。

作为市场上知名品牌,沂蒙红嫂可利用原有的沂蒙革命文化的宣传,使消费者融入对热情、传统、营养、健康的情感共鸣。

八、目前工作

1. HACCP 食品质量安全体系认证

2. 产品分类整合:精品和次等品(不同包装)

3. 辣丝新品准备:原料;生产工艺;理化分析;储存条件、期限研究(目前不是很急迫,速食食品)

4. 春节前各种公关、宣传活动准备工作

5. 无公害认证

6. 专家保健论证

7. 商标认证:方便菜 比菜香

8. 生产工艺专利认证

9. 营养分析资料

10. 机会:临近春节,是食品创名牌的最好机会,不容错失机会

11. 包装策略:采用红色为主色调,一是喜庆,二是容易使人联想到沂蒙红嫂红色经典

12. 作为礼品:做成礼包形状,要显得豪华,可采用沂蒙红嫂的形象,但要上升到艺术的高度,体现文化内涵(标志要放在明显位置)

13. 自己食用:可分为袋装瓶装和盒装,使用沂蒙红嫂的原型,使消费者一看便知道

14. 招贴画设计:突出第一,突出方便

附　方便菜市场调查

通过对沂源 6 家超市的调查,我们发现方便菜市场竞争激烈。本地、外地,包装、非包装,不同形状产品的生产厂家众多,各厂家产品种类花色繁多,主要有以下几个大品牌。

1. 乌江榨菜

（1）包括设计

只有袋装,包装平面设计采用华黄、红、绿色彩,包装精美。

（2）包装分类

只有重量包装分类:

①0.50元/60克;

②1.10元/80克;

③1.90元/150克;

④2.20元/175克;

全是素菜制作,没有发现质量造成的价格区别。

2. 百吃不厌

（1）包括设计

素菜制作,只有袋装,精包装。

（2）包装分类

①0.30元/70克;

②1.10元/180克。

3. 老板菜

（1）包括设计

素菜制作,只有小袋式精包装。

（2）包装分类

0.30元/60克。

4. 川南酿造

（1）包括设计

品种多,袋装型前后透明包装,没有瓶装。纸箱采用白色,平面设计采用红、绿、蓝三色,只有文字和标志,简约醒目。

（2）包装分类

①1.5元/120克;

②2.9元/228克(黄花菜制作);

③子品牌:多品种素菜制作,约有6个品种,统一2.20元/228克(开味菜2.20元/228克;麻辣三丝2.20元/228克)。

5. 特殊方便菜——酸菜鱼

（1）包括设计

背后开窗式部分透明袋式包装。

（2）包装分类

①1.8元/300克1公斤鱼去内脏去头;

②2.7元/300克1.5~2公斤鱼去内脏去头。

6. 青岛食味园

（1）包括设计

软质酱状，高档塑料和包装。

（2）包装分类

①5.8 元/300 克；

②9 元/500 克。

7. 老干妈

（1）包括设计

软质酱状，高圆瓶装，紫红色标签。

（2）包装分类

7.8 元/280 克。

8. 老干爹

（1）包括设计

软质酱状，高圆瓶装，紫红色标签

（2）包装分类

①3.5 元/200 克；

②4.9 元/210 克。

9. 长风麻辣酱：

（1）包括设计

瓶装。

（2）包装分类

2.50 元/瓶（360 克）。

10. 礼品盒包装方便菜

①桔梗榨菜 200 克＊10 袋。

②干煸肉丝：暗红、古典、纸箱包装。

a. 古城

248 克×6 瓶精品装 55 元。

248 克×4 瓶装 28 元。

b. 边家

248 克×6 瓶精品装 55 元。

（3）保鲜香椿芽：35.00 元/盒。

（4）蒙阴六宝：六瓶装 78 元/箱，蚂蚱、蝎子、豆虫等。

调 查 总 结

1. 没有瓶装的咸菜榨菜,瓶装的方便菜都是软质酱状,可谓调料,与我们的方便菜有本质区别。

2. 袋装的基本都是精品不透明包装,川南酿造有透明包装。

3. 多数都有绿色食品认证

4. 多数生产厂只生产素菜,没有肉类添加。只有川南酿造有一种需要再下锅加工才可以食用的方便菜。

5. 市场缺少高档方便菜,只有中低档产品,最贵只有川南酿造一种的6.35元/500 g,最低是百吃不厌2.15元/500 g,其他都在之间价位。

红嫂方便菜包装及定价

一、纸箱包装

大众消费性产品的包装

1. 纸箱

选择白色。

2. 平面设计色彩

红、绿、蓝三色。

3. 图案设计

红色的红嫂人物像及广告语;

绿色的无公害认证标志;

蓝色的文字。

二、瓶子包装及定价

1. 形状

高圆、高透明度;淬火处理,可以加热水不破裂。

2. 颜色

瓶盖青山绿水加红色人物肖像标志。

3. 标签

(1)礼品包装淡红底色,大红人物肖像,黑色文字,绿色认证标志。

(2)零售包装:建议隔热垫设计,垫上进行图案、文字、标志印刷。

4. 品质

精品。

5. 质量

500克。

6. 定价

14.88元/瓶零售;

礼品包装不零售。

三、小包装袋及定价

1. 普通的大众消费产品采用不透明的红色包装袋

2. 精品的背面透明包装

3. 定价策略

由于市场上的方便菜都是素菜制作,而我们的有肉类添加,所以产品定价要高于其他生产厂家才会合情合理。

假设厂最高价格是川南酿造的 6.50 元/500 克,大众消费型我们可以定在 7.98 元/500克,精品型可以定位在 12.88 元/500 克。

4. 质量分类

质量/克	精品定价/(元/袋)	大众型定价/(元/袋)
60	1.98	0.98
120	3.58	1.98
250	6.66	3.98
500	12.88	7.98

四、礼品外包装

手提盒式或箱式。

1. 青山绿水为整体背景(青色为主)

2. 红、绿、黑的人物图片、标识、文字及名字

3. 500 克×6 瓶

4. 定价:88.88 元/箱

第一店花生油开业策划

第一店花生油开业策划:重塑老店号,重返淄博人餐桌中央,以舆论为载体,重现重塑第一店品牌。

说明:此策划以营销为目标,不包括礼仪庆典。

一、策划目的

本策划以开业为载体,以互动营销、惊喜营销为中心,以重塑"第一店"品牌,广泛吸引、唤醒淄博人对"第一店"的关注,打动消费者的消费感情,同时建立、巩固"第一店"新老客户群体。通过系列活动,层层不断触动消费者的消费神经、吸引消费者的眼球,完成品牌再造和营销目标,重塑"第一店"品牌,让"第一店"系列产品重回淄博居民消费舞台。

二、开业活动主题

(1)展示"第一店"产品;

(2)创立本土自家人形象;

(3)营造消费归属感情感氛围;

(4)用情营销,争取市民情感、理性认同。

三、活动方式

活动原则:贯彻送惊喜的活动原则。

1. 记名 VIP 卡发放:集体、个人两种

(1)审查发卡资格(模糊原则)。

(2)发卡同时进行客户调查登记,登记主要内容包括:姓名、性别、年龄、地址、联系方式、"第一店"印象、意见、建议、希望。

2. 个人申请 VIP 卡登记

发卡条件:

(1)自己采购达到两桶花生油,自动符合发卡条件;

(2)不够发卡资格的填申请 VIP 卡客户资料表;

(3)介绍别人采购成功的,同样可以得到 VIP 卡。

3. 采购、定购"第一店"花生油意向登记,所有登记留下联系方式,并现场验证

订货、采购优惠、抽奖双惊喜:

(1)当天采购或者交定金的顾客参加一次 10 人组的小抽奖;

(2)当总顾客数达到 100 人时,再参加一次百人组抽奖;

（3）达到千人再参加千人组大抽奖。

四、互动活动流程策划

1. 广告预热

（1）《"第一店"轶事》征稿公告

与《鲁中晨报》《淄博晚报》《淄博日报》任意一家媒体联合，征集"第一店"的历史故事，唤醒淄博市民的历史回忆，鼓动淄博市民的情感共鸣，完成品牌情感基础建设，影响淄博市民的购买意向。具体方案根据情况另议。

（2）"第一店"历史回顾

软文叙述"第一店"历史，唤得淄博市民的感情认知和回归。

2. 电话团购登记

与民互动活动升温，同时建立客户档案。

3. 开业工作事项

（1）开业广告

（2）淄博第一店花生油公司综合宣传信息、图片、广告电视播放

（3）各个销售店导购服务生引导顾客参观解说

（4）审查、发送 VIP 卡

（5）订货登记

（6）抽奖：多时段不同活动抽奖

①上午 VIP 客户抽奖；

②中午、下午订购采购达到抽奖标准随时开始；

③申请 VIP 卡客户抽奖。

4. 市场跟踪策略

（1）各个销售店只摆放，不挂价、不出售两天

（2）开业日高价挂牌，中低价促销 10 天

（3）开业日超低价团购订货促销

（4）VIP 卡随同发放：团购、个人购买两桶 5 L 包装花生油赠送 VIP 卡

5. 各种产品三种价格：正常销售价、开业价格八折、VIP 价格七折，其中 VIP 价格不公布，持卡采购时兑现。

五、传播方案

1. 开业公告（前期广告）文案

（1）标题

热烈祝贺淄博第一店花生油店将于 11 月×日开业。

（2）广告语

第一店花生油，自家店的油，放心油

（3）文案内容

传统的才是自然的、最好的，第一店花生油秉承传统榨油工艺，精心选料榨制，自然、

纯净。

第一店花生油,为自家人的健康榨油。

为庆祝淄博第一店花生油公司开业,公司举行回馈1 000名老居民大行动,凡是60岁以上的淄博居民,即日起开始电话登记报名,开业当天凭身份证领取优惠卡。

从现在开始接受报名,报名电话,按照报名顺序验证发卡,名额有限,到12月×日截止,时间10天,参与从速。

(4)发卡条件

身份证、电话(手机)。

4.故事征集(前期广告)公告

文案:为庆祝淄博第一店花生油公司将于11月×日开业,公司决定编辑《第一店轶事》,讲述第一店的故事。现面向淄博全体市民征稿,撰稿题材不限,可以反映产品、质量、文化、服务、趣事、家居生活等,字数不限,被采纳稿件每千字100元。截稿日期2009年1月1日。无论采纳与否,每个投稿人都可以取得VIP卡。

5.开业广告

(1)标题

热烈祝贺淄博第一店花生油公司开业之喜。

(2)USP

"天下第一店花生油,

传统工艺精心制作,自然,好油

自家店的油,放心油。"

(3)图片

蓝蓝的、纯净的背景。

(4)销售电话

略。

(5)招商电话

略。

(6)团购电话

略。

4.广告投放计划

(1)电视

①×月×日起,启动电视剧场或者电视剧场广告。

②公交电视媒体:新锐传媒。

(2)报纸

《淄博晚报》《鲁中晨报》。

(3)DM报纸

《龙之媒》(铜版纸)《盛宏》

(4)车体广告

以160、90、159、周村张店北线为首选,广告轮空的,选择制作车体广告。车体广告自20

××年×月×日运行。

5. 经费预算

项目	项目说明	费用	备注
招待费			
礼品费			
奖品费			
交通费			
广告费(晨报)	各1/2版		
(晚报)	各1/2版		
龙之媒	同期1~4版		
新锐传媒	制作投放1分、10分广告,上班前20分钟内播出		
人工费			
设备租赁费			
条幅喷绘费			
锣鼓、拱门等现场布置经费			
杂费			

六、公关策略

1. 邀请淄博典型、明星型消费企业或个人客户,参加开业庆典,并赠送团购 VIP 卡

2. 向重要客户赠送 VIP 高级卡,以后采购无须联系,凭卡采购即可大幅度优惠

3. 社区困难家庭救助:由社区提供救助信息,三月免费送一桶油

七、当务之急

1. 生产质量体系:ISO90001、HACCP

2. 优惠卡、VIP 卡制卡

3. 广告制作:电视、平面广告

4. 各个超市促销队伍建设

沈达粮油"帝女花"花生油策划方案及冬季活动营销策划

沈达粮油"帝女花"花生油策划方案:终端拦截,一剑封喉,塑造本土亲情品牌,打造淄博第一花生油。

一、市场分析

1. 群雄汇聚

2. 价位拥挤:高中低档

3. 替代品众多:豆油、棉籽油、玉米油、葵花油、核桃油、橄榄油等

4. 消费者各有消费定位,市场难破

5. 外地本土混战一团

6. 本地不占优势:十里香

7. 市场粮油价格正处于下降趋势

二、企业分析

(一)劣势

1. 营销人员实力薄弱

2. 产品平凡

3. 包装雷同、宣传包装不足

4. 价格不上不下,没有优势

(二)优势

1. 质量保障

2. 终端网点

3. 市场认知

4. 多年经营

三、管理策略

1. 改造生产车间、工艺,消除食品安全隐患,打造为民健康着想形象

2. 上下同欲,全民营销

3. 透明生产,取信于民

四、市场切割

1. 产品概念切割——原汁

创造花生油原汁概念。

2. 产品切割

特种高档礼品花生油。

3. 消费者切割

五、营销策略

质量是企业的生命,好的产品质量,是员工引以为傲的资本,是市场竞争的王牌。

(一)价格营销策略

高档产品采用市场最高价,不求畅销,只以追求广告效应为目的。

普通花生油按照档次整数位略低定价,避免大众传播进入更高档次产品行列。

(二)容量包装营销策略

5 升、1 升两种包装。

5 升包装对应家庭采购;1 升包装对应单身汉消费采购。

(三)终端拦截策略

1. 占据消费者、采购者心灵

2. 团购拦截:自己能消化、有渠道能消化、有价值不贬值能储存货物可以进行易货交易

3. 零售突围

4. VIP 卡消费者占领:帝女花花生油 5 升桶买油领取

5. 活动营销:专业活动团队社区活动

六、宣传策略

1. 粮食批发市场喷绘广告

2.《鲁中晨报》——老百姓的报纸

3. 广告语

原汁原味,才是纯净的最好的帝女花花生油,纯净好油帝女花花生油,淄博人自己的油。

4. 平面设计

追求不同,追求视觉差异。

蓝色——蓝蓝的天空,无污染;

蓝天——沈达人的胸怀;

长须老人夫妻——健康长寿。

5. 制造新闻

技术改造、设备更新、关爱弱势群体、拥军等。

6. 外包装

好的产品包装会说话,能主动营销。

七、公关策略

1. 团购突围

企业后勤采购部门建立私人友谊。

2. 亲情突围

充分发动员工的社会关系,扩大销售覆盖。

"帝女花"花生油冬季活动营销策划

"帝女花"花生油冬季活动营销策划为策动市场,吸引消费者眼球。

1. 活动目的

吸引市民眼球,聚拢市民聊天内容,使"帝女花"成为市民的话题,进入市民内心。

2. 活动缘由

建厂××周年或者花生油销量突破××吨或者进驻××超市或者新产品上市,要正当,最好不要无中生有。

3. 活动时间

11 月上旬某个星期天(淡季促销)。

4. 活动地点

潘庄粮油批发市场或者淄博更大的粮油批发市场。

5. 活动方式

1 000 桶/5 升广场促销,价格为市场价去掉零头,其中货款 10 000 元做奖金。

一等奖:一名。奖金 300 元外加目前价格下 600 元的各包装花生油及其他油数量 900 元。

二等奖:两名。奖金 50 元外加目前价格下 400 元的花生油及其他油数量/人 900 元。

三等奖:三名。奖金 50 元外加目前价格下 250 元的花生油及其他油数量/人 900 元。

四等奖:四名。奖金 10 元外加目前价格下 150 元的花生油及其他油数量/人 640 元。

五等奖:五名。奖金 10 元外加目前价格下 100 元的花生油及其他油数量/人 550 元。

六等奖:10 名。1 桶/5 升花生油/人。

七等奖:50 名。1 桶/×升花生油/人。

八等奖:100 名。1 瓶/1 升香油/人。

九等奖:500 名。2 瓶/1 升花生油/人。

以上合计 675 人中奖,中奖率 67%,奖金总额 10 000 元。

6. 中奖方式及次序

每桶油一张卡,每人最多买两桶,购买两桶者赠送 VIP 卡一张,购买者在卡上留下电话身份证号码,不在发奖现场,视为放弃。

(1)由观众抽奖产生四、五、六、七奖金获得者,并发奖。

(2)由工作人员抽出 300 名八、九等奖获得者,并发奖。

(3)由公司经理抽出一、二、三等奖获得者,并发奖。

（如果整个活动进行得顺利快捷，此时有至少600名中小奖或者不中奖的消费者，可以启动第二轮中奖总动员）

（4）由工作人员抽出剩下的300名八、九等奖获得者，并发奖。

7. 活动宣传操作

（1）媒体

《鲁中晨报》《淄博日报》。

（2）标题

为庆祝××××××，"帝女花"花生油进行好运优惠大酬宾。

（3）文案

活动内容简介；奖金分类；67%的中奖率。

8. 活动流程

（1）星期五、六广告投放。

（2）星期六搭台、挂气球。

（3）星期日早上8:00摆台，工作人员售货收款。

11:00抽奖、发奖（顺利售罄1 000桶可以提前进行，并启动第二轮、第三轮）。

（4）活动结束，现场10题提问，正确者半价获得1桶油，全部结束。

9. 公关

营销人员秘密、亲密式通知流失的企业客户，参加活动。

玉石店开业策划方案

荣宝斋玉石店开业策划方案:鉴宝、赛宝、亮宝,以娱乐为手段,启动市民好玉行动,开展玉石互动营销。

一、活动目的

追求轰动效应,以聚集人气。进行客户积累。

二、活动时间

1 天。

三、开业流程项目

1. 上午

(1)开业庆典仪式

时间××:00;鼓乐等其他由专业司仪公司规划。

地点:荣宝斋南门旁。

(2)领导讲话

(3)董事长讲话

(4)经理讲话

(5)和田玉采玉的传说(司仪主讲)

(6)美人玉摸玉比赛

荣宝斋一楼。

(7)参观和田玉珍品

店内、三或者五楼竞买场。

(6)来宾午宴

预订酒店。

2. 下午

(1)美人玉摸玉颁奖、发证

13:00,在三或者五楼竞买场。

(2)和田玉竞买

13:30,在三或者五楼竞买场。

(3)竞买交割、退还押金

(4)夜宴

四.活动细节策划

(庆典除外)具体活动过程不同角度全程录像。

1.美人玉

（1）活动说明：

①只对女士开放,时间在××:00,地点在一楼大厅。

②考验感觉玉的鉴别能力,每人限时2分钟。

③将大小不一的鹅卵石、雨花石和其他圆滑的宝石与籽玉混合,放在不透明的古朴水容器中,加盖留一个可以进手的孔洞,注满水,由摸玉的美女"淘宝"。

④47块鹅卵石,3块籽玉组成。各种宝石具体比例另议。

⑤10元钱摸一次,一人只能摸一次,共30人。具体数字根据情况另议。

⑥摸出的鹅卵石、宝石归类放在一边,摸到者即归自己拥有,全程全部透明公示。

⑦3块都被摸出,提前结束;否则,公开亮相最后的20块。

⑧优胜者颁发"玉人手"证书。凭此证书可以在本店8折购玉,终生有效。

（2）活动流程设计管理

①收款并发放参加活动号牌。

②当众将奖品玉石和照片公示,并与鹅卵石混合搅混。

③当众缓缓放入容器,并加入纯净水淹没覆盖。

④按照牌号顺序一一进行摸玉,每一位摸出的当众公示,中奖者登记名字、身份证号码、奖品照片编号,发给中奖者照片和玉石编号,奖品由公司暂时放入展示柜内公示保管,下午与证书一起颁发给中奖者。其他道具石放入包装保存备用。

⑤现场采访摸玉心得体会。

⑥制作中奖证书:获奖者名字、身份证号码、代表公司形象的名家字画装点。

⑦下午竞买现场颁发奖品及证书。13:00,在三或者五楼竞买场。

2.竞买活动

（1）活动说明

①13:30,在三或者五楼竞买场。

②玉石价格的一半,为起步竞买价格。

③拿出约1/3有鉴定证书的珍品玉,在营销店进行专柜陈列并标识是下午的竞买品,进行竞买操作。一方面进行竞买营销,另一方面营造进行玉石投资市场氛围,并展示玉石市场价格与拍卖价格差距,为平常的玉石营销开路。

④竞买品选择玉观音、玉佛挂件两件、摆件两件;其他以福禄寿喜、吉祥如意、大展宏图、长命百岁等表达美好寓意的20件珍品成品;各种成色的籽玉20件;各地山玉若干;征集社会藏品玉若干。

⑤参加竞买活动者仅限带两人入场,并提交10 000元保证金。

（2）竞买活动流程设计及管理

①竞买现场入口有专人负责接待,主管收名片、押金(同时验证是否相符)、发号牌。

②安排本地、外地各2~3个自己人,参与竞买,鼓动竞买气氛。为增强竞买的真实效果,可以互不认识,只是通知自己人的叫价规律。具体规律另议。

③每一类玉石都从最低价值玉石开始竞买。第一件是关键,会影响全程竞买效果。第一件自己人要保证比卖价升值 30% 左右,其他要护玉,要保证达到玉石的实际价格以上;发现有志在必得者可以适当将价格提高。

④竞买叫价规则:定价过百万的每次叫价不得低于 10 万元;定价过十万的每次叫价不得低于 1 万元;定价过万的每次叫价不得低于 5 000 元。

⑤每个参加过竞买叫价者,在退还押金时都可以获得公司的 VIP 贵宾卡,以后可以凭卡到店购玉,享受 8 折优惠。

3. 参观珍品和田玉管理

(1)入口、出口设上标识,专人引导进行参观管理

(2)场内设立参观流程标识,防止拥堵混乱

(3)专人带领,分批进场参观,并对每块玉进行解说,尤其参加竞买活动的玉石

(4)解说词要组织的形象生动,打动人心,尤其竞买品

五、开业管理

1. 参观人数限制

此条件一是为了安全,隔离非顾客群体,防止人多混乱;二是为了提高玉石店参观者档次,同时界定客户群体,利用开业名片收集建立客户档案。

(1)身份限制

60 岁以下者凭名片进场,副总经理、财务总监、市场总监级别以上者可以进场参观,限带两人,电话核对。

(2)年龄限制

60 岁以上者可以进场,凭老年证入场。

(3)职业限制

教师、公务员、艺术家、外国人可以凭证入场。

2. 保证人气措施

(1)向社会名流发送邀请函

(2)广告炒作必不可少

(3)安排自己人推波助澜有必要,预防冷场

六、开业传播

1. 开业广告内容

(1)开业活动流程

①上午

a. 开业庆典仪式:时间××:00;鼓乐等其他由专业司仪公司规划。地点:荣宝斋南门旁。

b. 领导讲话。

c. 张董事长讲话。

d. 张经理讲话。

e. 和田玉采玉的传说(司仪主讲)。

f. 美人玉摸玉比赛:时间 10:30,荣宝斋一楼。

g. 参观和田玉珍品:店内、三或者五楼竞买场。

②下午

a. 美人玉摸玉颁奖、发证:13:00,在三或者五楼竞买场。

b. 和田玉竞买:13:30,在三或者五楼竞买场。

(2)广告语

不买票,看玉展,带名片就行。

(3)内容

新疆历代和田玉博物馆介绍。

2 媒体选择

《淄博日报》《淄博晚报》《龙之媒》《分众传媒》,之所以选择以上媒体是因为玉石店的客户群体,至于《龙之媒》还有一个原因是铜版纸印刷,有表现力。

(3)其他活动广告制作

(1)开业祝贺广告

可以以研究院名义祝贺,一举两得(社会上可能会有不良微词,可以不用理会)。

(2)活动广告广告语

再议。

摸玉广告

和田玉,女士玉,美人玉。

竞买广告

一朝凌绝顶,抱得美人归。

七、经费预算

项目	项目说明	费用	备注
活动场地费			
摸宝场地费			
招待费			
住宿费			
礼品费			
奖品费			
交通费			
广告费《日报》	各 1/2 版		
《晚报》	各 1/2 版		
《龙之媒》	同期 1~4 版		

（续）

项目	项目说明	费用	备注
《分众传媒》	制作投放 1 分、10 分广告，上班前 20 分钟内播出		
人工费			
资料证书费			
奖金			
设备租赁费			
条幅喷绘费			
锣鼓、拱门等现场布置经费			
杂费			

八. 店内管理

1. 柜台分类管理

按照客户档次、用途分类如下。

（1）云龙柜台

高档办公摆件、男用小件。

（2）玉人柜台

高档女士用玉，小件、摆件。

（3）聚福柜台

中下档次玉器，男女老少皆宜玉器。

（4）幸运柜台

低档小件、摆件，供年轻人把玩、赠送物品；自己做活动赠品。

2. 形象设计

特别、独树一格。

（1）服装

新疆民族特色服装。

（2）化妆发型

淡雅、高贵。

（3）接待礼仪

微笑是第一要素，其他要用与服装相配的礼仪。

（4）接待用语

规范化、温馨、亲切。

①见面：您早；您好；欢迎光临。

②离开：慢走；走好；欢迎再来。

③业务介入:请问×××? 我可以帮您×××? 您可以选择××或者××(最适合的放在后面)。语气要委婉、提议形式。

4.定价

整数后边加个零头。

一是便于砍价,另一方面是标志此玉过了某一价格档次,有利于保证利润。

5.摆货

最好的、最新的款式放在各自所属类别柜台前方中央。

某些可以制造神秘、或宝贵色彩,不摆出,只放名字和图片

6.柜台

最里边的柜台放最好的玉货,最好的玉货不上柜台。

某玉石店开业策划一

一、策划目的

本策划以擦亮公司知名度,广交顾客朋友、建立基本顾客群体为目的。

二、活动主题

1."漂亮迷人的玉石"

2."投资增值的玉石"

3."玉石投资新选择"

三、活动方式

与民间投资、收藏爱好者采取单项目互动、多项目联动的活动方式,加深顾客对公司的认识和与公司的感情联络,吸引淄博的玉爱好者参与到公司的事业中。全部活动时间限定为三天,专家鉴定可以定量,以适应活动时间安排。

1.赛宝活动

玉收藏者凭玉及照片报名参赛,比赛由专家评选藏品玉三甲、前十、100 名,分档次成为无会费会员。每件参赛有价值玉石作品,都会制作鉴定证书。

为保证赛宝活动如期成功开赛,要保证 70 块以上外部的参赛玉件。

2.亮宝活动

公司自有玉、民间高质玉展览一月,每块玉配以专家玉知识点评及证书。

3.淘宝(赌玉)活动

各种玉石毛料混放明码标价,按照赛宝名次淘宝。

混玉包括子玉、山玉、俄罗斯玉、缅甸玉等毛料编号、暗价操作。

优胜标准:由所淘毛料玉价值成本比决定。

只接受赛宝人参与,并交付一定数额押金,不选可退。每人只能选一块,选中即购,办理买卖手续,交接后当场去皮鉴定玉质,淘宝优胜者颁发金眼奖,奖品为所淘玉石,并可优

惠加工,成品附以专家鉴定结果证书。

4.无会费会员组织

(1)玉石贵宾会员

①民间赛宝优胜排序前100名自动成为公司会员,颁发贵宾会员证

②会员待遇

a.新货淘宝优先;

b.成品购玉优惠;

c.优惠参加玉之旅活动。

(2)普通会员

①成品购玉优惠

②优惠参加玉之旅活动

5."玉之旅"考察旅游活动

此为开业牵头之项目,后续操作。"玉之旅"路线设计有玉产地、玉加工、玉展览、玉历史、玉文化五条主线,根据会员要求以后再定。

6.淘宝故事征集

玉石淘宝,以宝为凭按照故事情节、收获、价值成本比等评选优胜者。开业前启动,最好在开业前编辑成册,开业发放,以传后世。

四、互动活动流程策划

1.开业预备工作

(1)广告内容包括开业时间、地点、开业庆祝活动内容和赛宝报名、淘宝故事征集时限、条件广告

(2)接受赛宝报名

(3)接受淘宝故事收集、编撰、印刷

(4)专家资格宣传

2.开业现场规划

公司玉石卖场布置、专家鉴定现场布置、淘宝现场毛料布置、安保布置。

3.开业

(1)现场专家鉴宝

由三个专家评估价值,取平均值。全部评定结束,按照价值排名,定下优胜者。

设置大屏幕电视与专家鉴宝过程连线,直播专家对民间藏玉鉴定、点评过程及现场结果。

(2)淘宝活动

参赛者可提前先熟悉供应淘宝毛料,自己确定看好毛料,待淘宝活动进行时按照顺序快速自行标定,以节约活动时间。如果当天去皮未完成,时间可以顺延。全部去皮工作完成后,统一鉴定。

去皮过程拥有者全程参与,并录像为凭。

（3）玉石知识现场问卷

问题内容如下：

玉石种类；

玉石档次；

玉石产地；

玉石加工；

精品玉石；

玉石历史；

国宝玉石；

玉石文化。

现场设置答题卡，以答题分数评定优胜者，取前三名，有奖品。

以上三项同时进行，淘宝在鉴宝排序结果出来后，立即按序选择，每人一分钟的时间，立即进入去皮、鉴定、排序。

4. 亮宝活动

自开业开始，公司接受社会藏品存放，与公司自有玉石共同对外展览，公司提供免费鉴定及鉴定证书。本期以参加赛宝的藏品为选择对象，按排序和自愿原则取前十名共同对外展览，为期一月。本期以后，亮宝活动每两月换展一次。

五、传播方案（报纸、DM）

1. 开业公告（前期广告）文案

标题：热烈祝贺荣宝斋玉石店将于 5 月 17 日开业。

广告语：找金矿何必东奔西走，就在荣宝斋玉石店。

文字内容为"漂亮迷人的玉石""投资增值的玉石""玉石投资新选择"。

为庆祝荣宝斋玉石店开业，荣宝斋将在开业之日举行鉴宝、赛宝、淘宝、亮宝、识宝大行动，与广大玉石爱好者、收藏者同乐、共勉，丰富淄博人的投资生活。

从现在开始接受赛宝报名，名额有限，参与从速。

报名条件，凡是玉石收藏者凭玉及照片报名参赛，比赛由专家评选玉藏品三甲、前十、第×名，分档次成为无会费会员。每件参赛有价值玉石作品，都会制作鉴定证书。

凡是参加赛宝活动者，同时具有参加淘宝活动资格，淘宝第一名奖品即为所淘玉石。

2. 自有、社会联合亮宝展览广告

广告语：看好玉，买好玉，到荣宝斋玉石店。

为方便、扩大广大玉石收藏者交流，自开业一个月之后，公司接受社会藏品存放、展览，与公司自有玉石共同对外展览，公司提供免费鉴定及鉴定证书。第一期展览以参加赛宝的藏品为选择对象，按排序和自愿原则取前十名共同对外展览，为期一月。本期以后，亮宝活动每两月换展一次。

3. 制作公司珍品、淄博民间藏品联合 DM 画册

以赛宝为契机，周期性编撰玉石藏品画册，并配以鉴定、专家点评、玉石知识展示公司形象及玉石珍品。

4. 淄博玉石市场访谈

开业期间,利用电视或者报纸,以采访形式制作荣宝斋玉石店经理访谈专栏。

六、攻关策略

1. 淘宝故事征集,编制《玉石情缘》淘宝故事集

通过此活动,使公司与玉石收藏者、淘宝专业户形成长期互动,加深感情,烘托市场人气。

2. 与玉石收藏者举行藏宝联展

定期举行玉石珍宝联展、销售,既加深感情,又扩大业务,吸引人气。

某玉石店开业策划二

一、活动目的

1. 追求轰动效应,以聚集人气

2. 进行客户积累

二、活动内容

1. 女人玉:开业当天举行

(1)1.2 米以上的女性参加。

(2)考验感觉玉技术。

(3)将大小不一的鹅卵石与籽玉混合,放在不透明的水容器中,加盖留一个可以进手的孔洞,注满水,由摸玉的女人淘宝。

(4)47 块鹅卵石,3 块籽玉组成。

(5)10 元钱摸一次,一人只能摸一次,总共 30 人。

(6)摸出的鹅卵石标号放在一边,摸到者即归自己所有,全部公示。

(7)3 块都被摸出,提前结束;否则,公开亮相最后的 20 块。

(8)胜利者颁发"玉人手"证书,凭此证书可以在本店 8 折购玉,终生有效。

2. 女孩玉:开业后第二天举行

(1)1.2 米以下的小女孩参加。

(2)将大小不一的 490 块鹅卵石与 10 块适合小女孩雕刻需求的籽玉混合,放在流水的水槽中,由小女孩入水玩耍淘宝,每个小女孩可以捡取 3 块。

(3)一人次 30 元,可以排号前 128 名参加。

(4)摸出的鹅卵石标号放在一边,摸到籽玉者即归自己所有,全部公示。

(5)10 块都被摸出,提前结束;否则,公开亮相最后的 116 块。

(6)胜利者颁发"玉美人"证书,凭此证书可以在本店 8 折购玉,终生有效。

3. 拍卖活动:开业第一天举行

(1)选出 20 约块珍品玉进行拍卖,一方面进行拍卖营销,另一方面营造进行玉石投资

市场氛围,并展示玉石市场价格与拍卖价格差距,为平常的玉石营销开路。

(2)拍卖品选择玉观音、佛挂件两件、摆件两件;其他以福禄寿喜、吉祥如意、大展宏图、长命百岁等表达美好寓意的珍品。

(3)拍卖活动参加者限带两人。

(4)其他规定按照拍卖规则执行。

4. 赛玉:开业前筹备

详情见原策划。

5. 淘宝:开业第二天进行

第一天可以展示提供的淘宝材料,第二天正式举行淘宝。

6. 玉知识讲座

(1)主讲和田玉。

(2)系统讲各种、各地玉。

7. 玉雕全过程表演

(1)雕刻表演。

(2)抛光表演。

三、活动传播

1. 活动流程宣传

(1)10月1日:上午"玉人手"大赛、和田玉珍品拍卖;下午淘宝毛料展示、和田玉知识讲座。

(2)10月2日:上午"玉美人"大赛、毛料拍卖;下午和田玉淘宝、各种玉知识讲座。

(3)10月3日:赛宝藏品展示,专家鉴宝评价,制作评语、证书。

(4)10月4日:赛宝藏品全方位展示。

(5)10月5日:专家现场答疑解惑。

(6)10月6日:玉石制作表演:玉人手、玉美人奖品现场雕刻。

(7)10月7日:发奖仪式。

2. 媒体选择

《淄博日报》《淄博晚报》《龙之媒》《新锐传媒》,之所以选择是因为玉石店的客户群体,至于《龙之媒》还有一个原因是铜版纸印刷,有表现力。

3. 广告内容

(1)开业活动日程安排。

(2)开业祝贺:可以以研究院名义祝贺,一举两得(社会上可能会有不良微词,可以不用理会)。

(3)广告语:再议。或"不买票,看玉展,够身份就行"。

(4)活动限制:此条件一是为了安全,二是为了提高玉石店参观者档次,同时界定客户群体,建立客户档案。

①身份限制:60岁以下者凭名片进场,副总经理、财务总监、市场总监以上者可以进场参观,限带一个大人、两个1.2米以下的孩子,电话核对。

②年龄限制:60 岁以上者可以进场,凭老年证入场。

③职业限制:教师、公务员、艺术家、外国人凭证可以进场

④赛宝收藏者可以进入。

四、经费预算

项 目	项目说明	费用	备注
活动场地费			
摸宝场地费			
招待费			
住宿费			
礼品费			
奖品费			
交通费			
广告费《日报》	29、30 各 1/2 版		
《晚报》	29、30、1、2 各 1/2 版		
《龙之媒》	26 日制作黄金周 1~4 版		
《分众传媒》	立即制作投放 1 分、10 分广告,上班前 20 分钟内播出		
人工费			
资料证书费			
奖金			
设备租赁费			
条幅喷绘费			
锣鼓、拱门等现场布置经费			
杂费			

干休所有机蔬菜生产项目策划方案

打造有机生产环境,发展都市有机农业,以绿色健康为核心,用心服务老干部生活。

一、项目背景

1.食品危害是目前消费的重灾区

2.食品安全是目前消费的焦点

3.市场上的绿色蔬菜、有机蔬菜多是"挂羊头卖狗肉"商品

4. 安全食品数量稀少,价格昂贵

据最新消息,中国有机农业产品供应规模仅仅占到世界 0.2%,真正的有机食品几乎见不到。有机食品有价无市,其价格是市场价格的数倍甚至 10 倍。

鉴于以上严重局面,为了健康、为了安全,自己生产放心菜成为有条件的个人和组织的最佳选项。

干休所是退休老干部的活动组织。俗话说"家有一老,如有一宝。"老干部是家人的财富,也是党和国家的宝贵财富,对于党和国家的稳定、发展、繁荣具有举足轻重的作用。因此,照顾好老干部的生活,维护他们的身体健康,是老干部活动中心除了组织老干部举行各种有益活动之外的关键工作内容。

二、绿色健康项目计划

1. 投资额 40 万元

2. 项目设计计划

(1)建造 2 个生产有机蔬菜、食用菌的智能化温室气调大棚。

(2)满足 200 个老干部每天共 1.5 斤蔬菜和食用菌生活需求供应。

(3)实现一次投资生产,产生良性循环。

(4)能够产生经济效益和社会效益。这是一个复合型住、养、种多功能生态园,利用沼气做饭,太阳能供暖,空气源热泵及风机制冷及冬冷夏热的反季使用技术,提高了居住户的生活品质,降低了生活成本。

三、项目及承办单位简介

淄博市昊润农业科技发展有限公司

淄博市昊润农业科技发展有限公司(简称昊润)以生产安全健康食品为己任,以有机农业为先导,以低碳、高效利用太阳能为技术特点,发展、推广太阳能气调温室大棚,改造中国农业生产形势,打造新农业、新农村、新农民,建设新中国。不断完善、提高温室大棚的效果和质量,就是昊润农业的最高追求。

昊润农业科技发展有限公司的气调温室大棚技术是一项荣获国家专利技术的设计,它不用传统意义上的电、煤、天然气,充分发挥太阳能、风能、地下热能、生物能、热能及频谱转换技术,已取得了重大的成果。该能源转移温室坐北向南,屋顶设有太阳能板、空气源热泵系统、地下设相变储能室,与顶棚的热能采集空间相结合,实现能量接受与能量储蓄的纵向一体化。建造技术综合了光能、热能及转移能源的合理利用,进而实现了能源房屋一体化。房屋的主要承重结构为钢筋框架结构及高保温复合墙体,增强了房屋的抗震性和隔热性。

做棚内环境最好的大棚,做最容易管理的大棚,做生产成本最低的大棚,就是昊润的专业,也是使命。

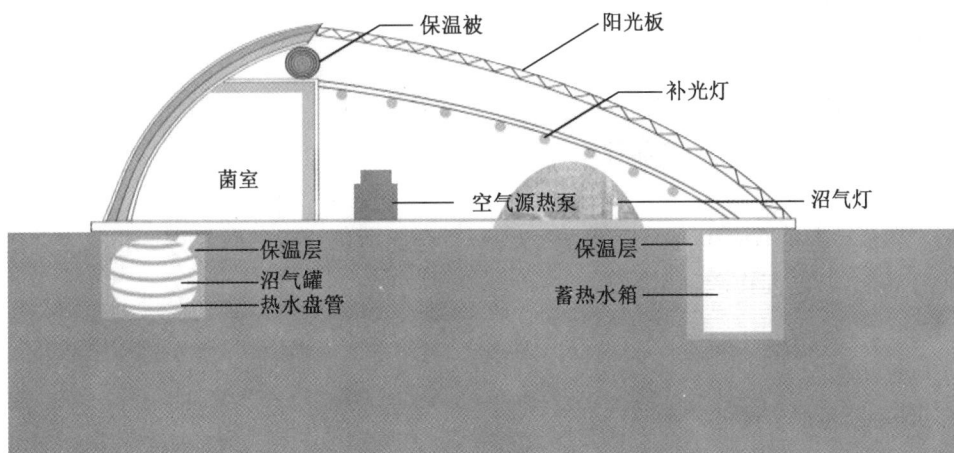

经过多年研究和实验,昊润的节能技术、农业生产模式的先进性得到了众多农业专家和有识之士的交口赞许。不仅在国内,其在有机农业、低碳农业、太阳能利用、节水、循环农业、棚内养殖环境控制调节、各种气候土地环境的广泛适应性、技术设计提升的可塑性等,并且在国外的农业生产模式中也是精品设计,有机农业生产技术和效益的尖峰之作。

墙体保温建材——泡沫玻璃

本项目所建墙体采用自行研发的废弃物泡沫玻璃作为主要保温材料,具有成本低廉、重量轻、导热系数小、不燃烧、不霉变、强度高、耐腐蚀、无毒、物理化学性能稳定等特点。泡沫玻璃也称多孔玻璃,是一种气孔率在80%以上,由均匀气孔组成的玻璃。这种轻质高强建筑材料内部充满无数开口或闭口的小气孔,气孔的面积占总体积的80%~90%,孔径大小为0.5~5毫米,也有的小到几微米,它是一种含有无数封闭气泡由玻璃泡壁组成的轻质玻璃材料。

目前,昊润正在淄博独资兴建300亩①园区规模的有机蔬菜气调温室大棚种植,着力打造昊润有机蔬菜品牌,同时也在黑龙江、吉林、河北、宁夏、山西、山东济南等全国各地推广发展该技术。

四、项目实现方式

1.昊润负责规划设计,交付一个立即可以生产的住、养、种多功能智能化气调温室大棚

2.昊润负责一年内设备故障免费维护(人为损坏除外)

3.昊润负责棚内种植培训、指导

4.在全自主控制下,昊润进行有机农业生产

---

① 1亩≈667平方米(m²)。

五、棚内生产设计

(一)蔬菜

1.实行间作套种农业生产模式

2.结合以下标准选择生产品种

(1)产量为主

高产,容易产生有限土地大量供应效果,最适合此项目的数量为重的要求。

(2)高低结合,间作套种

充分利用空间,生产更多蔬菜满足供应。

(3)长短结合

长期生长和季节性短期蔬菜结合。

(4)叶果结合

绿叶菜和瓜果菜不同营养优势搭配供应。

黄瓜、西红柿、豆角高空优势,西葫芦、韭菜、油菜、芹菜、菠菜、茴香具有低空优势;黄瓜、西红柿、西葫芦、芹菜具有产量优势。

3.需求量

200 人 0.7 斤/天 365 天总计 25 550 公斤。

4.生产技术分析

(1)由于结果期被保护性延长,不仅可以延长盛果期获得更好的单位产量,而且可以一年多茬种植,而且由于保护措施更好和环境的可控性更强,产量更稳定可靠。

种类	平常产量/(公斤/亩)	本期调棚最低产量/(公斤/亩)	盛果期
黄瓜	12 000~15 000	30 000	延长盛果期
芹菜	12 000~15 000	30 000	—
西红柿	10 000 以上	20 000	延长盛果期
西葫芦	6 000 以上	12 000	延长盛果期
韭菜	5 000 以上	10 000	—
茄子	7 000 以上	14 000	延长盛果期
油菜	小面积种植	—	—
菠菜	小面积种植	—	—

(2)以黄瓜和芹菜为例

按照供应量和蔬菜产量计算,

25 550/30 000＝0.852 亩＝568 平方米

需要有效的种植面积将近 0.85 亩,需要实际土地面积 568 平方米。

（二）食用菌

1. 供应可行性分析

食用菌养殖技术目前多数品种已经很成熟,甚至形成上下游、专业化生产环节,生产向简单化发展,技术向专业化延伸,小环节产业化、规模化。

2. 技术储备

目前,我们已经有成熟的生产技术,可以直接落地生产。

3. 内部需求量

200 人 0.7 斤/天 365 天,总计 25 550 公斤。

4. 养殖品种

双孢菇、杏鲍菇、冬虫夏草等。

5. 技术支持

目前的蘑菇养殖,已经形成各道工序专业化生产,只需要直接采购成品菌棒快速生产,甚至有回收成品的特殊菌类生产业务。

6. 生产数据

多种蘑菇平均产量。

项目名称	菌棒数量	单棒最低产量/斤	产量/斤
每 100 产量	24 000	0.5 斤	12 000
年生产次数	5	—	—

年产量 60 000 斤,即 30 000 公斤。

25 550/30 000＝86 平方米。

室宽 4 米,则需要建设长 22 米,附属设施建筑 4 米,总计 26 米。

两套建设方案:一套是集中于一个棚养殖蘑菇;另一套套是分到两个棚养殖。

按照技术要求需要应该采纳第二套方案;按照管理需要应该采纳第一套方案。

六、气调大棚整体设计(新数字)

1. 方案一

整体功能结构设计分布图:1 号棚

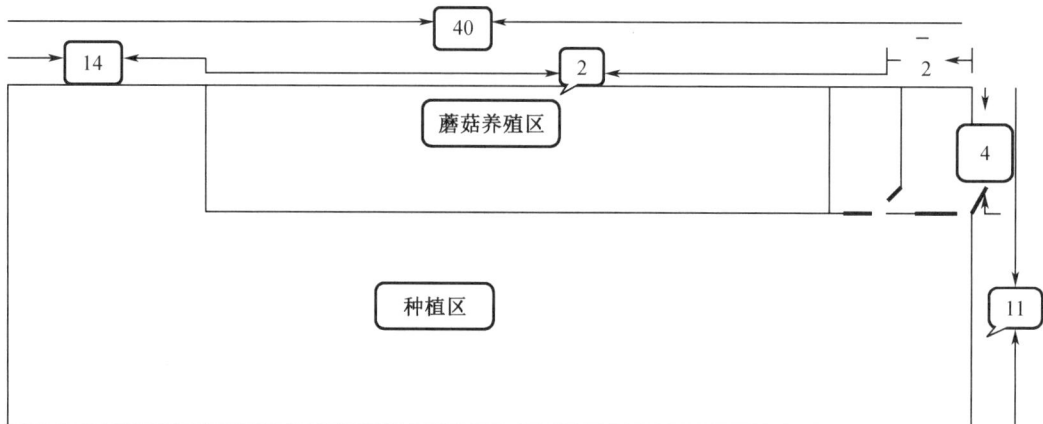

（棚内的蘑菇养殖区可以分割成两部分，一部分约 10 米转移到 2 号棚，作为第二套建设方案）

2 号棚除去房屋部分按照 1 号棚建设外，一分为二：管理功能区和种植区。

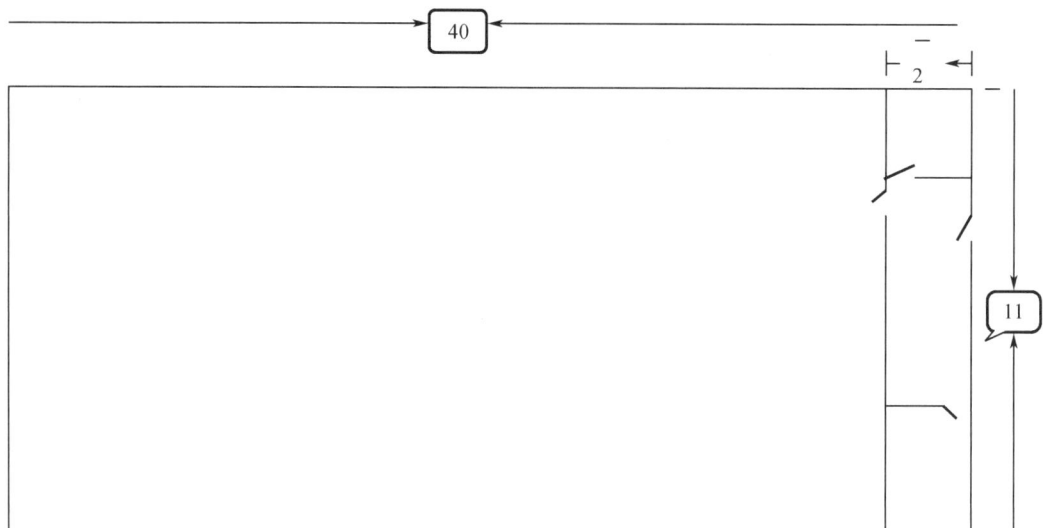

具体面积安排如下：

1 号棚宽 11 米、长 35 米（补贴棚）；2 号棚宽 11 米、长 35 米（主产棚）。

1. 管理用房 22 平方米（宽 2 米、长 11 米）

2. 菌室建筑区 104 平方米（4×26）

3. 种植区 336 平方米（7×40+14×4）418 平方米（38×11）

2. 方案二

1 号棚（2 号棚增加管理居住区和养殖区长 12 米）

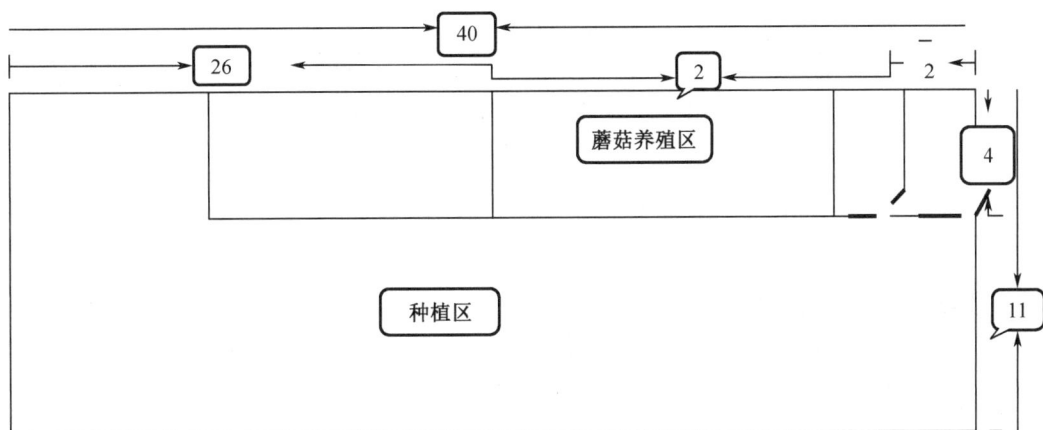

具体面积安排如下：

1 号棚宽 11 米、长 40 米(补贴棚) ;2 号棚宽 11 米、长 40 米(主产棚)。

1. 管理用房 22 平方米(宽 2 米、长 11 米)

2. 菌室建筑区 56 平方米(4×14)48(4×12)

3. 种植区 384 平方米(7×40+14×4)370 平方米(38×11)

七、良性循环运营和蔬菜供应设计

此设计为蔬菜生产充足供应设计,多余的有机蔬菜可卖,也可以与昊润公司有机蔬菜生产基地的蔬菜,按照市场价格进行差异化置换,以满足老干部对其他蔬菜的消费偏爱,同时丰富蔬菜品种供应,将此老干部专供事业做得更好、更完美,取得效益和关爱老干部事业双丰收。

对外销售收入可以补贴有机蔬菜、蘑菇生产成本,同时弥补有机农业所需有机肥料、药物采购支出。

八、投资收益分析

1. 年产量价值分析

有机蔬菜	单位产量（公斤/亩）	面积/亩	产量/元	市场价格/元	有机蔬菜价格/元	产值/元	利润/元（20%利润率）
黄瓜	30 000	0.63	18 900	3	6	113 400	22 680
芹菜	30 000	0.5	15 000	3	6	90 000	18 000
西红柿	20 000	—	—	—	—	—	—
西葫芦	12 000	—	—	—	—	—	—
韭菜	10 000	—	—	—	—	—	—
茄子	14 000	—	—	—	—	—	—
菌（100 平方米）	25 550	0.86	25 800	8	16	412 800	82 560

（续）

有机蔬菜	单位产量（公斤/亩）	面积/亩	产量/元	市场价格/元	有机蔬菜价格/元	产值/元	利润/元（20%利润率）
—	—	—	—	—			
合计	616 200	123 240					

2. 投资回收期分析

400 000/123 240＝3.25 年，即 3 年 3 个月收回投资。

3. 社会效益分析

这不仅是一项在人力资源方面功在当代利在千秋的事业，而且是一项事关人类生存繁衍的大事。

在当今的化学农业的背景下，基础生活食品是国民健康的最大威胁。老干部在这样的食品环境下，健康堪虞，由此衍生出的保健费用、医疗费用是最少的损失领域，最大的损失是智慧的损失，而这些损失都是不可逆的巨大无形损失。

地球已经进入能源匮乏和环境快速恶化的阶段，该项目将太阳能、空气源能、地源能、沼气能互为补充综合利用，不仅节约了能源，而且减少了环境污染和减缓地球环境改变进度，其应用和推广是利国利民的大事。

幸运风企业再造策划

幸运风企业再造策划：突破发展瓶颈，实现品牌升级，整合资源，挖掘内涵，加强服务，重塑品牌。

一、顾客分析

体育锻炼，在社会上除了学生外，是高档次的理念选择，是成功人士的活动。

（1）学生：运动服；运动鞋性格、张扬、冲劲、动感。

（2）社会成功人士：运动服、休闲装；运动鞋简洁、高雅、大方。

（3）老人：服装礼品；软底运动鞋，舒适淡雅。

二、优势

1. 品牌知名度

2. 产品质量

三、劣势

1. 品牌低档体育用品生产商，形象度差，产品附加值低

2. 专卖店销售形象不佳，服务形象低劣，缺乏统一规范

3. 资金积累薄弱，缺乏地方政策支持

四、机会

奥运会掀起的体育热情,全民关注体育竞技,同时也会关注体育相关物品人民收入的提高,高额的看病成本,使人们对保健、体育锻炼的投入加大,体育用品销售迎来空前的发展机遇。综合以上因素,2008年是体育用品行业的机遇之年。

五、威胁

奥运会后,中国的体育用品行业将重新洗牌是很现实、不容置疑的局面。

市场竞争如逆水行舟,不进则退。

六、幸运风理念挖掘、凸显、使用

1. 幸运:卖点

做卖点营销、宣传的核心。

2. 风

运动——活力、动感、张扬

休闲——飘逸、潇洒、卓尔不群

目标——运动比赛成功;

健康锻炼——达到目的;

事业——成功;

3. 理念表达:幸运文化

穿上幸运风,幸运伴我行;

幸运风到家,幸运你我他;

送礼幸运风,幸运健康通。

七、产品策略

1. 产品设计:不可片面为生产产品而设计产品

2. 设计理念:幸运与风理念的结合

3. 符合风格:线条、抛物线

4. 符合表达物:绶带

5. 风缺乏厚重感:用金牌调整

6. 金牌设计:金牌之手理念设计,适用于袖口

7. 整体设计理念表达:幸运和成功

8. 设计理念要始终如一,形成社会的统一认知风格特点

品牌重塑营销策略

一、目前品牌塑造误区

1. 决不打折销售,提到打折就已经落了下乘

2. "幸运不打折"广告语理念好,但做品牌不可用

3. 专卖店陈旧产品只回收,不打折处理

4. 如果还有重新设计简单再造空间,回炉处理后,再重新投放市场

5. 买新产品送老款式,买大人的款式送孩子的款式

6. 回收后只送,不卖;做公益支援,塑造品牌美誉

二、塑造措施

1. 借新品上市之机,高价策略,提升品牌;配合买新品送老款促销

2. 买新款,送 VIP 顾客幸运卡

3. 银行联手,发行"幸运风,风行天下"银行卡

4. 双卡联手互动

三、造星活动

百万幸运顾客选拔大赛:俊男靓女——幸运之星;普通居民——幸运之家。

四、网站

1. 产品图片展示:模特

2. 互动:幸运卡登记

3. 网上订货、定做

4. 幸运新闻

5. 幸运奖公布

五、专卖店设计

1. 主题文字
幸运与您同行

2. POP 广告
穿上幸运风,幸运伴我行;
幸运风到家,幸运你我他;
送礼幸运风,幸运健康通。

六、专卖店销售人员培训

1. 店员:选用年轻女性,展现出青春活力

2. 招呼语设计:您好,欢迎来到幸运加油店

3. 告别语设计:谢谢光临,幸运与您同行

4. 接待语设计:需要哪种幸运,我帮您找到

七、产品陈列

1. 模特塑像

2. 店员展示

3. 只做品种样品展示,不做大量产品的陈列

4. 服装亮丽折叠摆放

5. 鞋子分类艺术摆放

八、传播策略

1. 媒体选择档次要高,要有普遍性,选择全国性媒体

2. 只做品牌形象广告制作

3. 电视、报纸统一形象、内容制作

4. 以电视广告制作为主,其他宣传使用电视广告截图

(1)电视

央视、山东卫视、湖南卫视。

(2)报纸

《参考消息》做形象、产品广告为主。

地方小报促销为辅。

(3)网站

①企业形象展示

②产品形象展示

③动画广告

九、广告语

"奥运风,中国风,幸运风";

"穿上幸运风,幸运伴我行";

"幸运风到家,幸运你我他";

"送礼幸运风,幸运健康通"。

上海佰洁牙刷营销策划方案

上海佰洁牙刷营销策划方案:实行市场差异切割,凸显差异,传播差异,实现品牌营销。

一、市场分析

中国是世界上牙刷生产量最大的国家:2004 年产量约为 35 亿支,2005 年产量约为 50 亿支, 2006 年的产量约为 60 亿支。同时, 中国也是世界上牙刷消费量最大的国家:2004 年中国大陆消费量约为 7.3 亿支,约合人民币 15 亿元;2005 年中国大陆消费量约为 8.9 亿支,约合人民币 18 亿元;2006 年中国大陆消费量约为 11.5 亿支,约合人民币 25 亿元。中国既是牙刷生产大国,又是消费大市场。

(一)中国牙刷市场具有极大的发展空间

2004 年中国大陆人均牙刷消费量为 0.56 支 (约 1.18 元),2005 年中国大陆人均牙刷消费量为 0.68 支 (约 1.41 元),2006 年中国大陆人均牙刷消费量为 0.88 支。换句话说,2004 年中国人平均 21.4 个月换一支牙刷,到了 2005 年,中国人平均 17.6 个月换一支牙刷。这个趋势看来比较乐观:中国人在两年中牙刷更换频率增加了 21%。据 2006 年统计结果,中国大陆牙刷平均零售价格为 2.13 元,2005 年同期为 2.07 元,价格同比增长 2.9%。

(二)低价不再是中国牙刷发展的金科玉律

中国市场消费自身生产的牙刷份额:2004 年为 20.87%, 2005 年为 17.8%,截至 2006 年为 20.2%。换句话说,2004 年到 2006 年,中国每生产 5 支牙刷,自身只能消费 1 支,其他 4 支都是出口。这背后潜伏着较大的行业市场危机,牙刷国际市场出现任何风吹草动,中国的牙刷生产行业都会波浪滔天。

中国市场劳动力价格目前具有竞争力。大量劳动密集型产业,包括牙刷生产选择在中国生产不足为奇。看看江苏省扬州市杭集镇遍地的牙刷生产企业,就可略知一二。许多中国地方牙刷企业也热衷成为国外客户 OEM 企业。曾经风光一时的江苏三笑公司,在 2000 年将旗下三笑品牌卖给了美国高露洁公司,成立了高露洁三笑有限公司。目前高露洁三笑公司已经成为高露洁全球最大的牙刷生产基地。

但是,随着中国 GDP 的不断提高,劳动力市场的进一步规范,工人工资福利水平的不断提高已经成为不争的事实。近一两年来,国际石油价格的不断攀升,已经让很多牙刷制造企业叫苦不迭。由于牙刷生产环节极其简单,依靠优化生产工序、提高效率已经不太可能将人员、原材料成本增加消化掉了。

中国牙刷生产企业面临艰难的选择,要不继续钻政策空子,在人员成本方面继续"控制",但是害怕有一天要面对政府开出的巨额罚单;要不在原材料方面"挖潜",使用二次料甚至多次回收料制造刷柄,使用粗糙的尼龙丝制造刷头,但是害怕产品被经销客户与消费者摒弃;要不只好提出涨价,将上涨的成本转嫁给渠道客户和消费者,但是,在国内轻微的价格上涨就会丢失大量的客户,而对于以出口为主的牙刷生产企业,不仅占有人工、原料成本增长的事实,而且不断提升的人民币汇率,使得牙刷出厂价进一步变相提高,在国际市场逐渐失去了价格优势。

所以如果继续在低价上做文章,只会让中国牙刷生产企业的发展之路越走越窄。

中国牙刷生产企业只有在产品差异化上、文化差异化上提升产品价值(品牌价值),才是企业在新形势下生存发展的唯一出路选择。

(三)涉足零售渠道是中国牙刷生产企业的发展方向

参考 2004 年、2005 年以及 2006 年数据,在中国牙刷销售额中,零售渠道的销售比例依次为:51.46%,54.86%,58.32%;相对应,传统渠道的比例为:48.54%,45.14%,41.68%。

从以上一增一减的数字对比变化趋势看来,中国牙刷市场销售已经向零售渠道倾斜,这是市场竞争从白热化走向成熟的必然结果,是市场即将形成稳定板块格局的前兆。

二、竞争分析

扬州市邗江区杭集镇生产牙刷已有 170 多年的历史,目前,全镇拥有牙刷生产及相关配套企业近千家,其中大规模生产企业 80 多家,世界 500 强企业高露洁公司也落户杭集。全镇牙刷从业人员 2 万多人,生产的牙刷有 1 100 多个品种,年产牙刷 32 亿支,年销售 20 多亿元,杭集牙刷已占据了国内 80%的市场份额,还出口到 50 多个国家和地区。2003 年,该镇被中国轻工业联合会正式授予的"中国牙刷之都"的荣誉称号。牙刷从生产到市场供应,产品开发发挥空间之狭小,行业空间之拥挤,价格空间之密集无缝,营销竞争之激烈,由此市场就可见一斑。

1. 产品分析

很多中国牙刷生产企业运用以下市场营销模式。

(1)新款式牙刷基本靠抄袭,哪种款式好卖,就"照葫芦画瓢"——拿别人的产品,开模生产。2005 年以来,市场上生产竹节状刷柄的牙刷厂家不少于 50 家,都是因为看到这种款式的牙刷销量挺大,跟风而上。

(2)每个省的总经销很难做够两年:一旦今年完不成销量目标,明年厂家就再找一个。反正现款现货,只要款收了,货压进去了,后面的事情就由经销商自行解决。

(3)实在压不进货了,就来个季度性的买 10 送 1,买 5 送 1 的渠道促销,再压一些货。

(4)不断淘汰价格透明的产品,"积极"开发新产品以保证经销商利用价格不透明获得更多毛利。一个本土牙刷生产企业有约 1 000 个单品的不在少数。

2. 渠道营销分析

渠道营销仍然是目前绝大多数的牙刷生产企业的主要的、传统的营销方式。渠道销售由于主要依托于传统渠道,销售核心是如何捕捉并满足渠道客户的需求,比如说渠道差价,经销商、批发商的返利等利润至上的东西,各牙刷生产企业的销售被渠道销售商所左右,形成压价再压价的恶性循环。19 世纪末,江苏三笑公司将传统渠道做到了极致:70%以上的市场份额,但是结局是最大的牙刷企业给高露洁做了"嫁衣"。

传统渠道营销方式非常粗放——找一个省级总经销,制定全年进货目标,将渠道费用交给省经销使用。省经销通过自己的网络在省内 B、C 类城市寻找二级经销商,进行粗放的分销、覆盖。牙刷生产厂家的销售人员有限,一个人管理半个中国市场很普遍,于是很多省经销一年才见一次厂家销售人员。

经销商们,大多起步低,资金少,网络弱,靠自己跑市场、找客户,对品牌不重视,喜欢销售价格不透明的高毛利牙刷。以他们朴素的想法:牙刷没有保质期,有促销就狠压一批货,然后慢慢卖。这造成他们资金周转压力很大,从而使他们喜欢和现款现货的批发商以及小零售商打交道。这就使得牙刷生产企业既要提供市场畅销的款式,又要保证产品的质量,还要精心控制低价格供应以满足经销商更多毛利的要求,使得牙刷生产企业在传统渠道销售的路上,工作越做越累,利润越做越少,路越走越窄,抗击市场波动能力越来越弱。

渠道经销商已经成为生产厂家的紧箍咒,成为生产厂家营销的鸡肋——食之无肉,弃之可惜。这种局面早晚要打破,谁早走,谁将处于领先优势。

很少本土牙刷生产企业会考虑几年以后生意应该怎么做,因为他们只将自己定位在空间越来越小的传统渠道中经营。这种没有建立属于自己能够控制的销售网络,单纯建立在唯利是图的松散的经销商基础上的营销企业,就犹如空中楼阁,一着不慎,满盘崩溃,这就是三笑牙刷不保的深层、根本原因。

3. 零售渠道终端营销

截止到 2006 年,中国市场上 52.9% 的牙刷市场份额被高露洁、高露洁三笑、黑人、佳洁士、Oral-B 等国际品牌瓜分。国内牙刷品牌的市场份额相当有限:今晨 6.1%,兴盛 3.9%,5A 3.6%,青蛙 2.6%。中国其他上千家牙刷生产厂家,竞争剩下的 30.9% 的牙刷市场份额,竞争的白热化不言而喻。

国产牙刷企业非常熟悉传统的渠道营销策略,通过渠道营销推动来做大市场,做强企业,但是在通过消费者拉动来提升销量的零售渠道,成功的案例屈指可数。

中国零售渠道的快速发展,是所有快速消费品生产商不能忽视的。目前零售渠道单支牙刷的零售价约在 2.5 元,而传统渠道(通过批发渠道供货的自助式/传统食杂店)单支牙刷零售价约在 1.7 元,两者差价为 0.8 元/支。虽然零售渠道进场需要前期投入(开户费、条码费、陈列费、节庆费等),但是零售渠道可以销售更高毛利的牙刷却是不争的事实。对于有眼光的牙刷生产企业,只要不幻想一年就可以将所有进店费用全部赚回来,稍微用一些长远的眼光看看,就知道零售渠道的生意是很有前途的。目前专注于零售渠道的本土牙刷品牌,如青蛙、池久等,已经品尝到一些美味的回报。而本土品牌今晨也成功进入了国际卖场,如 Wal-Mart,Trust-mart 等。

但是用传统渠道的方法去做现代零售渠道,是行不通的。上面提及的本土品牌牙刷,还是依靠经销商供应零售大客户,自己销售人员的投入非常有限。由于牙刷经销商自身营销水平有限,造成他们在供应链中只扮演一个送货商的角色。甚至很多经销商连一般纳税人资格都没有,需要厂家直接开增值税发票给众多的零售商,如此一来拉高了牙刷生产企业的财务成本。

零售渠道中,产品进店只是基础。对于牙刷来说,正常货架销售只占整体销售的约33%。其他 67% 的销售来自专业的促销活动。目前没有几个经销商可以自己设计、执行、回顾有效的店内促销。做来做去,也就是"惊爆价"——原价 2.5 元,现价 1 元或者是弄个堆头,堆上一座小山的促销牙刷。7~15天的档期过去了,卖不掉的牙刷再拉回经销商仓库。而本土牙刷生产企业自己的销售人员,也没有什么零售促销的理论,更谈不上给经销商什么指导。扪心自问,有几个本土牙刷生产企业对零售渠道中产品、价格、促销、陈列和POP有所了解呢?

所以没有懂得零售渠道的专业销售人员,没有针对零售渠道的系统性营销理念,即使看到零售渠道有很大生意空间,本土牙刷生产企业也只能望洋兴叹。即使已经开始涉足零售渠道的本土品牌,也会由于销售垫底,面临被清场的结局。

将流通渠道喜欢的花花绿绿的背卡牙刷陈列到超市挂钩上,本土牙刷在视觉上已经输给了国际品牌。高露洁的大红,黑人的亮绿,佳洁士的天蓝,Oral-B的淡蓝,等各个品牌系列产品集中陈列,使购物者在货架前产生了极大的购买冲动。其实本土青蛙品牌的亮黄色背卡,如果集中陈列也是很漂亮的。只是其他本土品牌跟进不足。

综上所述,只有真正的品牌牙刷才能最终赢得消费者,从而积极参与到高毛利的零售渠道竞争中,为中国本土牙刷的开拓出一条更宽的路。中国牙刷生产企业只有认真发展自身品牌,积极拓展零售渠道生意,放弃低价位竞争优势的幻想,才能在具有极大发展空间的牙刷市场长期立足。

牙刷市场目前正处于黎明前的黑暗阶段,谁领先占领了市场零售终端,谁就会成为最终的胜利者。

4.传播分析

对于目前从事牙刷生产和销售的企业来说,巨大的市场发展空间树立了他们进一步投入的决心。但是,如何能够通过消费者教育,提高消费者更换牙刷的频率,从而创造出更大的市场空间呢?

在现在日化行业热捧的电视广告中,鲜见牙刷广告。可见的电视广告中,只有高露洁棕榄公司推荐的高露洁360度全效牙刷,其中并未涉及消费者教育——牙医推荐3个月更换一次牙刷。

原属吉列公司,现在属于宝洁公司的Oral-B牙刷在其专利技术上给予消费者一个提醒:中间蓝色刷毛会在3个月左右完全褪色,这便提示消费者应该更换牙刷了。

其他品牌的牙刷就只能使用最便宜的方式向消费者传递信息了——拿到任何一款纸卡牙刷,背面都有一句提醒“牙医建议每三个月更换一次牙刷”。

谁愿意承担起教育、引导消费者的职责呢?牙刷市场的领导品牌应该有信心在自己市场份额不变甚至提升的情况下,做大牙刷消费市场这块蛋糕,从中获得更多的销售与利润回报。

宝洁公司在洗发护发行业通过消费者教育,使用“2合1洗发水”概念将中国人的消费习惯从肥皂、洗头膏拉到了洗发水;再使用“洗护要分开,好洗发水要搭配好护发素”概念,进一步做大了护发素市场。虽然有几千家国内洗发护发企业都由于紧跟宝洁的概念推出一系列产品,扩大了自身的销售与利润,但是目前宝洁在中国洗发护发行业60%的市场份额却无人可以撼动。

牙刷市场的生产者,目前还没有企业在此宣传领域领先者,谁迈出这一步,谁将处于牙刷市场的位阶领先优势。

三、产品策略

1. 产品分析

目前市场上,牙刷仅仅有成人刷和儿童刷市场切割。虽然目前消费者购买牙刷最大的驱动力还是价格,但是牙刷品牌在购买过程中的影响力却在不断加深加强。

国际牙刷品牌中,Oral-B 由于树立了"专业牙刷"的品牌形象,牢牢控制了高价位以及儿童牙刷市场。高露洁、黑人和佳洁士,由于它们的牙膏品牌非常强势,对于同属口腔护理品类中的牙刷有着非常强劲的品牌拉动作用。对于它们来说,只要在终端做好两件事情就可以保证牙刷生意蒸蒸日上:

(1)联合陈列牙膏与牙刷;

(2)引导消费者接受"好牙膏配好牙刷"的概念。

这对于我们专业牙刷生产企业,形成巨大的威胁。

本土牙刷企业由于很少花时间和精力去研究消费者对牙刷产品的诉求,所以在品牌定位方面一直很模糊:功能定位? 年龄层次定位? 其他定位? 没有清晰的定位,如何让目标消费者购买你的产品?

2. 消费者定位

青少年人群,尤其是女性购买群体。

目前社会是一个情感化、人性化的社会,自己使用而购物,买给别人使用而购物,感情色彩浓厚,受情感诱导性影响购物很强,尤其购买大军中的女性,作为购买主体此方面的表现尤甚。所以,牙刷营销打好情感牌是产品销售成功的第一步! 一个好的名字,寓意深刻的名字,具有优秀情感含义的名字,至关重要。

所以,我建议将佰洁牙刷新产品以情感切割市场定名,初步定位为佰洁"牵手"牙刷。

佰洁"牵手"牙刷寓意:真爱。情人间牵手,夫妻间牵手,母子牵手,一家三口手牵手,牵手是爱的纽带,爱的标志,情爱的交流,《牵手》歌曲广为传唱,是因为鼓起了人们心间爱的共鸣。

歌曲《牵手》的歌词是否给消费者另一种感动,另一种情感共鸣。

3. 产品市场切割

鉴于牙刷市场目前宣传只有儿童牙刷和成人牙刷划分,企业只需在宣传上对消费者市场进行细分,将本有的产品细分做宣传差异化凸显,凸显三个产品系列:(牙刷本身设计本策划不做赘述,只在本体以外部分策划)

(1)男人用刷:硬质丝刷,颜色甄别;

(2)女人用刷:软质丝毛刷,颜色甄别;

(3)儿童用刷:细软丝毛刷,颜色甄别。

4. 命名差异凸显

佰(白)洁"牵手"系列爱心刷:

(1)牵手:寓意爱的纽带。佰洁"牵手"牙刷爱的关怀,爱的表达。

(2)情感表达:一支佰(白)洁牵手刷,丝丝簌簌总关情;

(3)宣传表达:以"牵手牙刷,爱您所爱!""天天用牵手,真爱永牵手"为宣传表达。

以情感为出发点,对牙刷市场进行情感切割,切割出牙刷市场的一片情感用刷、购刷空间。

5. 色彩差异凸显

创造牙刷包装第三色——粉紫色。包装凸显温馨、高雅、清新、自然,树立牙刷市场第三色——粉紫色包装,区别于其他牙刷生产企业,树立高品位产品形象,以温馨、亲和形象吸引高消费、情感消费顾客。

(1)粉紫色主色调:温馨、爱心、高贵、高雅。

(2)蓝色调和色:清新、自然。舒展、流滑式切入。

(3)适当选择第三色点缀,金色或者黑色。

6. 产品差异凸显

差异化命名区分市场。

(1)男人用刷:牵手刚强刷;单刷,粉紫色为主色调,大块蓝色图案调和。

(2)女人用刷:牵手柔情刷;单刷,女性化设计包装;粉紫色为主色调,蓝色为调和色。

(3)儿童用刷:牵手爱心刷;单刷,大龄儿童化设计包装;粉紫色为主色调,蓝色为调和色。

(小男孩仿男人用刷图案设计;小女孩仿女人用刷图案设计。)

(4)情侣套装刷:取名"牵手同心喜唰唰",两刷组包三种类型。

①情侣刷:牵手情人交心刷;双刷刷丝头相触并列包装,粉紫色为主色调,蓝色为调和色。

②夫妻刷:夫妻同心牵手刷;双刷刷丝头相触相交包装,粉紫色为主色调,蓝色为调和色。

③母女刷:母女贴心牵手刷;双刷刷头上下相抱包装,粉紫色为主色调,蓝色为调和色。

(5)爱心套装刷:取名"牵手一家亲",三刷组装,洗漱用具包装两种类型。

①爸爸、妈妈、儿子型:小小男子汉牵手一家亲;三刷站立式小刷在中间组配包装;粉紫色为主色调,蓝色为调和色。

②爸爸、妈妈、女儿型:甜心小天使牵手一家亲;三刷站立式小刷在中间组配包装;粉紫色为主色调,蓝色为调和色。

四、差异化定价策略

以"真爱无价,牵手有情"的情感牌为的定价出发点,低价无好货,价格突出消费人层次的观念决定——走中高价路线。

以单刷定价为基础,进行系列产品定价。

以现在的各个质量品种市场零售价格为起点,进行牵手品牌牙刷定价。

单刷价格提高20%,原则上在低于国际知名品牌价格的基础上,进行销售。简单套装以单刷价格不降低为原则定价销售,精致套装在简单套装基础上再加价20%定价销售,同样要在低于国际知名品牌同样组装价格的基础上,进行销售。

之所以如此定价,是因为我们不具有品牌优势,所以定低价;我们做了情感切割,做情感市场,不能廉价所以我们走中高定价路线,在比国际知名品牌价格略低的空间运作。

五、差异化营销策略

随着时代的发展,国家经济的繁荣,人民生活水平的提高,传统的营销方式已经在许多行业领域,不适合企业的发展,不支持建立稳定的大企业战略,三笑牙刷的结局就是牙刷行业的警钟,所以实现营销思路转型,建立自己的营销网络,走城市包围农村的销售战略是目前牙刷行业企业生存、发展,做大、做强的唯一出路。虽然这条路成本高一些,难度大一些,工作量多一些,但是,这是一条稳健发展之路。

1. 传统渠道营销

传统渠道营销是目前暂时还要依靠的营销之路,是将要被战略淘汰的营销之路。

老产品、老包装继续保持传统渠道供货,继续维持市场对佰洁品牌的认知,并借助传统渠道的便利,组织自己的城市终端销售网络。

建议有利用价值的传统渠道,能改造的进行改造,改造成自己的直属营销网络,不能改造的继续执行老产品的销售。

2. 现代终端营销

现代终端营销是稳固的营销之路,是目前建立、实现牙刷企业长远发展战略的基础之路。

由于牵手刷是新的佰洁品牌,是实现企业的发展,品牌的升级的,尤其在竞争、兼并白热化的今天,稳固型营销是实现公司目标、长治久安、稳定自主发展目的的保证,所以建议此营销模式是牵手新品牌产品的销售主要选用的销售方式。越过中间环节,实现终端直销,实现佰洁稳固化发展战略,塑造佰洁牵手品牌的最佳选择。

3. 营销观念转换

过去,我国是农业大国,中国的人口主要集中在农村,农村的销售是产品销售的主要市场。这在牙刷的销售统计资料中,也是有迹可循的。

前文提过:2004 年中国大陆人均牙刷消费量为 0.56 支,2005 年中国大陆人均牙刷消费量为 0.68 支,2006 年中国大陆人均牙刷消费量为 0.88 支。换句话说,2004 年中国人平均21.4 个月换一支牙刷,到了 2005 年,中国人平均 17.6 个月换一支牙刷。中国人在 2004 年到 2005 年牙刷更换频率增加了 21%。这与我国的经济发展进入由农业向工业转型正相吻合,人口由农村向城市集中同期发展,城市市场将有巨大的市场发展空间,将是各种日用消费品销售的主战场。

中国已经不是过去的中国,国家经济正由农业国向工业国转变,农村、城市人口比例正在发生结构性转变,企业也要紧随国家的转型,调整自己的战略,跟上时代的变化,与时俱进,顺势操作,否则必将被市场淘汰。

农村包围城市战略是农业大国时代的选择,城市包围农村是工业时代的正确选择,我们正面临战略转型选择。

4. 混合营销,城市包围农村

综上所述,牵手刷要想突破重围,建立稳固的市场,塑造自己的品牌,快、准、稳占领市场,就要各取所长,放眼长远经营,分清主次开发市场营销思路。建议以建立自己的网络为核心,自建或者合建全国物流网,进行有价值销售渠道股份改造,建立发展属于自己的城市物流配送网络和终端销售网络。

物流网络、配货网络、终端销售网络是企业产品营销的基础,没有稳定的、自己可以支配的三大网络,企业做得再大,也是摇摇欲坠,经受不住竞争对手、恶意兼并公司的残酷打击,到最后都会成为自己建立的空中楼阁,成为别人的盘中餐。

(1)自建或者合建全国物流网

以铁路为全国物流网主体,在全国有铁路的主要城市建立产品集散仓库,负责150千米内的市场送货;在发达的大城市根据地区经济情况,按照合理密度成立集散与调剂相结合的产品集散仓库,成立以公路为主的物流网应急送货辅助,建立应急送货机制,完善全国大网络建设。

(2)进行有价值销售渠道股份改造,从根本解决渠道不稳定状态

成立渠道评估团队,对公司现有的经销商销售渠道进行渠道评估,衡量渠道经销商的价值,按照价值分类:高价值、潜力价值、一般价值、没价值四类经销商,进行差异化渠道改造。

(3)建立发展属于自己的城市物流配送网络和终端销售网络

"千里来龙,结穴于此",前文的一切工作设计,都是为此而做,这是公司一切工作的核心。做好此核心工作,就奠定了公司在牙刷行业中的优势地位。

建议成立专业的销售谈判队伍,在建立集散仓库的城市,展开超市、百货等零售终端业务合作营销,构建公司自己的销售终端网络,交给当地营销人员维护、供货、促销。完成一个城市,再做另一个城市,完成全国重点城市网络布点。

(4)促销

建议不降价促销。通过活动有针对性地对某一类人群优惠,见公关部分节日活动公关。

六、差异化传播策略

1. 广告语

(1)牵手牙刷,爱您所爱。

(2)一支佰(白)洁牵手刷,丝丝簇簇总关情。

(3)天天用牵手,真爱永牵手。

2. 文案

(1)丝丝设计,丝丝真情关爱,总有一款适合您。

(2)刚强男人刷,柔情女人刷,爱心儿童刷,牵手系列牙刷,爱心健康刷!

(3)天天用牵手,真爱永牵手。

(4)牵手牙刷,爱您所爱。

3. 产品差异化传播广告语

(1)牵手刚强刷:男人,就应该坚硬些。

(2)牵手柔情刷:女人,就要柔滑些。

(3)牵手爱心刷:孩子,就要细心些。

(4)牵手情侣刷:相爱就要亲密些。

牵手夫妻刷:夫妻就要靠近些。

牵手母女刷:母女就是贴心。

(5)牵手一家亲套装刷:

(1)爸爸、妈妈、儿子套装刷:小小男子汉牵手一家亲。

(2)爸爸、妈妈、女儿套装刷:甜心小天使牵手一家亲。

4.报纸

全国大众性报纸比较难选择,尤其对女性影响大的报纸更难找。建议可以在开发地方市场时针对性选择,全国媒体不是理想广告投放媒体。

5.电视

建议可以选择央视1套、少儿频道、山东卫视、湖南卫视四家电视台。采取多种形式的宣传手段,电视剧(特别是韩剧)中插广告、冠名大剧场等。韩剧是细腻化的电视连续剧,细腻的剧情演绎深得女性群体的喜欢,是我们广告的最好投放时机。电视广告以5秒和15秒广告制作为主(不必再长了)。所有电视广告制作,都以歌曲《牵手》为主题背景音乐,配合图片、文字制作。

(1)电视剧(特别是韩剧)中插广告设计:时间不需确定,播出剧插广告时机选择在中间休息开始和每一集一结束时,插入"5秒品牌或者15秒产品宣传广告"。

"5秒品牌广告"文案:天天用牵手,真爱永牵手。牵手牙刷,爱您所爱。

(2)"15秒品牌广告"文案:一根丝、两根丝、三根丝,一簇,两簇,三四簇,一支佰洁牵手刷,丝丝簇簇总关情。

①"15秒产品广告"文案一:(设计独白同时配有产品图片)

*丝丝*设计,

*丝丝*真情关爱,

总有一款适合您。

刚强男人刷,

柔情女人刷,

爱心儿童刷,

牵手情侣刷,

牵手夫妻刷,

牵手母女刷,

小小男子汉牵手一家亲套装刷,

甜心小天使牵手一家亲套装刷,

牵手系列牙刷,

爱心健康刷!

天天用牵手,真爱永牵手。

牵手牙刷,爱您所爱。

②15秒广告文案二:(设计产品图片同时配有后边的独白)

整体背景上:"一支佰(白)洁牵手刷,丝丝簇簇总关情"文字渲染

    产品图案   *产品独白*

牵手刚强刷：	男人,就应该坚硬些。
牵手柔情刷：	女人,就要柔滑些。
牵手爱心刷：	孩子,就要细心些。
牵手情侣刷：	相爱就要亲密些。
牵手夫妻刷：	夫妻就要靠近些。
牵手母女刷：	母女就是贴心。

牵手一家亲套装刷：

爸爸、妈妈、儿子套装刷：	小小男子汉牵手一家亲。
爸爸、妈妈、女儿套装刷：	甜心小天使牵手一家亲。

天天用牵手,真爱永牵手。牵手牙刷,爱您所爱。

6. 刊物杂志

大多数女性群体会倾向于五颜六色的情感、时尚杂志情有独钟的消费群体。针对女性购买军团,青年女性主要消费者,他们最喜欢看的杂志,是最好的广告载体。这样的女性杂志以《女友》《爱人》为最,是读者最多、包含层次最广泛的两种杂志,另外《瑞丽》《时尚芭莎》《上海服饰》时尚类杂志也是女性的最爱,尤其是青年女性的最爱,以其针对性突出为优点,对于我们"牵手"牙刷宣传而言,是可以与电视媒体效果并驾齐驱的广告平台,可以说是影响全国促销的最好广告宣传平台。

7. POP 广告

前面设计的广告语配合包装设计图案。

一支佰(白)洁牵手刷,丝丝簇簇总关情;

天天用牵手,真爱永牵手。牵手牙刷,爱您所爱。

两句广告语配合粉紫色背景,集中陈列系列牙刷图片及名字。

七、公关

1. 事件公关

属于可遇不可求事件,关注全国各地新闻事件获得。借机而动,全面造势。

2. 活动公关

2008 年最大的活动要数北京奥运会,此会全国关注,世界瞩目。奥运会将汇聚世界各国媒体、记者、体育爱好者、运动员、家属等,一旦广告加入,将进入世界各地人们的眼球,宣传效应不可估量,尤其宣传上可以借用奥运牌:赞助商、特供商、指定用品等。我们公司的产品参与奥运,有两大机会:

(1)奥运会宾馆洗刷用品:目前尚有极大的机遇;

(2)奥运村运动员洗漱用品:不知是否已经被捷足先登,如果没有,谋求独家赞助。

3. 节日公关

配合特殊节日身份赠品,或者商场身份促销,或者二者同时进行,更大地扩大影响,此为节日活动促销总纲。(详细细节此处不做策划,略。)

(1)情人节(2 月 14 日)

(2)国际妇女节(3 月 8 日)

（3）4 月节日名称：全国爱国卫生月,发起机构：国务院。

4 月 7 日,节日名称：世界卫生日

（4）5 月 12 日,节日名称：国际护士节,发起机构：国际护士理事会

（5）母亲节（5 月的第二个星期日）

（6）国际儿童节（6 月 1 日）

（7）6 月 14 日,节日名称：世界献血者日

（8）父亲节（6 月的第三个星期日）

（9）中秋节（阴历八月 15 日）

（10）教师节（中国,9 月 10 日）

（11）重阳节（中国,农历九月初九）

（12）9 月 20 日节日名称：全国爱牙日,发起机构：卫计委、教委

（13）10 月 28 日节日名称：全国男性健康日,发起机构：计生委

（14）圣诞节（12 月 25 日）

八、市场保护战略

1. 商标保护战略

商标不仅是自己产品声誉和市场的保护工具,也可以是产品类别市场的保护工具。鉴于此,我们不仅自用的名字进行商标保护申请,情感领域类似的好名字也进行商标保护申请,以达到减少雷同的同比竞争对手,尽量延长独占牙刷市场情感宣传空间的目的。

2. 专利申请保护战略

（1）产品外观设计

当前市场没有的新颖的产品形状、外观设计。

（2）产品包装设计

以上两种申请,审查周期短,费用低,但是却有不可估量的市场保护作用。

参 考 文 献

［1］雷兹,屈特.决战在商场:商战致胜谋略［M］.蒋涛,阎锋刚,编译.北京:中国经济出版社,1992.

［2］刘锦秀.说三国　话战略［M］.北京:九州出版社,2014.

［3］申作福.中小企业战略发展面临的问题及解决对策［J］.中国集体经济,2022(3):74-75.